本书的出版受以下项目经费支持：

1.安徽省高校优秀青年人才支持计划重点项目"新时代党的意识形态安全理论创新研究"（gxyqZD2021051）

2.阜阳师范大学马克思主义学科建设专项经费

3.阜阳师范大学马克思主义中国化校级培育学科（2018XJ030503）

4.安徽省高校人文社科研究重点项目"习近平新时代意识形态安全工作重要论述研究"（SK2019A0812）

5.安徽省省级示范实验实训中心"互联网+意识形态安全教育实验实训中心"（2021sysxzx023）

6.安徽省省级一流课程"《毛泽东思想和中国特色社会主义理论体系概论》社会实践课"（2020xsxxkc331）

新时代党的意识形态安全理论创新研究

RESEARCH ON THE INNOVATION OF THE PARTY'S
IDEOLOGICAL SECURITY THEORY
IN THE NEW ERA

罗晶◎著

天津出版传媒集团

天津人民出版社

图书在版编目（CIP）数据

新时代党的意识形态安全理论创新研究 ／ 罗晶著
. — 天津：天津人民出版社，2023.1(2023.9重印)
ISBN 978-7-201-18851-5

Ⅰ. ①新… Ⅱ. ①罗… Ⅲ. ①中国共产党－意识形态
－研究 Ⅳ. ①D261.1②B27

中国版本图书馆 CIP 数据核字(2022)第 189863 号

新时代党的意识形态安全理论创新研究
XINSHIDAI DANG DE YISHIXINGTAI ANQUAN LILUN CHUANGXIN YANJIU

出　　版	天津人民出版社
出 版 人	刘　庆
地　　址	天津市和平区西康路 35 号康岳大厦
邮政编码	300051
邮购电话	(022)23332469
电子信箱	reader@tjrmcbs.com
责任编辑	武建臣
装帧设计	汤　磊
印　　刷	天津新华印务有限公司
经　　销	新华书店
开　　本	710 毫米×1000 毫米　1/16
印　　张	19.75
插　　页	2
字　　数	270 千字
版次印次	2023 年 1 月第 1 版　2023 年 9 月第 2 次印刷
定　　价	89.00 元

前　言

意识形态安全事关党的前途命运,事关国家长治久安,事关民族凝聚力和向心力。中国共产党的领导是中国特色社会主义最本质的特征,也是中国特色社会主义制度的最大优势。意识形态安全是国家政治安全和党的执政安全的根本思想保障。维护意识形态安全就要维护马克思主义在意识形态领域的指导地位不受其他意识形态挑战,不断增强和扩大马克思主义意识形态的认同基础。党的十八大以来,意识形态安全领域出现了许多新情况、新问题,意识形态安全领域迫切需要进行"伟大斗争",同时,面对中国特色社会主义道路的成功,西方国家难以摆脱根深蒂固的意识形态冷战思维和其文化中固有的"修昔底德"观念,因而对中国的全面崛起采取遏制战略,严重威胁我国意识形态安全。

面对意识形态安全领域的严峻形势,以习近平同志为核心的党中央敢于亮剑,就意识形态领域的方向性、根本性、全局性问题作出了一系列重要论述和全面工作部署,成功扭转了一段时间以来意识形态安全工作的被动局面,在实践中形成了新时代党的意识形态安全理论。这一重要思想坚持马克思主义基本立场,汲取了马克思主义意识形态理论演进与实践中的基本经验,继承了党在维护意识形态安全方面的优良传统,是马克思主义意识形态理论中国化的最新成果。

新时代党的意识形态安全理论系统完整、内容丰富,主要包括意识形态安全的目标任务、根本遵循、基本原则和实践路径四个方面。第一,建设具有强大凝聚力和引领力的社会主义意识形态、牢牢掌握意识形态工作的领导权和话语权、实现宣传思想工作"两个巩固"任务、培育和践行社会主义核心价值观构成意识形态安全的目标任务;第二,坚持马克思主义在意识形态领域指导地位不动摇、坚持党对意识形态工作的绝对领导、坚持马克思主义信仰教育不松懈是意识形态安全的根本遵循;第三,意识形态安全的原则包括:"政治方向摆在第一位"、树立"大宣传"理念、建设性与批判性相统一、守正与创新相结合;第四,新时代党的意识形态安全理论指明了新时代意识形态安全的多维路径。新时代党的意识形态安全理论涵盖了维护意识形态安全的各个方面,是我们维护新时代意识形态安全必须坚持的科学指南。

新时代党的意识形态安全理论特征鲜明、意蕴深远,抓住了维护意识形态安全的核心问题。它以政治安全为根本追求,将马克思主义意识形态的一元认同视为维护意识形态安全的关键,将筑牢习近平新时代中国特色社会主义思想的根基视为维护意识形态安全的着力点,致力于中国特色社会主义制度优势的发挥。它以维护人民利益为价值底色,以维护总体国家安全为基本诉求,以高度的文化自信为表征,以人类命运共同体思想扩展中国的意识形态话语空间。通过新的理念、新的逻辑和新的方式实现了新时代对马克思主义意识形态安全的有效维护。

新时代党的意识形态安全理论是坚持走中国特色社会主义道路的政治保障。它推动了马克思主义意识形态理论的时代发展,为党的执政安全提供了思想保障,充实了中国特色社会主义理论体系;增强了中国价值认同的文化软实力,促进了全党全社会思想上的团结统一,为国家治理体系与治理能力现代化提供了有力的思想支撑;增强了对中国道路的认同感,推动了国际意识形态话语格局的变革,扩大了中国智慧与中国经验的国际影响力。在这一重要思想的指引下,马克思主义意识形态理论必将在中国特色社会主义现代化建设进程中更加积极地发挥鼓舞人心、凝聚力量的重要作用,从而推动中华民族伟大复兴的中国梦的顺利实现。

目录
CONTENTS

导　论

　　"能否做好意识形态工作,事关党的前途命运,事关国家长治久安,事关民族凝聚力和向心力。"①在马克思主义发展过程中,意识形态安全始终是无产阶级夺取政权,建立并维护无产阶级专政的重要思想保障。中国特色社会主义进入新时代,我国意识形态安全面临全新的内外部环境。党的十八大以来,以习近平同志为核心的党中央高度重视意识形态安全,将坚持马克思主义在意识形态领域指导地位确立为国家根本制度,正确把握新时代意识形态安全建设规律,以维护政治安全为核心,坚定不移地走中国特色社会主义道路,在实践中创立了具有鲜明时代特色的新型意识形态安全理论,推动了马克思主义意识形态安全理论的深入发展。对新时代党的意识形态安全理论进行深入研究对于我们做好新时代意识形态安全工作,保障中国特色社会主义事业的顺利推进具有重要价值。

---

① 《习近平关于全面建成小康社会论述摘编》,中央文献出版社,2016 年,第 103 页。

一、选题背景与研究意义

（一）选题背景

"经过长期努力,中国特色社会主义进入了新时代,这是我国发展新的历史方位。"①进入新时代,我们的建设与改革也进入关键期,中华民族伟大复兴的中国梦在几代人的艰苦奋斗的基础上前所未有地展现出光明前景。中国特色社会主义事业波澜壮阔,其中却充满艰险与挑战。随着中国综合国力的大幅提升和国际地位的空前提高,中国的政治制度和意识形态日益为世界各国,尤其是广大发展中国家所关注。中国在民族复兴的崛起之路上日益展现出道路自信、制度自信、理论自信和文化自信,让那些既希望保持民族独立,又渴望实现现代化的发展中国家找到了一条完全有别于西方道路的全新发展路径。中国之所以取得如此成就,其根本就在于坚持中国共产党的领导,坚持马克思主义意识形态的指导地位,坚持走中国特色社会主义道路,这使坚持资本主义意识形态的西方发达国家感到受威胁和不安。出于维持资本主义意识形态全球垄断地位的本能,西方全方位遏制中国的崛起之路,"中国故事"的国际传播遭遇西方意识形态话语垄断,这严重压缩了我国的意识形态话语空间,进而威胁马克思主义意识形态安全。与此同时,全面改革进入攻坚阶段,一些深层次矛盾逐渐暴露出来,"好吃的肉都吃掉了,剩下的都是难啃的硬骨头"②,各种利益关系相互交织,协调难度空前加大,加之网络新媒体的普及,信息治理难度增加,反映在思想领域就造成民众对马克思主义意识形态的认同度降低。"百年未有之大变局"背景下,

---

① 《中国共产党第十九次全国代表大会文件汇编》,人民出版社,2017年,第8页。
② 《习近平谈治国理政》,外文出版社,2014年,第101页。

马克思主义意识形态安全遇到了前所未有的挑战,需要进行一场意识形态领域的"伟大斗争"。

如何走出新时代意识形态安全工作的实践困境,找到维护我国意识形态安全的有效手段和科学方法,并不断增强意识形态安全工作的针对性,成为实现中华民族伟大复兴这一宏伟目标过程中的必然选择和时代课题。"意识形态关乎旗帜、关乎道路、关乎国家政治安全。"①党的十八大以来,以习近平同志为核心的党中央牢牢掌握意识形态工作主动权和领导权,就意识形态领域的方向性、根本性、全局性问题做出了一系列重要论述和重大部署,进一步明确了意识形态安全工作的地位作用、目标任务、基本要求和主体责任,为新时期维护马克思主义意识形态安全提供了科学指引。党的十九大报告强调:"意识形态领域斗争依然复杂,国家安全面临新情况"②,需要牢牢掌握意识形态工作领导权,不断"巩固马克思主义在意识形态领域的指导地位,巩固全党全国人民团结奋斗的共同思想基础"③。党的十九届四中全会通过的《中共中央关于坚持和完善中国特色社会主义制度 推进国家治理体系和治理能力现代化若干重大问题的决定》(以下简称《决定》)指出,必须"坚持马克思主义在意识形态领域指导地位的根本制度"④,为国家治理体系和治理能力现代化提供深厚支撑。因此,需要仔细分析新时代影响意识形态安全的内外因素,系统归纳新时代党的意识形态安全理论的基本内容和核心主旨,分析总结这一重要思想的时代特征和当代价值,从而为更好地指导意识形态安全工作提供遵循。

---

① 《习近平新时代中国特色社会主义思想三十讲》,学习出版社,2018 年,第 212 页。
② 《中国共产党第十九次全国代表大会文件汇编》,人民出版社,2017 年,第 8 页。
③ 《习近平谈治国理政》,外文出版社,2014 年,第 153 页。
④ 《中共中央关于坚持和完善中国特色社会主义制度 推进国家治理体系和治理能力现代化若干重大问题的决定》,《人民日报》,2019 年 11 月 6 日。

(二)研究意义

新时代党的意识形态安全理论是对马克思主义意识形态安全理论的重大创新与发展,也是习近平新时代中国特色社会主义思想的重要组成部分,对其进行系统研究是有重要理论意义的。同时,对它的研究能够为我们做好新时代意识形态安全工作提供重要实践方针和科学指引,并能为我国政治安全和党的执政稳定奠定必要的思想安全基础。

1. 理论意义

第一,研究新时代党的意识形态安全理论有助于促进马克思主义意识形态安全理论的发展和完善。马克思主义意识形态安全理论是马克思主义的重要组成部分,新时代党的意识形态安全理论是马克思主义意识形态安全理论中国化的最新理论成果。列宁指出:"没有革命的理论,就不会有革命的运动。"①马克思主义意识形态安全理论是工人阶级和广大人民群众维护自身利益的重要思想工具,其理论的生命力也体现在同各国具体实际的结合中,并在实践中与时俱进地发展和完善。

第二,研究新时代党的意识形态安全理论有助于扩大习近平新时代中国特色社会主义思想的影响力。作为马克思主义中国化的最新理论成果,习近平新时代中国特色社会主义思想明确回答了新时代建设什么样的社会主义和怎样建设社会主义的重大课题。中国特色社会主义伟大实践孕育了习近平新时代中国特色社会主义思想。在当前国内外意识形态领域面临复杂局面的时代背景下,认真研究新时代党的意识形态安全理论,就是要以筑牢习近平新时代中国特色社会主义思想的根基为着力点,推动这一重要思想深入人心,从而更加自觉地在实践中运用这一思想理论。

第三,研究新时代党的意识形态安全理论有助于扩大中国智慧与经验

---

① 《列宁选集》(第一卷),人民出版社,2012 年,第 5 页。

的国际影响。新时代党的意识形态安全理论的价值要义是发挥中国特色社会主义制度优势,为中国特色社会主义事业的稳健前行提供坚强政治保障。同时,意识形态所具有的价值导向功能能够将中国特色社会主义的建设成果进行系统归纳和经验总结,从而为那些渴望实现民族独立和国家现代化的发展中国家提供一条有别于西方道路的适合国家发展的全新选择。马克思主义意识形态指导下的中国特色社会主义事业的成功正赢得人们更多的关注和认同。

2. 实践意义

第一,研究新时代党的意识形态安全理论有助于加强党对意识形态安全工作的领导。新时代党的意识形态安全理论的核心是如何在新的历史条件下做好意识形态安全工作,它准确把握了新时代意识形态的建设规律,科学分析了意识形态安全的内外环境,并将其纳入总体国家安全观的思想体系,同时阐释了维护意识形态安全的支撑保障、基本方针和建设路径,为新时代我们党领导和加强意识形态安全工作提供了理论依据。

第二,研究新时代党的意识形态安全理论有助于满足意识形态安全领域"伟大斗争"的实际需要。维护意识形态安全是聚合社会共识,持续推进社会改革的有效手段。40 多年的改革开放在带来巨大物质财富的同时,也引起了社会利益的不断分化和财富的占有不均问题。利益主体多元化导致了意识形态和价值观的多元化。同时,封建残余思想在某些人的头脑中死而不僵,不时与马克思主义意识形态发生冲突。以新自由主义、历史虚无主义和新儒学等思潮为代表的国内非主流意识形态纷纷登场。这些错误思潮的存在已经严重干扰了马克思主义意识形态的社会认同感,造成了严重的安全隐患。

第三,研究新时代党的意识形态安全理论有助于抵制西方资本主义意识形态对我国意识形态安全的威胁。内忧与外患总是如影随形,内忧的产生必然招致外患到来。复杂化的意识形态安全环境给国外敌对势力的渗透提供了便利。随着网络等新媒体技术的进步,以美国为首的西方国家不断凭借技术优势,向我国持续输入西方价值观和资本主义意识形态,利用掌控的国际主流媒体,不断抹黑丑化社会主义中国,妄图颠覆共产党领导的人民政权,妄想以资本主义意识形态一统天下。他们把资产阶级的价值观和意识形态包装成全人类共有的价值规范,企图淡化意识形态的阶级属性,又利用能够控制国际话语体系的有利地位,到处鼓吹"中国威胁论",严重威胁着我国的意识形态安全。

当前,我国意识形态安全面对国内外各种因素的多重冲击,在很大程度上影响到马克思主义意识形态凝聚功能的发挥,削弱了人们对中国特色社会主义共同理想的信仰,以及对中国特色社会主义道路的认同。改革进入攻坚阶段,而意识形态安全领域又具有很强的政治性、理论性、批判性和实效性,如何有效整合社会意识、凝聚社会共识,为改革攻坚汇聚精神力量,提供价值保障,成为当前意识形态安全领域的重要课题,更是研究新时代党的意识形态安全理论的题中之义。

二、国内外研究综述

(一)国内研究综述

党的十八大以来,对新时代党的意识形态安全理论的研究成为理论界关注的热点,特别是在党的十九大把习近平新时代中国特色社会主义思想确立为我国社会主义现代化建设的根本指导思想以后,国内学者从不同角度对这一重要思想进行了深入解读和认真研究,产生了一批高水平学术成果。经过系统梳理,笔者对已公开出版的与新时代党的意识形态安全理论相关的学术成果进行了归纳分析,选取了其中具有一定代表性的观点加以述评,认为这些研究主要涉及五个方面。

1. 关于意识形态安全的理论研究

第一,经济基础与上层建筑的辩证关系。田心铭、赵剑英、马绍孟等人从中心工作和意识形态工作辩证统一的角度分析了意识形态工作的重要性,认为经济建设和意识形态工作相辅相成,坚持两手抓,二者才会相得益彰。田心铭指出:"无论是要维护或破坏一种社会制度,还是要巩固或推翻一个政权,都必须做意识形态方面的工作。这是社会历史的一般规律。"①赵剑英认为:"中国共产党的意识形态是中国特色社会主义经济关系和政治关系的反映,是占统治地位的党和人民的观念、主张。它是由社会主义经济基础决定的,同时又具有独立性,反作用于社会主义的经济基础。"②马绍孟认为:"意识形态工作为经济建设提供思想保障,在两个文明建设中起着引领社会、凝聚人心、推动发展的强大支撑作用。"③邓纯东从文化软实力的角度指出:"越是在改革攻坚的关键时刻,越是需要加强意识形态工作。"④

第二,意识形态的重要功能。胡凯、杨竞雄在《习近平社会主义意识形态治理思想探析》一文中指出,强有力的意识形态安全工作是中国共产党的传家宝和真正优势,并引用了毛泽东同志的名言:"我们有两支军队,一支是朱总司令领导的红军,另一支是鲁(艺)总司令领导的红色文艺工作者队伍。"⑤徐国民认为:"共产党人特别注重运用党的最新理论成果教育和武装全体党员,统一党的思想和行动,实现统一全党意志的目标,发挥了意识形

---

① 田心铭:《略论意识形态工作的几个问题——学习习近平总书记在全国宣传思想工作会议上的讲话精神》,《马克思主义研究》,2013 年第 11 期。

② 赵剑英:《论十八大以来中国共产党意识形态理论创新》,《马克思主义研究》,2016 年第 7 期。

③ 马绍孟:《高度重视意识形态工作》,《思想理论教育导刊》,2013 年第 9 期。

④ 邓纯东:《充分认识意识形态工作的极端重要性》,《广西社会科学》,2014 年第 10 期。

⑤ 胡凯、杨竞雄:《习近平社会主义意识形态治理思想探析》,《思想政治教育研究》,2014 年第 6 期。

态的凝聚作用。"①有学者指出："意识形态的核心是信仰、信念,其中信仰是思想的强大支柱,信念是力量的根基源泉。没有坚定的信仰引领,就难以经受严酷考验;缺乏信念的有力支撑,就会在干扰诱惑中败下阵来。"②王承哲认为："'夺权先夺人,夺人先夺魂'。一手抓笔杆子,一手抓枪杆子,高度重视舆论工作,是我们党不断走向胜利的重要法宝。"③

第三,意识形态领导权。唐爱军从理论、历史和现实三个层面分析了意识形态领导权的基本内涵,并认为意识形态领导权是国家权力建构的重要部分,要重视意识形态国家机器和意识形态斗争的重要作用。④ 姜志强认为："在意识形态建设中,坚持辩证唯物主义的思想路线并始终代表人民的根本利益,就一定能跳出以往一切统治阶级及其意识形态'上升时期真实、执政之后蜕化'的历史循环。"⑤韩庆祥提出,要掌握中国的意识形态领导权就必须做好意识形态"内功",要"用中国道路解释中国奇迹,用中国理论阐释中国道路,用中国话语表达中国理论,牢牢掌握解释中国奇迹、中国道路、中国理论、中国话语的话语权"⑥。还有学者认为,中国共产党在意识形态领导权建设中发展了一套以"理论创新、经济发展、新闻舆论、阵地建设及人才培育等五个方面为主要抓手的意识形态工作理论体系"⑦,保证了意识形态工作领导权牢牢掌握在党的手中。

---

① 徐国民:《全面从严治党视域下加强意识形态建设探析》,《思想理论教育》,2017 年第 12 期。
② 李宗建:《党的十八大以来习近平意识形态工作新思想》,《社会主义研究》,2016 年第 2 期。
③ 王承哲:《意识形态与同一舆论场》,《中州学刊》,2017 年第 10 期。
④ 唐爱军:《意识形态领导权建设的三重阐释》,《南京师大学报(社会科学版)》,2019 年第 6 期。
⑤ 姜志强:《中国共产党意识形态建构的三重逻辑》,《马克思主义研究》,2019 年第 5 期。
⑥ 韩庆祥:《新时代牢牢掌握意识形态工作领导权——做好意识形态"内功"》,《中国特色社会主义研究》,2019 年第 1 期。
⑦ 王嘉、隋林宁:《新中国成立以来中国共产党掌握意识形态领导权的基本经验与时代价值》,《马克思主义理论学科研究》,2019 年第 2 期。

2. 关于新时代党的意识形态安全理论形成的现实背景研究

第一，来自国内的现实挑战。肖贵清、车宗凯认为："市场经济的等价交换、财产私有等观念反映到人们的精神文化生活中来，极易演化成为拜金主义、享乐主义、极端个人主义等错误思想"①，极易与坚持集体主义和爱国主义为特征的社会主义核心价值观产生矛盾冲突，从而威胁马克思主义意识形态的安全。李文阁认为："当前，党员干部队伍意识形态方面存在不容忽视的问题。一些腐朽落后思想文化沉渣泛起，拜金主义、享乐主义、极端个人主义有所滋长。这就要求加强意识形态工作，给那些理想信念不坚定的党员、干部'补钙'，治疗他们身上的'软骨病'。"②还有学者认为："利益格局的调整必然会触及一部分人的利益，而利益的不均衡分配会激化社会矛盾，导致获益较少者对政府和社会产生负面意识形态。"③王承哲认为："以文化多样化、价值多元化、舆论大众化和传播多渠道为由，意识形态理论上存在'两个舆论场'、两个标准的错误观点。这种观点脱离群众，造成社会舆论引导力下降、影响力减弱，也对党管媒体、党管意识形态的原则提出了新的挑战。"④

第二，来自国外的现实挑战。林建华认为，社会主义与资本主义在意识形态领域的斗争反映的是两种制度、两条道路之间的根本性矛盾，只要世界上存在这两种制度，那么两种不同制度的"意识形态领域的斗争就不会终结，意识形态安全就是一个恒常的时代命题"⑤。冯虞章认为："在东欧剧变

---

① 肖贵清、车宗凯：《坚持马克思主义在意识形态领域指导地位的根本制度》，《思想教育研究》，2020 年第 1 期。

② 李文阁：《准确把握意识形态工作的基本要求》，《中国特色社会主义研究》，2014 年第 1 期。

③ 李合亮、高庆涛：《十八大以来共产党对意识形态认识的创新与深化》，《马克思主义研究》，2016 年第 7 期。

④ 王承哲：《意识形态与同一舆论场》，《中州学刊》，2017 年第 10 期。

⑤ 林建华：《我国意识形态安全的新时代意蕴和旨归》，《当代世界与社会主义》，2018 年第 6 期。

苏联解体后,国际敌对势力把和平演变的重点指向了中国,他们和国内某些力量里应外合搞和平演变。这一战略是以意识形态的腐蚀与演变为突破口和先导的。"①也有学者认为,西方反华势力有针对性地进行渗透腐蚀。针对青少年的猎奇心理,他们通过文化产品的价值输出塑造西方社会的美好形象;针对知识分子,他们通过金钱诱惑、物质自助等方式将其培植成"亲西代言人";针对广大网民,他们通过各种手段扶植"意见领袖",企图引导网络舆论走向。②

　　第三,来自网络信息社会的挑战。李建柱在《习近平意识形态治理思想研究》中,从网络时代新技术发展的角度分析了当前意识形态安全工作中存在的问题,并认为,随着我国网络多媒体技术和新兴传播媒介的崛起,主流意识形态的传播实现了从金字塔模式向气泡云模式的转变。国家权力机关不再是唯一的信息发布者,传统信息传播方式的改变给意识形态安全带来了挑战。祝念峰在《学习贯彻习近平总书记关于意识形态工作的重要论述》中认为,互联网日益成为推动经济发展,深化国际交流的重要手段给人们的思维方式、价值观念带来越来越重要的影响,舆论斗争的主战场开始从传统媒体转移到互联网。这个战场的胜负,直接关系到我国意识形态安全和政治安全。张国祚认为:"以互联网为代表的新兴媒体的快速崛起给网络时代意识形态工作带来了新挑战。必须着力打造一大批导向正确、反应机敏、判断准确、懂政策、懂理论、了解实际、高水平的网络意识形态工作队伍,占领主阵地,掌握主动权。"③

　　第四,维护意识形态安全的历史机遇。有学者认为,中国特色社会主义

---

　　①　冯虞章:《坚守马克思主义意识形态阵地》,《马克思主义研究》,2014 年第 1 期。
　　②　竞辉:《习近平总书记关于国家意识形态安全重要论述探析》,《毛泽东邓小平理论研究》,2019 年第 9 期。
　　③　张国祚:《怎样看待意识形态问题》,《红旗文稿》,2015 年第 8 期。

进入了新时代,"党领导意识形态工作的能力得到提升、宣传思想工作取得的成绩值得肯定、对意识形态工作的规律性认识进一步深化、中华文化影响力日益扩大、人民群众的精神获得感不断增强"①,这给维护意识形态安全提供了难得的历史机遇。也有学者认为:"习近平同志关于意识形态的阐释和论述,为我们当前乃至今后捍卫主流意识形态的指导地位,有效解决我国意识形态安全问题,提供了新的价值遵循,是我国意识形态建设能力提高的重要理论指南。"②

3. 关于新时代意识形态安全的战略地位研究

第一,"极端重要"。习近平在多个重要场合论述过意识形态安全工作的极端重要性,这也引发了学术界的深入探讨和理论阐释。陈延斌、李冰认为,实现民族复兴,应对意识形态领域严峻挑战,日益走近世界舞台中央都需要建设具有强大凝聚力和引领力的社会主义意识形态。③张传鹤提出意识形态安全"九个事关",分别涉及党的执政地位、接班人问题、党的路线方针接受度和认同度、理论创新能力、国际舆论与国际环境、现代化建设成效以及我国现代化进程的顺或逆等。④李合亮从执政党执政合法性的角度深入剖析了这一提法背后深刻的理论逻辑,并认为,意识形态安全之所以极端重要,"因为这不仅仅涉及其政治信仰的表达问题,还涉及其统治合法性的问题,更涉及其生存与发展的根本"⑤。

第二,坚持马克思主义在意识形态领域指导地位是我国的根本制度。

① 路媛、王永贵:《习近平关于新时代意识形态论述的战略底蕴和实践深意》,《思想理论教育导刊》,2019年第1期。
② 徐稳:《论习近平关于新时代意识形态重要论述的三重逻辑》,《山东师范大学学报(人文社会科学版)》,2019年第5期。
③ 陈延斌、李冰:《论习近平新时代意识形态建设的战略思想》,《马克思主义与现实》,2019年第4期。
④ 张传鹤:《论牢牢掌握意识形态工作领导权的重要性及路径》,《东岳论丛》,2019年第12期。
⑤ 李合亮:《意识形态建设:政党的一项极端重要的工作》,《理论与改革》,2017年第2期。

党的十九届四中全会《决定》提出"坚持马克思主义在意识形态领域指导地位的根本制度",从国家根本制度的战略高度上将马克思主义确立为意识形态领域的根本指导思想,这是党的意识形态安全理论的重要创新。对此,张文显认为,这"是历史经验总结和历史逻辑结论,是发展社会主义先进文化、广泛凝聚人民精神力量、巩固全体人民团结奋斗的共同思想基础、为国家治理体系和治理能力现代化提供精神支柱的必然要求"①。肖贵清、车宗凯认为:"在实现中华民族伟大复兴的进程中,只有坚持马克思主义在意识形态领域的指导地位的根本制度,才能避免走封闭僵化的老路和改旗易帜的邪路。"②

第三,其他社会主义国家意识形态安全工作的失败从反面印证了意识形态安全的重要地位。冯虞章、张全景则列举了东欧剧变过程中的意识形态因素,以此证明意识形态安全的极端重要性。冯虞章强调:"苏共亡党、苏联解体,直接原因就是在意识形态领域背叛马克思列宁主义。"③张全景指出:"苏东剧变是一个从渐变到突变、量变到质变的过程,其失败的原因是多方面的,其中一个重要原因是失败在意识形态领域。"④也有学者认为,苏联的解体因素复杂,但其中一个重要原因在于"苏联共产党领导下的社会主义国家苏联放弃、丧失了具有强大感召力的共同的核心价值观"⑤,而这个共同的核心价值观就是马克思主义意识形态。

① 张文显:《国家制度建设和国家治理现代化的五个核心命题》,《法制与社会发展》,2020 年第 1 期。
② 肖贵清、车宗凯:《坚持马克思主义在意识形态领域指导地位的根本制度》,《思想教育研究》,2020 年第 1 期。
③ 冯虞章:《坚守马克思主义意识形态阵地》,《马克思主义研究》,2014 年第 1 期。
④ 张全景:《弘扬红色文化,掌握意识形态工作主动权》,《红旗文稿》,2014 年第 22 期。
⑤ 徐元宫:《习近平总书记关于苏共亡党苏联解体原因的重要论述及其现实意义》,《毛泽东邓小平理论研究》,2019 年第 9 期。

4. 关于维护新时代意识形态安全的战略任务研究

第一，"两个巩固"任务。王永贵认为："在中国整体改革进入攻坚阶段的现实背景下更加鲜明地强调'两个巩固'，这不仅是中国革命、建设和改革发展的经验总结，是当今凝聚全国人民共识的重要根基，更是不断提升主流意识形态引领力的必然要求。"①李珍强调，意识形态工作的"根"和"魂"，即坚持指导思想的一元化，坚持"巩固马克思主义在意识形态领域的指导地位，巩固全党全国人民团结奋斗的共同思想基础"，没有也不能变，这是新形势下做好意识形态工作的"牛鼻子"。②

第二，培育和践行社会主义核心价值观。侯惠勤认为："社会主义核心价值观在人们的实际生活中发挥引领作用。用社会主义核心价值观引领马克思主义学术话语及其学术标准的建设是我们面临的重要着力点。"③孟宪平认为："核心价值观的培育和践行状况决定着国家的精神面貌、内在素养和发展活力，缺乏核心价值观会导致精神'缺钙'和思想'缺氧'。"④张国启从意识形态安全的视域考察了社会主义核心价值观的培育和践行。他认为："社会主义核心价值观是蕴含当代中国主流意识形态逻辑内涵的话语体系，饱含着社会主义文化软实力的'坚硬内核'，体现了个体在国家、社会、自身发展中应当具有的价值判断力和道德责任感。"⑤

第三，牢牢掌握意识形态话语权。侯惠勤强调了话语权在意识形态安全工作中的重要作用，认为"话语权是意识形态思想领导权的实现方式，包

---

① 王永贵：《不断提升主流意识形态引领力的新理念》，《江苏社会科学》，2013 年第 6 期。
② 李珍：《牢牢掌握意识形态工作主动权——学习习近平总书记关于意识形态工作的重要论述》，《马克思主义研究》，2017 年第 9 期。
③ 侯惠勤：《意识形态话语权初探》，《马克思主义研究》，2014 年第 12 期。
④ 孟宪平：《习近平关于主流意识形态建设的思想论析》，《探索》，2014 年第 5 期。
⑤ 张国启：《论意识形态安全视阈中社会主义核心价值观的培育和践行》，《湖北社会科学》，2017 年第 10 期。

括提问权、论断权、解释权和批判权"①。葛彦东则认为:"掌握意识形态话语权是当代中国意识形态建设的价值要求,需要在强化马克思主义指导地位、推进马克思主义大众化和凝练社会主义核心价值观中推进中国意识形态话语权建设。"②张晋升认为:"话语权是意识形态传播力的集中体现。意识形态领导权决定了对意识形态话语权的掌握。"③还有学者重点关注高校大学生等重点群体中的意识形态话语权问题。例如,有学者从维护高校意识形态安全的角度指出:"高校是意识形态工作的前沿阵地,这决定了高校始终处于各种思想理论观点交流交融交锋的最前沿,也是境内外敌对势力争夺的重点。"④也有学者认为:"坚持党的领导是中国特色高等教育事业发展的根本政治保障,高校党委必须紧紧把握高校意识形态工作的领导权。"⑤

5. 关于新时代意识形态安全的基本原则研究

第一,党性和人民性的统一。石云霞论证了党性和人民性两者之间的统一关系,认为:"坚持党性就是坚持人民性,坚持人民性就是坚持党性。党性寓于人民性之中,没有脱离人民性的党性,也没有脱离党性的人民性。"⑥寇清杰、江家城认为:"党性和人民性都是从整体上而言的,不能从某一个党组织或党员出发来理解党性;同样的道理,也不能从某一个群体或个人出发去理解人民性。"⑦有学者指出:"党的意识形态与国家意识形态的关系,其实

① 侯惠勤:《意识形态话语权初探》,《马克思主义研究》,2014 年第 12 期。
② 葛彦东:《掌握意识形态话语权初探》,《思想理论教育导刊》,2015 年第 1 期。
③ 张晋升:《习近平论意识形态工作:新定位、新战略、新格局》,《暨南学报(哲学社会科学版)》,2017 年第 7 期。
④ 祝念峰:《学习贯彻习近平总书记关于意识形态工作的重要论述》,《中国高校社会科学》,2017 年第 5 期。
⑤ 陈建兵、梅长青、胡姣姣:《论习近平关于意识形态建设的重要论述及其意义》,《北京工业大学学报(社会科学版)》,2018 年第 2 期。
⑥ 石云霞:《党的十八大以来我国社会主义意识形态理论的新发展研究》,《南京政治学院学报》,2015 年第 2 期。
⑦ 寇清杰、江家城:《习近平关于意识形态工作的基本原则探析》,《科学社会主义》,2019 年第 1 期。

质就是'党性'与'人民性'的关系。只有'党性'与'人民性'相统一的政党，才能得到人民的拥护和支持，党的意识形态才能最终上升为国家意识形态。"①也有学者认为："意识形态工作本质上做的是政治工作，民心是最大的政治，是我们党执政最根本的政治基础。"②

第二，"大宣传"原则。王永贵认为："意识形态工作复杂，需要系统推进，必须形成'大宣传'格局。"③熊小健、董杨华、张华敏等人认为："大宣传需要的是灵活的多维传播思维，而不是局限于传统的单向传播思维。"④谢孝东从媒介融合的视角探讨了"大宣传"格局的构筑问题。他提出了媒介融合对"大宣传"格局构建的五重挑战，包括宣传方式、主客体易位、宣传理念落后、网络文化冲击、宣传队伍建设，与此同时，他认为应该从八个方面化解这一难题，包括立足育人根本、传播核心价值、破除惯性思维、实现理念更新、形成统筹机制、建设一流队伍、严守政治安全以及强化对外宣传。⑤

第三，正面宣传为主的原则。王文慧、秦书生认为，当今世界意识形态领域极不平静，为维护我国的意识形态安全，需要通过正面宣传"充分发挥意识形态的鼓舞干劲、凝聚共识、激发信心、团结民众等正面的和积极的作用，在事关原则性的问题和大是大非面前，必须帮助干部和群众澄清模糊认识，划清是非标准"⑥。吴倩认为，应该将正面宣传与舆论斗争统一起来。在《论新时代宣传思想工作正面宣传与舆论斗争的统一》一文中，作者从坚持唯物辩证法的角度提出，正面宣传与舆论斗争并不矛盾，正是唯物辩证法启迪我们看问题要全面、系统，既要看到主流，也要看到支流，既要看到正面，

①　徐国民：《全面从严治党视域下加强意识形态建设探析》，《思想理论教育》，2017 年第 12 期。
②　朱继东：《意识形态工作要凝民心聚共识》，《红旗文稿》，2017 年第 11 期。
③　王永贵：《不断提升主流意识形态引领力的新理念》，《江苏社会科学》，2013 年第 6 期。
④　熊小健、董杨华、张华敏：《媒介融合背景下高校大宣传格局的构建：理论创新与路径选择》，《思想理论教育》，2015 年第 6 期。
⑤　谢孝东：《媒介融合视域下高校大宣传格局的构建探析》，《思想教育研究》，2017 年第 6 期。
⑥　王文慧、秦书生：《习近平的意识形态战略思想探析》，《理论与改革》，2016 年第 1 期。

也要关注负面。①

6. 关于新时代党的意识形态安全理论主要特色和当代价值的研究

第一，新时代党的意识形态安全理论的主要特色。在语言特色方面，孟宪平从习近平意识形态话语特色分析，"习近平总书记有关意识形态安全工作的重要论述体现了新时代的叙事特征和鲜明的语言特色，其话语基础、话语内容、话语环境和话语向度都包含具有鲜活生命力的思想元素"②。朱文婷、陈锡喜在文章中指出："习近平以'中国特色、中国风格、中国气派'作为参照标准，深入挖掘中华优秀文化蕴含的思想观念、人文精神、道德规范，创设了主流意识形态的诗词、俗语和比拟三种标识性实践具象，达到了以大众话语引领大众意识的话语权效果。"③王文慧、秦书生从四个方面指出了新时代党的意识形态安全理论的四个特点："一是重视伦理道德与文化；二是灌输引导与自觉认同相结合；三是创新了话语体系；四是注重意识形态安全工作的关联性。"④

在整体性方面，有学者提出了新时代党的意识形态安全理论的整体性特点。姜迎春认为应该从三个方面着手把握新时代党的意识形态安全理论的整体性："一是整体把握错误社会思潮的实质与危害；二是整体把握马克思主义的历史发展；三是整体把握当代中国意识形态建设的实践路径。"⑤而张林、刘海辉则进一步指出："新时代党的意识形态安全理论的整体性是以'为什么要加强意识形态工作，意识形态工作究竟是干什么，怎么干好意识

① 吴倩：《论新时代宣传思想工作正面宣传与舆论斗争的统一》，《思想教育研究》，2019 年第8 期。

② 孟宪平：《习近平关于主流意识形态建设的思想论析》，《探索》，2014 年第 5 期。

③ 朱文婷、陈锡喜：《理论抽象——空间意象——实践具象：习近平建设主流意识形态话语权的三维辨识》，《湖北社会科学》，2017 年第 11 期。

④ 王文慧、秦书生：《习近平的意识形态战略思想探析》，《理论与改革》，2016 年第 1 期。

⑤ 姜迎春：《论习近平意识形态建设理论的整体性》，《江海学刊》，2015 年第 4 期。

形态工作'为逻辑主线,形成了一套具有完整逻辑体系的意识形态工作布局。"①

第二,新时代党的意识形态安全理论的当代价值。学术界一般从理论价值和实践价值两方面探讨新时代党的意识形态安全理论的重要价值。在理论价值方面,有学者认为,其理论意义体现在三个方面:一是深化了中国特色社会主义意识形态理论;二是在"四个伟大"实践中凸显意识形态理论的社会主义价值;三是开辟了21世纪马克思主义意识形态理论的新境界。②

在实践价值方面,刘秀华认为,新时代党的意识形态安全理论能巩固党的执政基础,因为"一个政党的社会意识形态越是得到社会的广泛认同,就越能形成全体社会成员所共同遵守的核心价值和价值共识,政党执政的合法性就越高,执政党的执政基础就越牢固,政党就越具有生命力"③。岳鹏特别从网络意识形态的视角研究了新时代党的意识形态安全理论的价值。他认为,这一重要思想有助于掌握网络舆论主战场上的主导权,有助于坚持真理、批驳谬误,有助于青年人在网络信息社会的健康成长。④

以上主要是学术论文的理论成果分析。当前,研究新时代党的意识形态安全理论的学术专著数量不多,主要有朱继东所著《新时代党的意识形态思想研究》,书中从地位论、主体论、立场论和能力论四个方面对新时代党的意识形态安全理论做了具体阐释,深化了对这一重要思想的认识。陈锡喜所著《意识形态——当代中国的理论和实践》,书中阐释了作为党和国家意

---

① 张林、刘海辉:《习近平意识形态思想的五大理论特色》,《思想政治教育研究》,2017年第5期。
② 路媛、王永贵:《习近平关于新时代意识形态论述的战略底蕴和实践深意》,《思想理论教育导刊》,2019年第1期。
③ 刘秀华:《社会意识形态的本质及其对新时代价值秩序重塑的意义》,《中国社会科学院研究生院学报》,2018年第3期。
④ 岳鹏:《习近平网络意识形态建设系列论述的核心要义及时代价值》,《学校党建与思想教育》,2019年第22期。

识形态的马克思主义能否掌握社会生活中的话语权,从而真正引领社会经济、政治和文化生活的现实挑战问题。在分析了中国道路形成和发展的意识形态因素后,通过论证社会主义核心价值观的凝练及其对社会思潮的引领,探索掌握马克思主义在社会生活中的话语权问题,并探究了其实现路径。书中还专门讨论了习近平治国理政的战略思维和价值取向问题。张志丹所著《意识形态功能提升新论》,书中提出了对意识形态概念精神实质的新理解,对我国意识形态功能战略提升面临的机遇、挑战与现实困难进行了全面深入的分析阐述。

综上所述,笔者认为,对新时代党的意识形态安全理论的学术研究成果丰富,角度新颖,已经达到较高的学术高度。但是学术研究无止境,对此重要思想的研究仍然存在可继续深化和探讨之处,主要包括以下四个方面:

第一,要在研究中明确指出习近平在维护意识形态安全方面所构建的思想体系的根本追求是什么?根本追求与习近平有关意识形态安全重要论述之间到底存在什么样的逻辑关系?并在此基础上开展对习近平意识形态重要论述的体系化、系统化研究。当前有关这一问题的研究主要以学术论文的形式呈现,受篇幅所限较难将新时代党的意识形态安全理论的整个体系宏观展现,只能选取其中的一部分作为研究对象。这就造成研究成果的碎片化倾向,缺乏整体感。学者们分别就习近平某次讲话里的某一句或某几句话进行研究,论证其理论依据和实践基础,给人一种就事论事、就点论点之感,让人很难看出这些观点和原则之间有何内在联系。其中有些文章属于理论宣讲类,普遍存在分散化、不成体系的问题,尽管成果众多,但即使把这些成果都汇集起来,也不能让人从总体上把握新时代党的意识形态安全理论的完整逻辑体系。

第二,对新时代党的意识形态安全理论的基本特征需要继续深入研究,需要找到这一新型安全理论如何实现意识形态安全的内在机理。党的十八大之后,以习近平同志为核心的党中央极为重视意识形态安全理念创新,提出了一系列新观点、新论断。比如以人民为中心的建设理念、总体国家安全观、文化自信、人类命运共同体等重要思想。当然,这些新观点、新表述的诞生有些并非专门针对意识形态安全问题,但其中所蕴含的丰富内涵对维护意识形态安全具有十分重要的理论与现实意义,需要学术界继续深挖其中的意识形态安全内涵,探索其与意识形态安全之间的内在逻辑关系。

第三,继续加强对新时代党的意识形态安全理论的时代价值研究。当前学术界对这一重要思想理论的价值已有不少研究成果,但散见在学术论文的某些片段之中,不够系统和深入,需要从思想的理论价值、实践价值及其世界意义等方面加强研究力度和理论阐释,尤其要加强对成果尚不丰富的世界意义的研究,并在此基础上加大对新时代党的意识形态安全理论的宣传和教育力度,扩大和筑牢该思想的群众基础。只有充分调动人民群众的参与积极性和主观能动性,才能为维护意识形态安全提供更加坚实的基础保障。

第四,对坚持马克思主义在意识形态领域指导地位的根本制度的研究需要引起学术界的关注。在党的十九届四中全会的《决议》中,首次将坚持马克思主义在意识形态领域指导地位上升为国家根本制度,体现出党中央对马克思主义意识形态安全的高度重视。由于国家治理体系和治理能力现代化的纲领性文献出台不久,学术界对如何将意识形态治理纳入国家治理体系总体布局,推动意识形态治理能力现代化,从而有效维护意识形态安全的研究还处在起步阶段。因此,学术界需要加大对这一重要问题的研究力度,探索意识形态治理现代化的方式、方法,从维护国家根本制度的高度探究如何在新时代做好意识形态安全工作。

(二)国外研究综述

国外研究,笔者将其界定为从国外的视角观察和研究新时代党的意识形态安全理论的研究。随着我国展现出日益广泛的世界影响力,国外学者也对中国发生的巨变表现出浓厚兴趣,带着各自不同的目的对中国崛起背后的原因加以探究。而对习近平新时代中国特色社会主义思想的研究则是一条快速了解中国,迅速找到答案的必经之路,其中新时代党的意识形态安全理论作为习近平新时代中国特色社会主义思想的重要构成,自然也被外界所关注。由于新时代党的意识形态安全理论的根本追求是维护国家政治安全,维护党的执政地位,给国家的社会主义建设创造更为有利的内外环境,因此国外学术界对此问题研究的价值取向与国内可能存在较大差异,同时动机不同也致使研究成果较为分散。从总体看,国外对中国意识形态问题的研究可划分为三个论域。

第一,以维护西方资本主义制度为出发点,带有意识形态偏见的研究。西方国家对意识形态问题一贯采取消极态度看待。尽管他们热衷于输出西方资产阶级所谓的自由、平等、人权等观念,但他们从不把这些本质上属于意识形态的观念称之为意识形态。西方国家很少从意识形态安全的角度考虑这些命题,而是代之以"文明的冲突""意识形态的终结""文化软实力"等说法,很少论及专门研究新时代党的意识形态安全理论的学术成果。在这种价值导向下,一些西方人士将意识形态描述为中国加强权力集中的"思想控制工具",对意识形态完全持负面看法。然而正是在这种错误价值观的驱使下,这些西方人士最终也掉入了意识形态偏见的陷阱。在美国有重要影响的《华尔街日报》在报道中国暴发的新冠病毒疫情时,将中国人称之为"真正的亚洲病夫",言辞间充满了意识形态偏见。甚至发生了美国福克斯电视台主持人沃特斯公然要求中国就新冠肺炎疫情道歉这样的咄咄怪事。"当中国影响力逐渐提升时,抱持冷战思维的某些西方学者却感到紧张和不安,进而抛出了'锐实力'概念,将中国开展的各种互利建设和文化交流作为攻击的对象。"①美国国家民主基金会发布的题为《锐实力：崛起的威权影响力》报告称，"锐实力"指的是传统"软实力"与贸易、网络攻击等强硬手段联姻的产物。"锐实力"专门用来攻击中国为人类共同进步所做的贡献，将"一带一路"倡议描述为向沿线国家进行政治渗透，将中国在非洲的大量投资定性为对非洲的"殖民掠夺"，总之，完全充斥着意识形态的偏见与丧失理性的污蔑。而在那些不是坚持马克思主义意识形态的国家，即便存在大量侵犯人权和危害公共利益的情况，这些西方学者却对其选择性忽视。一种根深蒂固的资本主义意识形态危机意识驱使着这些人做出了大量非理性的选择。

第二，认为中国的发展有利于世界，对马克思主义意识形态持理解态度，带有积极正面意义的研究。这批学者认为，中国不同于西方国家，中国共产党是一个马克思主义意识形态色彩鲜明的政党。英国皇家国际事务所研究员、亚洲项目主任凯瑞·布朗认为："在当代中国，意识形态仍然发挥着重要的作用，承担着推动现代性与提供社会共识和凝聚力的功能。"②基辛格在《世界秩序》一书中提出，中国的崛起只是重新回归历史周期，这并不令人感到奇怪。随着中国的崛起，海外一门叫作"中共学"的学科快速兴起，该学科专门研究中国问题与中国共产党的相关理论，并出版了大量著作与学术文章。英国伦敦经济与商业政策署原署长罗思义认为："只有让人民群众享受到改革红利，感受到生活水平持续改善、中国国际地位不断提高，改革才能得到人民群众的拥护，中国共产党的执政地位才能进一步巩固。"③总之，中国在中国共产党的领导下，用马克思主义意识形态凝聚人们的精神，走出了一条完全有别于西方国家的发展道路，这让西方学者感到相当疑惑，希望

① 史安斌：《透析所谓"锐实力"》，《理论导报》，2018 年第 4 期。
② ［英］凯瑞·布朗、吕增奎：《21 世纪中国共产党的意识形态》，《马克思主义与现实》，2012年第 3 期。
③ 《外国学者看"四个全面"（下）》，《人民日报》，2015 年 4 月 12 日。

通过相对客观的研究找到破解"中共之谜"的钥匙。

第三,超越意识形态之争,单纯介绍和借鉴中国发展经验的研究。《习近平谈治国理政》已经翻译成多国文字在海外出版。作为了解中国的理论路径,习近平新时代中国特色社会主义思想在海外政界和学术界引起越来越多的关注和探讨,特别是其中利益面广泛的"人类命运共同体"思想、"一带一路"倡议、积极发展全球伙伴关系,扩大同各国的利益交汇点等思想更是引发广泛讨论。意大利经济发展部前副部长米凯莱·杰拉奇认为,"一带一路"倡议是造福人类的一项伟大倡议,为世界各国经济带来更多增长机会。[①] 日本东北公益文科大学理事长新田嘉一认为,中国特色社会主义制度具有强大生命力,是当代中国发展进步的根本保证。[②]

通过以上材料,我们看到在意识形态问题上国外所持有的不同态度,这也反映中国崛起对世界各国产生了不同的影响。总的说来,这给我们带来两点启示。一方面,我们需要创新意识形态话语表达,善于利用别人的话语消解西方中心主义的价值困境。用西方能够接受和认可的话语方式将我们的原则立场和利益关切表达出来,绝不能自说自话,否则将导致外宣工作的低效和空转。另一方面,我们需要提升意识形态理论研究水平,化解西方"碎片式"研究对我国意识形态理论的解构和扭曲,努力将我国的国际形象从"他塑"向"自塑"扭转,不断改善我国发展的外部环境。

新时代党的意识形态安全理论致力于维护我国的政治安全和党的执政地位安全,以发挥中国特色社会主义制度优势为价值要义。我国必须坚持马克思主义在意识形态领域的指导地位,对此,世界各国可以存在不同理

---

①② 《讲述亲历故事 见证辉煌历程(风从东方来——国际人士谈新中国 70 年发展成就)》,《人民日报》,2020 年 1 月 8 日。

解,国家间应该在和平友好的交流中增进互信,避免误判甚至摩擦,进而造成无法挽回的损失。随着中国日益走向世界舞台中央,中国价值、中国道路和中国智慧已经引起其他国家的广泛关注。值得注意的是,在抗击新冠病毒疫情的过程中,中国的政治体制和国家动员能力,以及一切以人民为中心的强大精神力量给包括西方发达国家在内的世界各国留下了深刻印象,很多专家学者通过网络新媒体等渠道对此表示赞赏,相信西方学术界会有更多研究中国政治制度和意识形态建设等方面的积极正面的学术成果面世。

三、研究的重点与难点

(一)研究重点

第一,新时代党的意识形态安全理论的根本追求,并以此为基石展开新时代党的意识形态安全理论的主体内容探究。本书认为,新时代党的意识形态安全理论追求国家政治安全和党的执政安全,将对马克思主义意识形态视为维护意识形态安全的关键环节,以筑牢习近平新时代中国特色社会主义思想的国家意识形态主体根基为着力点,以发挥中国特色社会主义制度的特殊优势为价值要义。

第二,新时代党的意识形态安全理论的基本特征。探索新时代党的意识形态安全理论体系背后的深刻逻辑,重点分析以人民为中心观、总体国家安全观、文化自信观、人类命运共同体思想等新表述,并指出这些创新理念与维护意识形态安全之间的内在逻辑联系,同时对其能够发挥的具体作用做进一步发掘。

第三,研究新时代党的意识形态安全理论的当代价值。探讨这一重要思想的理论价值、实践价值与世界意义,通过研究其价值,更好地宣传和激发人们的意识形态安全意识,为全面维护意识形态安全创造更为有利的社会环境,巩固其群众基础。

(二)研究难点

第一,本书的研究对象较为宏大,总体把控难度较大。新时代党的意识形态安全理论涉及政治、经济、文化、社会等方面,需要政治学、哲学、社会学、经济学等学科知识。习近平所提出的"伟大斗争""互联网时代""中国故事""话语体系构建""传播能力建设""治理体系与治理能力建设"等问题都是意识形态安全领域中的宏大主题,很难细微、全景式地展现在一本书中。此外,笔者在知识储备、理论修养等方面也多有欠缺,总体把控能力有待提升。

第二,新时代党的意识形态安全理论尚处在不断发展和完善之中,而学术研究与思想发展存在的脱节问题始终客观存在,由学者将领导人正在发展之中的思想以完整的逻辑体系呈现出来确有难度。

第三,准确把握新时代党的意识形态安全理论的研究框架难度较大。中国特色社会主义进入新时代,习近平对在新的历史方位上做好意识形态安全工作提出了很多新观点、新看法,如何通过学术研究准确把握意识形态思想与意识形态安全工作本身客观规律之间的逻辑关系,并通过学术研究将习近平的意识形态观点、指示、论断转化为更具抽象性的理论体系,既是研究的重点,也是研究的难点。

四、内容框架与研究方法

(一)内容框架

除了导论和结论,本书正文共有五个部分。

第一章介绍了意识形态的基本概念、基本功能及其阶级属性,并对马克思主义意识形态的理论演进及其中国化的历程进行了回顾和梳理,探讨了意识形态与党的执政安全之间的内在逻辑；

第二章分析了新时代党的意识形态安全理论形成的现实背景,指出当前国内意识形态安全面临的复杂环境和潜在安全威胁,同时也认为,新时代维护意识形态安全建设存在诸多机遇；

第三章展现了新时代党的意识形态安全理论的主要内容,包括战略任务、根本遵循、基本原则、新闻方针和实践路径等方面,是笔者就习近平所提出的有关意识形态安全重要论述和基本观点所进行的系统归纳和总结；

第四章探讨了新时代党的意识形态安全理论的基本特征,重点从其政治安全价值、总体国家安全观、文化自信和人类命运共同体五个方面展开,论述了习近平为维护意识形态安全进行的观念创新,并讨论其与意识形态安全之间的内在逻辑关系；

第五章归纳了新时代党的意识形态安全理论的当代价值,主要从理论价值、实践价值和世界意义三个方面展开分析,指出其重要意义。

整个研究遵循了从历史到当代,从理论抽象到具体实践的总体思路,全部研究贯穿着维护意识形态安全就必须维护政治安全和中国共产党的执政地位,确保中国特色社会主义制度优势的发挥,进而为中华民族伟大复兴中国梦的实现提供可靠思想保障的观点。

(二)研究方法

第一,文献研究与理论分析相结合法。党的十八大以来,以习近平同志为核心的党中央,对如何做好新时代意识形态安全工作做出了系统性重要论述,形成了大量文献成果。本书认真研究了这些文献成果,同时仔细研读了马克思主义经典著作中与意识形态安全相关的资料,在此基础上运用马克思主义原理进行了理论分析,力图找到新时代党的意识形态安全理论的理论框架。

第二,历史研究与逻辑分析相统一法。研究意识形态安全问题需要考察意识形态与马克思主义意识形态理论的发展历史,从历史中汲取经验、传承思想,进而为现实问题的解决提供依据。同时,需要在这些历史经验中进行价值甄别,运用逻辑分析的方法找出抽象的共性经验。此外,在研究新时代党的意识形态安全理论的主要内容的主体架构时,也需要运用逻辑分析的方法。

第三,综合分析研究法。意识形态是个复杂的理论问题,其概念本身就已经涉及哲学、政治学、社会学等学科,需要综合运用多学科知识分析研究。同时,习近平有关意识形态安全的重要论述同样涉及不同层面、不同学科和不同领域,需要跨学科综合研究,进而构建完整、准确的研究框架。

五、创新点与不足

(一)创新点

第一,本书聚焦新时代党的意识形态安全理论的核心问题,即维护国家政治安全是维护意识形态安全的根本追求,以此为逻辑起点,通过研究习近平关于意识形态安全的重要论述,尝试建立合理的研究框架,并提出支撑其根本追求的三个方面:意识形态安全的关键是马克思主义意识形态的一元认同;意识形态安全的着力点是筑牢习近平新时代中国特色社会主义思想的根基;意识形态安全理论的价值要义是发挥中国特色社会主义的制度优势。

第二,本书关注新时代党的意识形态安全理论的基本特征,通过重点考察其以人民为中心的价值底色、对总体国家安全的价值追求、对文化自信的坚守以及人类命运共同体的意识形态功能,探讨新时代党的意识形态安全理论是通过何种方式、理念和逻辑来维护意识形态安全的,并尝试找寻这一重要思想核心价值的实现机理。

第三,本书尝试从党的十九届四中全会《决定》中提出的国家治理体系和治理能力现代化的角度初步探讨其与意识形态安全之间的内在逻辑,并分析意识形态安全与中国特色社会主义制度优势发挥之间的关系。

(二)研究的不足

总体而言,很难在一部专著中全面展现新时代党的意识形态安全理论思想体系的方方面面,也难以深入展示其宏大的思想意蕴。对一些理论问题的研究只是浅尝辄止,况且新时代党的意识形态安全理论还处在不断发展与完善的过程中,需要笔者在今后的研究中不断探索。

作为科研新人,笔者的理论修养和知识储备相对有限,科学研究的经验不足,研究不够深入。在以后的科学研究中将加强理论修养,不断积累科研经验,持续提升研究水平,将新时代党的意识形态安全理论深入探讨下去。

第一章 新时代党的意识形态安全理论的 概念内涵与理论基础

"实践是理论的基础,理论是实践的先导。"①新时代党的意识形态安全理论的产生有其深厚的理论渊源。研究新时代党的意识形态安全理论需要首先从其形成的理论基础着手,以此作为研究的起点,有必要系统地考察意识形态概念的产生和发展的历史变化,并对其基本内涵、功能、性质,以及意识形态与执政安全这一重要问题之间的逻辑关系深入探讨,同时,需要研究马克思主义意识形态的理论演进及其中国化发展。只有厘清这些基本问题,我们才能正确把握新时代党的意识形态安全理论形成的理论基础与发展脉络,也才能更加深刻地理解这一思想体系。

---

① 《改革开放三十年重要文献选编》(下),人民出版社,2008 年,第 1758 页。

第一节 意识形态安全理论的相关概念

意识形态一词自诞生以来,其基本含义一直在不断变化,经历了几个重要发展阶段。在特拉西那里,它是"理念的科学",是人类理性的认识工具;在马克思那里,它是资产阶级迷惑无产阶级的控制工具;在列宁那里,它又成为无产阶级对抗资产阶级政权,取得无产阶级革命胜利的思想工具。迄今,学术界对其准确定义仍有一定争议。马克思主义意识形态理论从阶级的角度考察这一概念,认为不同的阶级拥有不同的意识形态,其基本功能就是为其服务的政权提供合法性辩护。

一、意识形态

有关"意识形态"这一名词的思想古已有之,但作为现代意义上的政治术语,产生于工业革命之后的法国大革命时期,出场时间不过两百余年。自法国哲学家特拉西首次赋予其现代内涵以来,对它的理解始终争议不断,至今仍然没有得到学术界普遍认可的定义和规范。戴维·麦克里兰在他的《意识形态》一书的开篇就指出:"意识形态在整个社会科学中是最难把握的概念。"[①]不同时期、不同国家对这一概念的理解不尽相同,有时甚至得到完全相反的解释,并在对这一概念的理解中不断基于各自立场添加对它的阐释,造成了当前对这一概念的界定缺乏统一标准的状况。但是作为一项科学研究,对意识形态概念的理解是决定这项研究能否顺利推进的逻辑起点,

---

① [英]戴维·麦克里兰:《意识形态》,孙兆政、蒋龙翔译,吉林人民出版社,2005年,第1页。

因此必须要对这一重要概念进行概况性历史考察。

　　一般认为,法国大革命时期的哲学家特拉西在他的四卷本《意识形态论》(或译为《意识形态要素》)中首次使用"意识形态"一词,并创立了自称为意识形态的学科,创立之初的含义正像它的字面意思一样,是有关意识的某种形态,也就是一门和观念相关的经验科学。1795年法兰西研究院成立后,特拉西成为其中一员,并在其周围聚拢起一批持有相同或相近观点的所谓"意识形态家"群体。此时的特拉西等人都属于政治上的共和主义者,在拿破仑刚执政时,与拿破仑保持良好的合作关系。特拉西从唯物主义的视角出发,认为思想的产生是物质刺激的物理过程,而不是一种精神过程,并从宏观的视野将其概括为"理念的科学"。他创造这一概念的主要目的是为了将"理念的科学"应用于政治生活实践,用以推进社会发展和人类社会进步,并暗示人类理性在社会发展过程中的无所不能。特拉西认为"人类经验的所有领域,过去大多数是根据神学加以考察的,现在则应运用理性来考察……意识形态是理论的理论,是各门科学的王后,因为它先于所有其他需要使用'观念'的科学"①。这决定了"意识形态"一词自诞生以来便带有浓厚的理性主义色彩,也表明了他对自己所创立学科的抽象认识。特拉西对意识形态这一概念的理解,类似于我们对"哲学"概念的理解。自创立意识形态概念后,他竭力主张意识形态在教育、社会、政治等领域的广泛应用,认为若要进行启蒙教育或其他领域的实践,需要首先搞清楚观念的起源,也就是说,需要先了解事物的基本概念,才能更好地进行实践,最后达到中国人所说的"知行合一",这就是特拉西所理解的意识形态的最初用法。然而他与拿破仑愉快的合作很快便出现了裂痕。拿破仑试图通过登基称帝的方式维护资产阶级革命成果,这显然与特拉西等人一贯倡导的实践价值存在严

---

　　① [澳]安德鲁·文特森:《现代政治意识形态》,袁久红译,江苏人民出版社,2008年,第3页。

重冲突,自然遭到了他们的激烈批评和抵制。基于政治立场的矛盾最终导致双方关系的决裂。拿破仑决定先发制人,以便为自己的登基理清思想上的最后障碍。他下令镇压了特拉西等人,取消了他们在法兰西研究院的工作部门,又把这伙人贬斥为"空谈家",一伙"完全是在头脑里改造世界的人,是很少或根本没有政治才智的安乐椅上的玄学家"①。由于对拿破仑的倒行逆施始终保持抵制态度,特拉西和他所创立的意识形态理论影响力逐渐扩大,并广泛传播。

马克思在他早期的著作中曾提到过特拉西,但只是作为简单的历史考察,并未做深入探讨和分析。马克思、恩格斯在《神圣家族》中写道:"在鲍威尔那里,自我意识也是提高到自我意识水平的实体,或者说,是作为实体的自我意识,自我意识从人的属性变成了独立的主体。这是一幅讽刺人同自然分离的形而上学的神学漫画。因此,这种自我意识的本质不是人,而是观念,因为观念的现实存在就是自我意识。自我意识变成了人的观念,因而也是无限的。人的一切特性就这样秘密地变成了想象的'无限的自我意识'的特性。因此,鲍威尔先生在谈到这种'无限的自我意识'时十分明确地说,一切事物都在无限的自我意识中找到其起源和解释,即找到其存在的根据。"②马克思、恩格斯在文中抨击了鲍威尔等青年黑格尔分子把"自我意识"和"绝对精神"当作人的本质的唯心主义观点,并将其批判为"虚幻"的意识形态。这是马克思第一次在著作中表明对意识形态概念的基本认识。

在《德意志意识形态》等著作中,马克思、恩格斯是从负面视角看待意识形态的,认为它是资产阶级用来蒙蔽无产阶级的统治工具,目的是通过虚假的意识宣传始终让无产阶级处于被压迫、被剥削的地位,从而永远成为资产

---

① ［澳］安德鲁·文特森:《现代政治意识形态》,袁久红译,江苏人民出版社,2008 年,第 4 页。
② 《马克思恩格斯文集》(第一卷),人民出版社,2009 年,第 340～341 页。

阶级的附庸。所以,此时的他们并不把自己的学说称为意识形态,而视之为科学。马克思曾把宗教比作人民的鸦片,他后来又在《德意志意识形态》中写道:"它尽可能地消灭意识形态、宗教、道德等等,而在它无法做到这一点的地方,它就把它们变成赤裸裸的谎言。"①马克思把意识形态和宗教并列,也说明当时他是从负面的角度理解意识形态这一概念。随着无产阶级运动的持续发展和资本主义生产关系的调整,马克思、恩格斯逐渐将意识形态从中性的角度加以理解,认为意识形态属于受经济基础决定的观念上层建筑。不管意识形态的形式和内容如何,其本身作为一种特殊的社会意识,也是对社会存在的一种反映。马克思指出:"人们自觉地或不自觉地,归根到底总是从他们阶级所依据的实际关系中——从他们进行生产和交换的经济关系中,获得自己的伦理观念。"②正是从这一视角理解,马克思主义意识形态的基本概念才得以传播开来,由此构成了最具普遍意义的马克思主义意识形态概念。

列宁在其著作中多次论及意识形态,在继承马克思、恩格斯有关意识形态理论之后又深化了对其的认识。他强调意识形态的阶级属性,但指出无产阶级意识形态以唯物主义为基础,是区别于资产阶级唯心主义意识形态的科学的、革命的意识形态,是社会主义经济基础上的观念上层建筑,其基本功能是维护无产阶级的利益。毛泽东继承了列宁有关意识形态的相关理论,在中国革命和建设过程中十分重视意识形态的重要作用。在读艾思奇的《哲学选辑》时他曾说:"哲学是一定阶级的意识形态的集中表现。"③《在关于正确处理人民内部矛盾》中,他强调:"阶级斗争并没有结束。无产阶级和资产阶级之间的阶级斗争,各派政治力量之间的阶级斗争,无产阶级和资

---

① 《马克思恩格斯文集》(第一卷),人民出版社,2009 年,第 566 页。
② 《马克思恩格斯选集》(第三卷),人民出版社,2012 年,第 470 页。
③ 《毛泽东哲学批注集》,中央文献出版社,1988 年,第 310 页。

产阶级之间在意识形态方面的阶级斗争,还是长期的,曲折的。"①与列宁有所不同的是,毛泽东更关注意识形态的文化属性,他指出,"一切文化或文学艺术都是属于一定的阶级,属于一定的政治路线的"②。但他也强调,"资产阶级和从旧社会来的知识分子的影响还要在我国长期存在,作为阶级的意识形态,还要在我国长期存在"③。

作为西方马克思主义开创者,卢卡奇继承并发展了马克思的早期观点,并认为,"使资产阶级的阶级意识成为'虚假'意识的界限是客观存在的,他就是阶级地位本身。它是社会经济结构的客观结果,决不是随意的、主观的或心理上的。因为资产阶级的阶级意识,尽管也可能十分清楚地反映了这种统治的所有组织问题,反映了整个生产的所有资本主义改造和实施问题,但一旦出现问题,而在资产阶级统治范围内来解决这些问题已经超出了资本主义本身的范围时,它就必然会变得模糊不清了"④。而"最高程度的无意识,即极度的'虚假意识',总是在对经济现象的有意识控制表现得最充分的时候显示出来的"⑤。"随着资本主义的出现,随着等级制的废除,随着纯粹的经济划分的社会的建立,阶级意识也就进入了一个可能被意识到的时期。从此,社会的斗争就反映在围绕着掩盖或揭露社会的阶级特征而进行的意识形态斗争之中。"⑥他进一步指出,"革命的命运(以及与此相关联的是人类的命运)要取决于无产阶级在意识形态上的成熟程度,即取决于它的阶级意识"⑦。而"对无产阶级来说,它的'意识形态'不是一面扛着去进行战斗的

---

① 《毛泽东文集》(第七卷),人民出版社,1999 年,第 230 页。
② 《毛泽东选集》(第三卷),人民出版社,1991 年,第 865 页。
③ 张秀琴:《马克思意识形态概念理解史》,人民出版社,2018 年,第 304 页。
④ [匈]卢卡奇:《历史与阶级意识》,杜章智等译,商务印书馆,2014 年,第 113 页。
⑤ 同上,第 127 页。
⑥ 同上,第 119 页。
⑦ 同上,第 134 页。

旗帜,不是真正目标的外衣,而就是目标和武器本身"①。卢卡奇以其总体性、物化和阶级意识等概念建构了他所理解的马克思主义以及对资本主义的批判。而曼海姆对意识形态的理解则跳出了传统马克思主义的中性范畴,将意识形态区分为特殊的意识形态概念和总体的意识形态概念,并尝试构建知识社会学来摆脱意识形态概念的困境。其理论间接导致了"意识形态终结"思潮的兴起,也使其理论走上不同于正统马克思主义的发展道路。

而美国等西方国家对意识形态持有的否定态度与"意识形态终结"思潮有一定关联。他们认为,意识形态一般与法西斯主义、纳粹大屠杀、斯大林主义等负面因素相关,并将意识形态视为欺骗和非理性的代名词,"美国人把意识形态等同于极权主义和美国理想的敌人"②。二战结束后的西方世界,经济高速发展,资产阶级为缓和阶级矛盾也愿意让普通民众享受经济发展带来的物质成果。而日益富足的物质生活让他们不再关注阶级间的地位差别和利益分化,从而形成阶级矛盾日渐缓和的社会"和谐"景象。与此同时,西方社会科学领域也取得了飞速发展。正如美国学者罗伯特·L.海尔布隆纳在 20 世纪 70 年代写的《马克思主义:赞成与反对》中所说:"一些马克思主义者自豪地宣称自己是正统的马克思主义者,而另一些马克思主义者认为马克思主义已经沦为意识形态,其本身就成了实现人道社会主义的主要障碍。"③他们把意识形态视为需要破除的迷信,一种类似于特拉西创立意识形态概念时所持有的本源意义,即一种理性的、科学的观念体系,加之社会主义阵营中某些意识形态理论在社会实践中的失败,就更加坚定了西方国家对意识形态这一概念所持的负面立场。在这种历史背景下,他们坚

---

① [匈]卢卡奇:《历史与阶级意识》,杜章智等译,商务印书馆,2014 年,第 134 页。
② 周琪:《意识形态与美国外交》,上海人民出版社,2005 年,第 11 页。
③ [美]罗伯特·L.海尔布隆纳:《马克思主义:赞成与反对》,马林梅译,东方出版社,2016 年,第 5 页。

信意识形态已经在西方国家终结,不会再有市场了,因为它和真正的社会科学是相悖的,只是一种类似于宗教狂热式的非理性说教。他们所宣扬的民主、人权、自由等理念不属于意识形态范畴,而是一种价值观,他们把马克思主义归结为这样一种非理性学说,所有的意识形态都是非理性的,而马克思主义就是非理性的,因此是一种意识形态。如同安德鲁·文森特所说:"意识形态仍以贬抑的意味在被使用,意指一种狭隘的观点或价值偏见,或者,最常见的是指一种幻想。"①

英国学者杰弗里·托马斯对意识形态持有价值中立立场。他在《政治哲学导论》中指出了意识形态所具有的两种显著特征,"一是他们代表了社会和政治生活的一种整体的视角、价值承载者和行动指南。二是不同的意识形态以不同的方式把概念串接起来。他们把某些概念置于对立的地位,其他概念则淘汰出局,不予重视,在此过程中,他们始终把自己的解释加于这些概念之上"②。他进一步把意识形态细分为无政府主义、保守主义、自由主义、社会主义、女性主义,并认为这些都属于意识形态范畴。他的观点与英美主流学术界中对意识形态概念所持的负面立场存在一定差异。

国内学者对意识形态的概念也提出了独到见解。邢贲思认为,"意识形态是历史唯物主义的一个重要范畴,它是社会意识中的一部分,是系统地、自觉地反映社会经济形态和政治制度的思想体系"③。宋惠昌认为,"作为社会哲学基本范畴的意识形态,也就是思想体系,是一定社会或阶级的思想体系"④,而"任何一种意识形态中都是有意识的因素与无意识的因素交织在一

---

① [澳]安德鲁·文特森:《现代政治意识形态》,袁久红译,江苏人民出版社,2008年,第22页。
② [英]杰弗里·托马斯:《政治哲学导论》,顾肃、刘雪梅译,中国人民大学出版社,2006年,第283～284页。
③ 邢贲思:《意识形态论》,《中国社会科学》,1992年第1期。
④ 宋惠昌:《当代意识形态研究》,中共中央党校出版社,1993年,第9页。

起的"①。俞吾金指出,"意识形态是建立在阶级意识基础上的虚假意识"②。侯惠勤强调:"不能简单地把意识形态的虚假性等同于'错误观念'。"③陈锡喜则认为,"意识形态的本质是价值观的理论体系,它是对不同阶级、阶层或群体的利益关系所作的价值判断,但又包含着对其利益合理性的论证"④。王永贵认为,"意识形态作为思想上层建筑具有鲜明的阶级性、系统的理论性以及强烈的实践性等本质特征,在一个国家和社会的政治经济生活乃至外交政策中发挥着巨大的作用,这种作用就是意识形态的功能,它是由意识形态的本质特征决定的"⑤。

事实上,意识形态作为一个有着丰富内涵的重要词汇,对它的理解存在分歧实属自然,尽管意识形态一词本身是个"动态复合概念"⑥,而"对意识形态的任何考察都难以避免一个令人沮丧的结论,即所有关于意识形态的观点自身就是意识形态的"⑦,但从科学研究的角度考虑,必须要给出一个已达成普遍共识的关于意识形态概念的"最大公约数",才能开展对此问题的进一步探讨。因此综合以上考察,基于马克思主义立场,本书采用的意识形态概念可以做如下理解:意识形态是阶级的系统的价值观念体系,其目标是通过夺取或维护政治政权从而实现和维护本阶级的利益。

---

① 宋惠昌:《意识形态:政治无意识》,《中共中央党校学报》,2002 年第 4 期。
② 俞吾金:《意识形态论》,人民出版社,1993 年,第 61 页。
③ 侯惠勤:《马克思关于意识形态虚假性之判断与当代意识形态之争论》,《河南大学学报(社会科学版)》,2002 年第 2 期。
④ 陈锡喜:《论意识形态的本质、功能、总体性及领域》,《上海交通大学学报(哲学社会科学版)》,2014 年第 1 期。
⑤ 王永贵:《全球化态势下意识形态功能分析》,《社会科学研究》,2005 年第 4 期。
⑥ 季广茂:《意识形态》,广西师范大学出版社,2005 年,第 12 页。
⑦ [英]戴维·麦克里兰:《意识形态(第二版)》,孔兆政、蒋龙翔译,吉林人民出版社,2005 年,第 2 页。

二、意识形态安全

考察意识形态安全问题,需要首先探讨"安全"的内涵。《现代汉语词典》中对"安全"的解释为"(形容词)没有危险;平安"①。陆忠伟主编的《非传统安全论》中把"安全"和"国家安全"定义为"事物生存免受威胁或危险的状态"和"国家生存免于威胁或危险的状态"。② 人们一般认为,意识形态安全属于国家安全的一部分。当前,意识形态安全已经被纳入总体国家安全观的体系之内,属于国家总体安全战略的重要组成部分,并且是其中的思想内核,决定并体现出总体国家安全的基本属性和价值诉求。随着我国意识形态安全理论的时代发展,意识形态安全已经由"传统安全"领域进入"非传统安全"领域。对于小国来说,最大的安全威胁可能来自传统的军事威胁方面,而对于像中国这样的核大国来说,其安全威胁更多体现为"非传统"威胁方面,尤其是作为社会主义国家,我国处于全球资本主义体系包围之中,其意识形态安全就成为决定国家安全的重要变量。党的十八大以来,以习近平同志为核心的党中央准确把握时代发展趋势,加大对"非传统"安全领域的研究部署,其中对意识形态安全更是从事关党和国家生死存亡的"极端重要"的战略高度加以考量。

因此,我们可以对意识形态安全的内涵做这样的理解,所谓意识形态安全指的是一国占统治地位的意识形态,处于不受威胁,免于国内外各种因素侵害的客观状态,在我国特指马克思主义意识形态的主导地位不受挑战,其基本功能能够顺利发挥的状态。马克思主义经典作家的基本理论,以及毛

---

① 《现代汉语词典》,商务印书馆,2016年,第7页。
② 陆忠伟:《非传统安全论》,时事出版社,2003年,第1~2页。

泽东思想、邓小平理论、"三个代表"重要思想、科学发展观和习近平新时代中国特色社会主义思想作为马克思主义及其中国化的理论成果，构成了马克思主义意识形态的主要内容。维护马克思主义意识形态的安全，就是维护马克思主义的安全，也就是坚持马克思主义在意识形态领域的指导地位毫不动摇。

意识形态安全的主旨在于维护党的执政安全，其基本路径是通过对政权的维护，以实现稳固的政治统治，进而保障党所代表的人民群众根本利益的实现。历史和现实反复表明，意识形态安全是影响社会主义国家和平稳定的关键因素，也是决定党的执政地位稳固的重要变量。当前，我国意识形态安全面临内外双重挑战。从内部来看，主要是"左"与"右"的问题。一是来自"左"的方面，有些人脱离社会主义初级阶段的基本国情，片面看待资本主义与社会主义对立的一面，忽视了作为一个发展中国家，我国在坚持基本政治制度的前提下，可以而且应当向一切发达资本主义国家学习的基本事实。否则，"中国特色"就无从谈起，也就有可能退回到封闭僵化的老路上。二是来自"右"的方面，一些人试图用西方民主社会主义代替科学社会主义。针对这些错误，习近平强调："既不走封闭僵化的老路，也不走改旗易帜的邪路。"[1]从外部来看，西方国家一刻也没停止对中国意识形态领域的渗透和演变。意识形态具有鲜明的阶级属性，而"意识形态安全是国家安全的有机组成部分和灵魂。意识形态的阶级性和实践性特征决定了它是当今社会主义和资本主义两种制度斗争的主要阵地"[2]。冷战时期，东西方意识形态的对决更是将这一矛盾推向极致，以至于福山等西方学者在东欧剧变以后激动地喊出了"意识形态终结"的口号。中国的迅速崛起让人们看到了人类发展

---

① 《习近平谈治国理政》，外文出版社，2014年，第30页。
② 田改伟：《试论我国意识形态安全》，《政治学研究》，2005年第1期。

史上另一种有别于西方模式的现代化之路,"中国模式"让西方国家感到紧张和不安,出于对社会主义国家根深蒂固的偏见和傲慢,他们将中国的发展视为两种制度、两条道路之间的根本性矛盾,是对西方"普世价值"的严重威胁。因此,对中国进行意识形态消解就成为西方全面遏制战略的重要一环。

内外双重叠加的不利环境,加之诸如全球化、市场经济、网络信息技术的发展等因素,使我国的意识形态安全面临空前的压力和挑战。

三、新时代党的意识形态安全理论

党的十八大以来,意识形态安全领域出现了许多新情况、新问题,面对意识形态安全领域的严峻形势,以习近平同志为核心的党中央敢于亮剑,就意识形态领域的方向性、根本性、全局性问题做出了一系列重要论述和全面工作部署,成功扭转了一段时间以来意识形态安全工作的被动局面。

早在党的十八届中央政治局常委同中外记者见面时,习近平就提出:"人民对美好生活的向往,就是我们的奋斗目标"[1],"人民是历史的创造者,群众是真正的英雄。人民群众是我们力量的源泉"[2]。初步体现了他的以人民为中心的执政理念。在参观《复兴之路》展览时,他首次提出了实现中华民族伟大复兴的中国梦,指出中国梦就是中国近代以来中华民族最伟大的梦想,其核心就是实现"两个一百年"的奋斗目标。此后,这一思想在海内外引起广泛关注,成为中华儿女为实现民族复兴伟大目标的强大精神动力。习近平提出要培育和践行社会主义核心价值观,不断加强马克思主义信仰教育,坚持"四个自信",特别强调文化自信对中华民族凝聚力提升的重要意

---

① 《习近平谈治国理政》,外文出版社,2014 年,第 4 页。

② 同上,第 5 页。

义。他提出的中华民族共同体思想对我国加强民族团结、维护社会和谐稳定有重要意义,提出的人类命运共同体思想为维护世界和平发展贡献中国智慧和中国方案,在得到世界人民广泛关注和认可的过程中不断扩展中国的意识形态话语空间,特别是在应对全球气候变化、抗击新冠肺炎疫情的斗争中,其思想的世界意义更加凸显。

在意识形态安全的具体工作方面,习近平多次召开座谈会,发表了一系列重要讲话,对如何做好新形势下的意识形态安全工作作出了全面细致的部署。在2013年8月19日的全国宣传思想工作会议上,习近平发表重要讲话,提出党的中心工作与意识形态相统一的思想,指出意识形态安全的"极端重要"地位,并就党的新闻舆论工作提出了具体方针。此后,他又主持召开党的新闻舆论工作座谈会、网络安全和信息化工作座谈会、哲学社会科学工作座谈会、文艺工作座谈会、全国党校工作会议、全国高校思想政治工作会议和学校思想政治理论课教师座谈会,并于2018年8月再一次召开全国宣传思想工作会议。在这些会议上,习近平对新的历史条件下如何做好意识形态安全工作提出了明确、具体的指示,加之他关于意识形态安全工作的一系列其他重要讲话、文章、批示、指示等,经过梳理和研究,我们发现,习近平对意识形态安全已经形成系统完整的思想理论体系。

因此,笔者认为,新时代党的意识形态安全理论指的是党的十八大以来,以习近平同志为核心的党中央为实现"两个一百年"奋斗目标,依据时代新发展、新特点和意识形态安全面临的全新环境,在全面系统回答为什么要加强意识形态安全工作以及怎样加强意识形态安全工作等核心问题上所形成的具有鲜明时代特点和显著理论特征的基本观点的总和。

第二节　意识形态与执政安全

马克思主义将意识形态的阶级属性视为其根本属性,无产阶级意识形态代表的是无产阶级利益,是同资产阶级斗争的思想理论工具,而资产阶级意识形态则是压迫无产阶级的剥削工具。它是由阶级内部的意识形态理论家将阶级学说系统化、理论化的产物,目的是为夺取政权和长期执掌政权提供理论依据。

一、意识形态的阶级属性

从之前意识形态概念的考察中,我们可以看到马克思、恩格斯是将意识形态与其阶级属性一同纳入研究视野的。也就是说,马克思主义所理解的意识形态从一开始便具有鲜明的阶级属性,这也是马克思主义意识形态最本质的特征。尽管后来在无产阶级的革命实践中,其基本内涵也在不断发展,但其天然地同阶级联系在一起的本质属性始终不变。考察意识形态的阶级性必须考察社会上占统治地位的物质生产关系,正是这种物质关系决定了意识形态的不同属性,也就进而决定了其阶级属性。马克思认为,统治阶级的意识形态是社会中占统治地位的意识形态。在经济上占统治地位,在意识形态上也占统治地位,这源自社会存在对社会意识的决定作用。也就是说,如果社会中没有分化出利益对立的两个阶级,也就不会产生相互斗争的两种不同性质的意识形态,意识形态之间的矛盾斗争以阶级斗争为前提。每个阶级都有属于本阶级的意识形态,但是只有在成为统治阶级以后,在本阶级的意识形态上升为全社会占有垄断地位的意识形态的情形下,其意识形态才能通过各种政治力量和物质手段的保障,转变为维护本阶级利益的那只看不见的手。然而这只看不见的手不同于保障它功能发挥的物质力量那么显性,而是通过统治阶级的虚假宣传,将统治阶级的意识形态宣布为人类社会的永恒规律来争取被统治阶级的主观接纳并自觉服从,最具阶级性的东西却以无阶级的面目登上了历史舞台,从而保障了阶级利益的持续实现,这是一些剥削阶级的惯用伎俩。

(一)资产阶级的意识形态维护的是资产阶级的根本利益

资产阶级意识形态在反对封建主义的历史过程中形成,反映了当时全社会中各个阶级的共同愿望,反映了人类社会发展的客观规律。从这个角度来说,资产阶级意识形态取代落后的封建主义意识形态,有其客观必然性。这正如封建阶级意识形态取代奴隶阶级的意识形态一样,是社会发展的必然趋势。封建阶级意识形态家也曾宣扬"天不变,道亦不变"等封建意识形态,以维护封建统治阶级的政权合法性,将"天道"理论宣布为人类社会的永恒理论。但是生产力的发展最终促使生产关系不断分化,新阶级的出现必然要求获得与其地位相适应的经济权益,表现为阶级争取阶级利益的全面斗争。阶级的产生是生产力的发展引发的社会分工的必然结果,而成为社会中的统治阶级则是维护阶级利益永恒的必要条件,因此阶级的意识形态正是为这一目标的实现所服务。恩格斯在《路德维希·费尔巴哈和德国古典哲学的终结》一文中指出,"到了 18 世纪,资产阶级已经强大得足以建立他们自己的、同他们的阶级地位相适应的意识形态了"①,"三权分立""天赋人权"等思想逐渐为全社会所接受,在反对封建主义的过程中诞生的资产阶级意识形态被宣布为是永恒的、普适的。

资本主义生产关系取代封建主义生产关系之后,人类社会进入资产阶

---

① 《马克思恩格斯文集》(第四卷),人民出版社,2009 年,第289 页。

级与无产阶级共生发展的历史新阶段,没有无产阶级也就谈不上资产阶级,资产阶级相对无产阶级而存在,两者之间存在伴生关系。然而资产阶级作为剥削阶级,在整个社会中的数量较少,这主要是由于生产力发展水平较低,必须存在相当数量的无产阶级才能供养这些作为剥削者的资产阶级。资产阶级控制了全社会的精神生产后,便利用这一优势借由资产阶级理论家将维护资产阶级统治的观念、说辞进行系统化、理论化加工,从而形成基于资产阶级利益的意识形态,并向被统治阶级传播,使之成为包括统治阶级在内的全体社会成员普遍接受并内化于心的自觉行动。在这一过程中,资本主义意识形态的伪普遍性、伪永恒性、伪人民性、遮蔽性表露无遗。正是在维护全体成员利益的旗帜下,在资产阶级国家机器的保障下,统治阶级的意识形态才能顺利达成其统治阶级利益实现工具的终极目的。在一硬一软两种手段的加持下,被统治阶级的反抗将十分困难。

(二)无产阶级的意识形态维护的是无产阶级的根本利益

资本主义经济的蓬勃发展造成无产阶级队伍规模的急剧扩大,机器大工业的洗礼将占人口多数的农民转变成了工厂里的产业工人,变成了除了自己的劳动力可以买卖的彻底"自由"的无产者,自由的一无所有。但是尽管处于资产阶级意识形态虚假宣传的环境之中,无产阶级的觉醒终将到来,特别是无产阶级理论家的出现推动着国际工人运动的持续发展。以马克思、恩格斯为代表的无产阶级理论家系统总结国际工人运动的经验教训,将无产阶级自发的、浅表的、碎片化的观念意识系统化、理论化,创立了指导无产阶级争取自身利益的无产阶级意识形态。"过去的一切运动都是少数人的,或者为少数人谋利益的运动 。无产阶级的运动是绝大多数人的,为绝大多数人谋利益的独立的运动。"[①]从此,占人口大多数的无产阶级在马克思

---

① 《马克思恩格斯文集》(第二卷),人民出版社,2009 年,第 42 页。

主义意识形态的指导下不断觉醒,逐渐摆脱资产阶级一再隐瞒和遮蔽的历史真相。

从根本上说,无产阶级意识形态之所以被认为超越了资产阶级意识形态,就在于无产阶级意识形态本身代表了全社会绝大多数人的根本利益,代表了人类历史的发展方向。这种以辩证唯物主义和历史唯物主义为核心的意识形态的先进性体现在其消灭了以私有制为基础的剥削制度,从根本上消除了人剥削人的物质土壤。而一旦剥削被消灭,附在上面的剥削阶级的虚假的、具有欺骗性的意识形态也随之灭亡。无产阶级的意识形态建立在公有制生产关系之上,是一种合乎人类社会发展规律的,消除了剥削可能性的意识形态,不具有欺骗性,是真实社会关系的反映。正是因为出于人民立场,无产阶级的意识形态并不需要欺骗和隐瞒什么,也就不存在资产阶级意识形态的反动和欺骗的虚假性质。因此可以说,无产阶级的意识形态和无产阶级本身是高度统一的,作为一切被压迫的阶级的忠实代表,无产阶级只有在无产阶级意识形态的指引和驱动下,才能最终打破身上的枷锁,在赢得全人类解放的同时,彻底解放自己。

(三)意识形态之间的斗争贯穿阶级社会始终

马克思、恩格斯在《共产党宣言》中指出:"毫不奇怪,各个世纪的社会意识,尽管形形色色、千差万别,总是在某些共同的形式中运动的,这些形式,这些意识形式,只有当阶级对立完全消失的时候才会完全消失。"①也就是说,只要社会中存在阶级、存在阶级斗争,那么意识形态之间的斗争将一直存在下去,直到其随着阶级的消亡而消失。阶级斗争本质上是利益的争夺,而阶级的产生又和生产力的发展直接相关,在人类的生产力没有达到物质产品极大丰富的共产主义社会之前,阶级差别并不会消失。作为阶级的思

---

① 《马克思恩格斯文集》(第二卷),人民出版社,2009 年,第 51～52 页。

想武器的意识形态的斗争也会随着阶级关系的变化呈现不同的斗争态势。马克思主义不是经济决定论,但是从经济的视角考察意识形态背后的物质动因能直达问题的本质。意识形态的本质是它的作用而不是它的内容,立场和动机决定了意识形态的性质和发展方向。资产阶级与无产阶级意识形态之间的斗争各自维护着本阶级的利益,但如同一切剥削阶级的意识形态一样,资产阶级的意识形态也不会主动退出历史舞台,而它赖以存在的经济基础则是其存亡的关键。

　　阶级社会中存在的意识形态都在为本阶级夺取或巩固政权提供论证,当前主要表现为无产阶级和资产阶级意识形态之间的斗争。而无产阶级意识形态除了提供无产阶级掌握政权合理性的论证之外,还必须批判和揭示资产阶级虚假的意识形态。因此,作为全世界无产阶级指导思想的马克思主义意识形态理论又被称为意识形态批判理论。批判资产阶级意识形态的虚假性是为无产阶级意识形态登上历史舞台开辟道路。要消灭资产阶级意识形态需要大力发展无产阶级的物质力量,"物质力量只能用物质力量来摧毁;但是理论一经掌握群众,也会变成物质力量"[①],而无产阶级本身就是消灭资产阶级意识形态最大的物质力量。无产阶级掌握了马克思主义这一锐利的思想武器,必将在这一理论的指导下,在与一切剥削阶级意识形态斗争的实践中将人类社会推进到消除私有制、消灭剥削、能够实现每个人自由全面发展的共产主义社会。

二、意识形态的基本功能

　　一个政权建立起来之后,要维持政治统治的正常进行需要借助软硬两

---

① 《马克思恩格斯文集》(第一卷),人民出版社,2009 年,第 11 页。

方面的力量。硬力量也就是通常我们所说的国家机器,包括军队、警察和监狱等暴力机关。同时,统治阶级"并非只靠实际占有权力来证明权力的正当性,它还试图为权力找到道德和法律的基础"①。这是软的方面,也就是需要借助意识形态的力量,从思想上争取被统治阶级的内心认同以便维护政权的合法性,从而顺利实现对被统治阶级的有效管理。硬力量与软力量之间需要相互配合,从而形成维护政权有序运行的政治结构。软硬两方面缺一不可,在这其中,意识形态所代表的软力量是从价值观、政治信仰等方面渗透至人们的精神领域,使人们在潜意识状态下主动认可和维护当前的政治权力,也可以说这是政治统治工具中成本最低的操纵工具。正如达尔所说,"领袖们宏扬一种意识形态的一个原因是显而易见的:赋予他们的领导以合法性,即把他们的政治影响力转换成权威。与用强制手段相比,用权威手段进行统治要经济得多"②,而意识形态正是权威手段的核心力量。意识形态对政权的维护功能主要体现在以下几方面。

（一）辩护功能

意识形态具有鲜明的阶级属性,代表的是阶级的核心利益,现实中总是表现为对现有权力结构的正常运转提供合理性说辞。每个阶级都有属于自己的意识形态,不同阶级之间的意识形态具有很大差异,甚至根本对立。统治阶级运用本阶级的意识形态论证其政治统治的合理性,而被统治阶级的意识形态则是论证现存政治秩序的不合理性,从而为本阶级执掌政权,实现阶级利益提供思想理论。意识形态是统治阶级借以维护政治统治的思想工具。因为"任何社会为了生存下去都必须成功地向社会成员灌输适合维持

---

① [意]加塔塔·莫斯卡:《统治阶级》,贾鹤鹏译,译林出版社,2012年,第68页。
② [美]罗伯特·A.达尔:《现代政治分析》,王沪宁、陈峰译,上海译文出版社,1987年,第78页。

其制度的思想"①。资产阶级的意识形态是在同封建地主阶级的斗争中逐渐发展成熟起来的,其所宣扬的自由、平等和博爱的资产阶级思想在推翻封建主义的历史进程中争取到了民众的广泛认同,为资产阶级登上历史舞台做了充分的思想储备。在其夺取政权之后,资产阶级意识形态又宣扬资本主义制度是人类最完善、最美好的制度的思想,并提出了"历史的终结"这样的充斥着资本主义意识形态的学说体系,但仍逃脱不了为资产阶级政权合法性辩护的根本目的。为了维持作为一个整体的资产阶级的统治,西方发达国家不断祭起"民主""自由"的大旗,向社会主义国家进行意识形态领域的渗透,最终在与以苏联为首的社会主义阵营的冷战中胜出。一时间,资本主义国家欢呼雀跃,仿佛资本主义制度将要一统天下。

当前,西方国家重点将"颜色革命"的矛头对准中国,运用网络等各种宣传手段持续向中国输出资本主义意识形态,企图颠覆无产阶级政权。意识形态的辩护功能最显著地体现在对政治统治合法性的维护上,无论是对内还是对外都极尽所能地、不遗余力地摇旗呐喊。而资本主义意识形态与马克思主义意识形态之间的斗争体现的是两种制度和两种道路之间的根本矛盾,只要人类社会的阶级属性没有消失,这两种意识形态的斗争必将长期存在。

(二)政治整合功能

只有在稳定的社会秩序中,统治阶级的利益才能顺利得以实现,动荡的权力结构与社会秩序会严重阻碍阶级利益的获得。国家、社会和阶级都有其不同的意识形态内容。其中,统治阶级的意识形态在整个社会结构中居于支配地位,即社会的主流意识形态,其又决定着国家的意识形态。统治阶

---

① ［美］安东尼·奥勒姆:《政治社会学导论》,董云虎、李云龙译,浙江人民出版社,1989 年,第6 页。

级把本阶级的利益说成是全社会的共同利益,让统治阶级之外的力量相信自己的利益是与政权的稳定捆绑在一起的。在西方国家,通过资产阶级控制的媒体不断向民众鼓吹资本主义制度的优越性,称其为人类唯一正确的制度,从而在西方国家内部整合所有力量,从根本上维持资本主义制度赖以运转的意识形态基础。冷战时期,正是通过宣扬社会主义阵营的威胁,西方国家内部的政治力量,包括西方国家之间,才团结一致面对以苏联为首的社会主义国家。当前,中国已然成为西方国家的"假想敌",通过编造"中国威胁论""中国崩溃论"等谎言,运用种种下作手段,抹黑、丑化中国,西方国家再一次成功地将内部的各种势力整合在一起,从而超越了内部各政治力量之间的利益矛盾和冲突,让这些内部集团相信只有维护政权的稳定,才能应对共同的外部威胁,也才能平稳度过不可调和的资本主义危机。作为"两个先锋队"组织的中国共产党肩负着民族复兴的伟大历史使命,正是通过确立实现共产主义的最高政治纲领和伟大中国梦的现实目标,我们党将国内各种力量团结和整合起来,为了共同的事业而不断奋斗。

(三)价值导向功能

一个阶级若要执掌政权必须营造适合夺取政权的舆论氛围,构建一整套权力变更的理论体系,而这正是意识形态需要发挥的重要功能。革命的理论有时先于革命的实践而产生。中世纪的欧洲,通过资产阶级启蒙思想家的宣传,使天赋人权、三权分立等资产阶级思想被欧洲中世纪的人们所广泛接受,这又为资产阶级革命的成功开辟了道路。马克思、恩格斯作为无产阶级革命的导师,在无产阶级运动早期撰写了大量指导性著作,特别是《共产党宣言》的发表,给予世界无产阶级革命以纲领性文献,至此,世界无产阶级运动风起云涌,掀开了人类发展史上波澜壮阔的一页。毛泽东就曾经指出:"主义譬如一面旗子,旗子立起了,大家才有所指望,才知所趋赴。"①民主革命时期,中国共产党的成立标志着中国无产阶级运动进入新阶段。中国共产党自成立之日起,就通过党的纲领将推翻"三座大山"以及解放全人类作为奋斗目标。这极大地振奋了中国人民的奋斗精神,在共同奋斗目标的指引下,一代代共产党人前赴后继,将个人奋斗价值的实现同国家和民族的解放与复兴紧密联系起来,而具有共同理想的个人汇聚起来足以形成任何力量都无法阻止的推动历史前进的滚滚洪流。在这一历史进程中,无产阶级意识形态对个人的价值观和革命指向具有显著的导向作用。

(四)政治动员功能

意识形态受经济基础支配,当社会中的某个阶级掌握了统治权,便自然需要建立符合本阶级政治统治的意识形态,通过政治权力强制、思想文化渗透使其成为社会上所普遍接受的价值体系。社会中的不同政治集团所持有的不同意识形态在政治力量的此消彼长中潜在影响着国家的意识形态属性。自由主义、保守主义以及社会民主主义等思想都曾经在西方国家发挥过重要影响。当自由主义成为国家的主流意识形态时,这种思想会潜在影响整个国民的思维方式和实践活动,其中包含的自由、民主等价值观也会根植于人们的头脑中。一旦产生威胁到主流意识形态的危急情况,人们便会自发团结在自由主义的旗帜之下,从而保护自己的价值观不受侵犯。西方国家早已举起所谓"价值观外交"的大旗,事实上具有相同或相近价值观的西方国家确实更容易产生价值观共鸣,从而结成意识形态联盟。而在当代国家关系中,西方国家为了保持自己的意识形态影响力,向非西方国家一再推销自己的价值观,将这些从西方资本主义土壤上生长出来的意识形态强

---

① 中共中央文献研究室、中共湖南省委《毛泽东早期文稿》编辑组编:《毛泽东早期文稿(1912.6—1920.11)》,1990 年,第 554 页。

加到别国头上，叙利亚、伊拉克、利比亚等国家的混乱状况无不与此有关。通过所谓的"民主自由"造成别国政治混乱的局面，趁机扶植自己的代理人，这是西方国家的一贯做法。西方国家政治动员力量强大，他们开动一切宣传机器，利用掌控国际舆论的有利时机，把自己的意识形态说成是全人类所"共有的""普世的""放之四海皆准的""唯一正确的"价值体系。凡与此不同者，皆被扣上独裁、专制、落后的帽子。其意识形态的动员能力可见一斑。

三、社会意识形态、国家意识形态与政党意识形态

意识形态本质上是对社会存在的反映，是社会意识中的特殊形式，是一种观念上层建筑，而意识形态物质力量的发挥有赖于作为主体的物质载体。在现代社会的政治生活中，这种主体一般指社会、国家和政党三个层面。而在现代政党政治中，政党是政治活动的核心与主体。政党意识形态，主要指执政党的意识形态，它在意识形态三个层面中发挥着至关重要的核心作用。政党意识形态是一种更自觉、更主动的意识形态，处于社会意识形态与国家意识形态之间，也是体现意识形态阶级属性的决定性因素。在政治活动中，社会意识形态与国家意识形态围绕政党意识形态发挥功能，三者之间具有内在逻辑关联，其建构范式是否科学则决定了作为社会主流意识形态的执政党意识形态效用的发挥与社会成员的认同情况。

社会意识形态指的是社会层面的，体现一定阶层、族群或利益集团中部分人利益的意识形态，是一种社会心理性的意识形态，也是一种与社会个体的认知动机、文化性格高度关联的意识形态，因此其呈现出多元性、差异性和易变性的特点。社会意识形态的性质源自社会成员的不同利益要求、经济基础、认知差异与文化传统，是多元化社会引起的客观结果。社会意识形态是政党意识形态的基础，政党意识形态是社会意识形态的系统化总结，代

表了某一阶级的根本利益,是一种主体更加聚合,主体意识更强,主体自觉更显著的意识形态。两种意识形态之间也存在一种显著差异,政党意识形态以阶级利益为本,是以生产资料所有制为物质基础的政党社会意识,而社会意识形态虽然也是利益关系的反映,但这种反映有时是碎片化和非理性的,表现出一种意识形态的无意识现象。比如,无论是无产阶级或是资产阶级都有成员认同生态主义、女权主义,而生态主义、女权主义则是社会意识形态的一种,是社会中某些群体的社会意识。

政党是阶级的组织,是由阶级中的先进分子所组成的以维护阶级利益为目标的政治组织。政党功能的发挥除了必要的严密组织程序之外,还要有自己的纲领和为自身存在合理性辩护的学说体系,即政党意识形态。政党意识形态体现了鲜明的阶级属性,代表不同阶级利益的政党,其意识形态具有不同阶级性质,即便某一阶级中存在多支代表不同群体和阶层的利益的政党,但从所有制关系总体来看,这些政党仍然属于同一阶级,具有阶级利益的根本一致性。比如美国民主、共和两党虽代表不同阶层和群体利益,但同属资产阶级政党,在维护资本主义私有制的根本问题上,两党态度并无不同,无论哪个政党掌权,其资产阶级意识形态都将在国家政治生活中贯穿始终。代表阶级整体利益或其中某方面利益的政党存在于国家政治生活中,所有这些政党都以掌控政权为自身政治使命,而如何执掌政权则各不相同,暴力革命、议会选举都是常见方式,但无论以何种方式掌权,宣传本党的意识形态主张和批判主流意识形态都是即将掌权的政党要做的必要准备。执掌政权之后,政党意识形态自然也就具备上升为国家意识形态的现实基础,变成马克思所说的,"统治阶级的思想在每一时代都是占统治地位的思想"①。政党的出现使得分散的、偶发的社会意识形态系统化、理论化,这是

---

① 《马克思恩格斯文集》(第一卷),人民出版社,2009 年,第550 页。

意识形态发展过程中的第一次飞跃。

国家意识形态是统治阶级利用公共政治权力推行的维护自身利益的思想体系和行为规范,是全社会占统治地位的意识形态形式。按照马克思主义的观点,国家是阶级实施政治统治的工具,国家的性质是统治阶级性质的外化表现,国家意识形态也是由执掌政权的统治阶级的意识形态所决定的,也就是由执政党的意识形态所决定。但是执掌政权只是具备政党意识形态国家化的最大条件,并不意味着执掌政权后政党的意识形态自然转化为国家意识形态。其中需要经过复杂程序和多种手段的联合实施,才能达成这一目标,比如将政党意识形态写入宪法和法律、在教材体系中导入政党意识形态、用政党意识形态引导社会主流价值观等都是实现目标的重要途径。政党意识形态虽从根本上决定国家意识形态的性质和发展方向,但两者之间并非完全相同。阶级性是政党意识形态的核心特征,但国家意识形态并不唯一反映和体现统治者的利益。政党对阶级利益的维护需要借助国家机器,最理想的状态是实现阶级利益与国家利益的同构以及政党意识形态与国家意识形态的同一。然而这种理想化状态现实中很难实现,社会利益分化以及思想的多元化等因素决定了政党意识形态不可能轻易超越其阶级属性的限制。而要让政党意识形态取得全社会绝大多数人的认可和赞同,就需要在政党意识形态国家化的转变过程中将体现其他群体和阶层的意识形态更多地纳入国家意识形态范畴。也可以这样说,政党所代表的阶级利益的实现需要以服务全体社会成员的利益为基础,国家意识形态也需要在执政党意识形态主导下更多地包容其他社会意识。由政党意识形态到国家意识形态,这算是意识形态发展过程中的第二次飞跃。

因此,从中国共产党的"中华民族先锋队"属性我们就可以看出政党意识形态在同国家意识形态的联动发展中的内涵扩展。改革开放之后,我们党提出的"三个有利于"、"三个代表"重要思想、"科学发展观"等理论都在不同程度上构建了国家意识形态形象,淡化了只为无产阶级利益代言的政党意识形态话语色彩。党的十八大以来,我们党提出的"以人民为中心""文化自信""总体国家安全观""人类命运共同体"等重要思想也都以国家意识形态话语的形式出场。

社会意识形态、政党意识形态与国家意识形态三者关系中,政党意识形态源自社会意识形态,又通过国家意识形态的形式保障阶级利益的实现。其中政党意识形态的形成并夺取政权这一步最为关键,政党意识形态通过政治权力的保障,将其转化为国家意识形态,进而渗透到社会生活中。将政党意识形态植入社会生活,让其以社会意识形态形式运行,这对统治阶级来说是其阶级利益实现的低成本方式。因为这种已经内化为主体文化认知和政治价值的意识形态已经取得了主体的高度认同,或者说认同本身就是以自己所意识到的利益为基础展开的。这就如同一个自政治社会化伊始便高度认同生态主义的个人或群体,在生态主义成为其政党的意识形态之后,又进而通过执掌政权将生态主义上升为国家意识形态时,仍然或者更加认同这种意识形态的情况。社会意识形态显然具有一种底层的渗透优势。对政党意识形态来说,运用手中的国家机器,将政党意识形态国家化,通过全体社会成员利益总代表的国家意识形态形象将政党意识形态的阶级色彩淡化,更容易取得社会成员的普遍共识和价值认同。同时,国家意识形态也需要完成社会心理认同的构建,才能最终让政党意识形态得到更广泛的认同与服从,因为"观念与思想只有内化为社会心理层次的动机、认知、态度和文化性格,成为人们处世、行事的动因,才能真正引导人的行为"①。因此,自下而上与自上而下的意识形态双向构建需要同时启动,协调推进,否则会产生

---

① 韩源:《国家文化安全论——全球化背景下的中国战略》,社会科学文献出版社,2013 年,第170 页。

难以预料的严重后果。例如,代表某一群体利益的社会意识形态在没有真正完成国家化的前提下,在没有取得全社会普遍共识的基础上便依靠公权力加以推行,裹挟全体成员,最终会导致意识形态系统的崩溃,德国纳粹主义和日本军国主义的覆灭就是其中的典型代表。

无论哪种意识形态,若要取得最广泛的认同,就必须尊重意识形态发展规律,合理实施意识形态战略。对执政党来说,已经取得政治权力是其意识形态建设的优势,除了可以利用政党意识形态国家化的有利契机外,还可以凭借执政业绩增强党的意识形态说服力,取得更广泛的社会认同。在这一点上,其他政党显然没有任何优势。从总体来看,马克思主义意识形态理论的发展及其中国化就是将社会意识形态上升为政党意识形态并转变为国家意识形态的过程,这一过程中如何取得人民的认同并自觉转化为行动指南则成为马克思主义意识形态能否持续稳定发展的关键,也就是在社会心理层面得到人民群众的衷心拥护与主动接受。分析完意识形态三个主体层面之后,笔者将在本章第三、四节考察马克思主义意识形态安全理论及其中国化,进而为新时代党的意识形态安全理论的理论分析提供逻辑支撑。需要说明的是,本书中表述的意识形态一般是以政党意识形态或其代表的阶级意识形态为考察起点。

四、意识形态安全的主旨在于维护党的执政安全

意识形态属于一定阶级,由作为阶级利益代表的政党将其系统化、理论化并加以宣传,争取更多人的认同和支持,进而将其转化为阶级利益实现的思想工具。意识形态是政党全部理论学说价值取向的总体现,是政党执政安全的"精神护身符"。

政党执政地位稳固的思想保障便是将本阶级的意识形态以灌输和文化

渗透的形式根植在民众的头脑,并使之成为整个国家信奉的信仰体系。只有上升到信仰层级的意识形态才是稳固的,也才能产生面临内外环境的变化和各种威胁时保持政权执政合法性的思想力量。意识形态为政权执政合法性提供理论依据,不同性质的政党采取不同的意识形态策略,其意识形态内容千差万别,有些甚至截然相反。但无论内容如何,其核心价值都是为其服务的政权提供辩护以及执政合法性寻找一切依据。反过来,政党一旦执政又会将其意识形态上升为国家意识形态,通过国家机器的保障,运用宣传、教育、文化传播、新闻价值选择等方法"灌输"到每个国民的头脑中,并使之内化为日常行为准则和价值判断标准,这种固化在头脑中的意识形态认同保障了政党对政治权力掌控的稳定性。

中国共产党的执政地位是历史的选择、人民的选择,这是党的执政合法性的最深厚的基础,但是这并不意味着党的执政地位不受任何威胁和挑战。党的执政地位稳固事关中华民族伟大复兴中国梦的顺利实现,事关每一位中华儿女的切身利益。维护党的执政地位需从多个维度着手,其中意识形态是核心维度。意识形态安全是保持党的执政安全的生命线,具有积极重要的战略意义。然而我国的意识形态安全形势仍然存在着现实的威胁。自从中国共产党建立无产阶级政权以来,无论在国内还是国外,都始终存在敌视和仇恨人民政权的政治势力。在中国发生"颜色革命"始终是这些政治力量"孜孜不倦"的颠覆目标。而在尚不具备颠覆能力和颠覆条件的时候,西方国家总会利用其控制的国际主流话语制造和散布一切有关中国政府和中国人民的负面新闻。在抗击新型冠状病毒肺炎的斗争中,一些西方政客和媒体的傲慢与偏见体现得淋漓尽致。中国政府坚持以人民为中心的防疫措施,充分保障了人民群众的生命安全,一些必要的隔离措施却被他们污蔑为侵犯"人权"和"自由","封闭城市"是过度反应,而到了西方国家疫情暴发被迫采取同样的做法时,其口风瞬间急转,演起"双标"面孔自然而流畅。

第一，防范意识形态风险是党的执政安全的必要前提。在国内，社会主义市场经济的发展已经孕育出大量利益主体，利益格局的多元化决定了意识形态安全领域的复杂态势，而新媒体传播手段的创新又让传统的意识形态灌输方式面临解体的危险。新时代的民众，特别是年轻人已经较少从诸如报纸、广播和电视等传统媒体获取信息。自媒体时代的到来改变了既往单向度的信息传播渠道，多元的信息渠道极大地增加了意识形态安全风险，如果不能及时顺应网络时代的意识形态发展规律，创新意识形态传播手段，而是一味采取围追堵截的方式，既不能取得良好预期，又会增加民众负面情绪，从而造成社会管理成本的增加。与此同时，社会发展实践中的新问题、新现象必须要有合理的理论解释才能增强意识形态的说服力，为此需要进行理论创新，在实践中推动理论持续完善，适时调整意识形态战略，顺应新时代发展要求。

改革开放后，一些西方社会思潮随着国门的打开也一并进来。新自由主义、民主社会主义等思潮被部分民众所了解和接受。应该说，这些人接受西方思想并不都是非理性的。改革开放之前，特别是"文革"时期，倾"左"的思想始终是社会的主流意识形态，整个社会的意识形态结构呈现高度一元化特征。而随着改革开放进程的持续深入，人们有了更多与西方国家交流和接触的机会。在经济社会发展方面，内外对比的巨大反差强烈震撼着这些首先走出国门的人，让他们对长久以来一直接受的主流意识形态产生了怀疑。到底走什么样的道路才能发展中国，才能使中国尽快摆脱贫困落后农业国的处境是这一时期人们思考的主题。在看到西方发达国家的经济、科技实力和普通百姓的生活水平之后，人们很容易从西方国家的社会思潮中找到所谓的"答案"，似乎西方国家的发达状态就是自由主义、民主社会主义带来的自然结果，是社会发展中水到渠成之事。而西方国家从维护资本主义制度考虑，也乐于向其他国家，特别是社会主义国家推销自己的意识形态。显然,把西方国家的发展成果简单归咎于所谓的自由、民主制度是片面的、不客观的,是颠倒因果的主观主义错误看法。

事实上,没有一个后发国家可以通过全盘接受西方国家的意识形态得以实现自己国家的发展目标。无论是明治维新后日本的崛起,还是"二战"后"亚洲四小龙"的经济起飞,抑或是西方国家自身,都不是在自由民主意识形态促进下所取得的发展成就。应该说,在发达资本主义国家经济社会发展时需要在思想领域同步跟进,用经济社会的发展推动人们思想领域的萌发,自由民主思想是伴随着近代以来西方国家发展的历程同步发展的,经济基础与上层建筑之间是同向进行的,但不能简单把自由民主思想当作促进国家发展的灵丹妙药。况且,这种发端于西方土壤上的意识形态是否可以简单移植到别国,显然在实践中得到的是否定的答案。客观说,民主、自由作为西方资本主义意识形态的核心也是全人类所共享的价值观,这种思想在世界任何地方都极具感染力和穿透力,对于急于摆脱贫穷落后状态的广大发展中国家更是具有很大吸引力。但是每个国家对民主、自由的理解不同,赋予的思想内涵也不尽相同。我们追求的是人民民主和每个社会主义劳动者的自由全面发展,而西方国家追求资本的自由,遵循的是资本的逻辑,个人自由的程度与经济状况直接相关。简单拿来主义不仅有违我国人民民主专政的国家性质,也会对党的执政安全造成极大威胁,进而违背人民的根本利益。

第二,两种制度、两条道路之间的斗争是长期的。资本主义制度和社会主义制度,资本主义道路和社会主义道路之间的斗争将是今后相当长的一段时期内意识形态领域斗争的主要内容。中国巨大的发展成就不仅鼓舞了中国人民的建设热情,更加坚定"四个自信",同时也为广大发展中国家提供了一种有别于西方道路的发展模式。人类社会的发展并非终结于资本主义制度,也并非只有一种资本主义意识形态。在面对西方国家内部种种矛盾和冲突的今天,西方意识形态宗教激进主义在实践中已逐渐破产,就连西方国家内部也开始关注和研究中国的发展模式、中国共产党的执政理念和执政模式,这也是意识形态领域一个值得关注的新趋势。

事实上,世界各国民众已经从剧烈的国际秩序变革中越来越清楚地看到西方国家推销其意识形态的真实用意。无论是伊拉克、利比亚还是叙利亚,没有一个从西方式的民主自由中获得了发展的机遇,得到的全部都是派系之间的争斗、社会秩序的混乱和发展的停滞。西方国家之所以热衷推销自己的价值观,其原因除了源自西方文明的优越感之外,根本目标在于建立资本主义制度一统天下的格局,从全球范围内维护整个资产阶级的利益。而在这一过程中,西方国家所推销的价值观是否适合别国国情,是否有利于其他国家的经济社会发展则根本不在其考虑范围之内。他们甚至假借西方自由民主思想搞乱别国内政,从而寻找其利益代理人。特别是在与西方意识形态不一致的国家,西方国家更是不遗余力地推销其资产阶级思想和制度,经常以破坏民主自由的名义,利用其所控制的国际舆论对敌国施压,支持这些国家的反对派搞所谓的"颜色革命",便是其惯用伎俩。

运用经济手段遏制中国发展是西方国家,特别是美国对中国国家政策的新动向。从表面上看,贸易摩擦属于经济手段,但是从根本上看,这是西方国家利用贸易摩擦,打击中国经济发展,损害普通民众的经济利益,从而降低人民对共产党的执政信心的重要手段。表面上的经济行为已经被赋予了明显的意识形态色彩。此外,发生在香港的暴力事件中,美国支持香港反对派制造混乱,一面打击中国"一国两制"的基本国策,制造中国共产党执政不力的不良印象;另一面利用香港问题对中国施压,企图迫使中国在贸易摩擦中做出损害我国根本利益的妥协和让步,进一步遏制中华民族全面复兴的脚步,其险恶用心已经昭然若揭。如果西方国家的存量思维不改变,其遏制中国的战略将会一直延续,直到全球都被纳入资本主义体系之中。

中国经济社会的蓬勃发展让西方国家所推销的自由民主价值观在国内的市场日渐萎缩，越来越多的人看清了西方国家的险恶用心和真实企图，那就是在中国搞"颜色革命"，推翻中国共产党的领导，让中国走资本主义道路，在西方国家构建的资本主义国际格局下，永远充当西方国家的附庸。为此，他们采取多种手段对中国进行全面围攻，其中意识形态领域的斗争最为隐蔽和激烈。首先，在国际上他们操控国际舆论将中国描述成专制国家，是在马克思主义旗帜下掠夺私有财产、破坏人权的集权国家，丑化社会主义中国，抹黑中国的国际形象；其次，他们运用现代传播手段特别是网络媒体，向中国传播资产阶级意识形态，刻意将西方世界描绘成和谐美好的人间乐土，将中国描绘成腐败横行、环境恶劣的"破落国家"，并在国内寻找代理人，在网上散播谣言，攻击革命英雄人物，散播历史虚无主义，又利用各种"公知"带领新闻风向，形成攻击国家政权的舆论环境；最后，在思想文化领域，将文化产品意识形态化，刻意丑化中国形象，打击中国人的自信心。利用文化交流、学术研讨等手段，拉拢国内知识分子阶层，向他们宣扬西方国家的优越性，将他们的负面情绪引向对党的执政地位和中国政治制度的攻击上。因此，我们必须对这些包藏祸心的政治行为保持高度警惕。

第三节　马克思主义意识形态理论的演进

马克思主义意识形态是无产阶级的重要思想武器，马克思主义理论学说是马克思主义意识形态的内核。在早期无产阶级运动中，马克思、恩格斯就十分重视无产阶级理论在工人运动中的指导作用，并撰写了大量理论著作用以指导革命运动，但那时，他们为了同资产阶级斗争的需要将自己的学说称之为科学，而不是意识形态。列宁领导的俄国革命开辟了人类发展史的新纪元,其意识形态理论对中国革命有着深远影响。苏联的意识形态安全建设既有成功经验,更有失败教训,值得我们认真研究和反思。

一、马克思、恩格斯创立了马克思主义意识形态理论

意识形态理论是马克思主义理论的重要组成部分,马克思、恩格斯的意识形态理论之后的马克思主义意识形态理论是对其合乎逻辑的发展和延伸。马克思主义者对意识形态的研究经历了逐步深化和发展的过程。从马克思、恩格斯创立这一理论伊始,到列宁在实践中将其深化和发展,马克思主义意识形态理论在批判资本主义意识形态、指导国际工人运动、扩大马克思主义的国际影响方面发挥着巨大作用。

马克思、恩格斯生活的年代正是西方资本主义经济蓬勃发展时期,商品产量爆发式增长,狭小的国内市场甚至整个欧洲市场已不能满足日益扩大的商品产能需要,工厂主开始向包括亚洲市场在内的其他国家推销商品。急剧扩大的产业规模造就了一支更为庞大的产业工人队伍。马克思在世时,工人阶级的生活并未因为资本主义经济的发展而有所改善,反而造成了无产阶级的日益贫困。正如他在《1844 年经济学哲学手稿》中所描述的:"工人生产的对象越多,他能占有的对象就越少,而且越受自己的产品即资本的统治。"①"劳动生产了宫殿,但是给工人生产了棚舍。劳动生产了美,但是使工人变成畸形。"②他坚定的无产阶级立场造就的使命感促使他本能地严厉批判资本主义生产关系和这种人吃人的社会制度。而此时的无产阶级尚未作为一支独立的政治力量登上历史舞台,更无可能产生属于本阶级的

---

① 《马克思恩格斯选集》(第一卷),人民出版社,2012 年,第 51 页。
② 同上,第 53 页。

阶级意识。所有的意识形态在马克思生活的年代都属于资产阶级,因此这就不难理解为什么马克思对意识形态持批判态度。

在马克思、恩格斯早期著作中,如《德意志意识形态》《共产党宣言》,以及恩格斯晚年给弗兰茨·默林的信中都明确表明他们对意识形态这一概念的批判态度。也正是从这一角度考虑,人们主要从意识形态批判的视角研究马克思、恩格斯的意识形态理论。在《德意志意识形态》中,他们指出:"人们迄今总是为自己造出关于自己本身、关于自己是何物或应当成为何物的种种虚假观念。……我们要把他们从幻想、观念、教条和想象的存在物中解放出来。"①他们进一步指出:"一个阶级是社会上占统治地位的物质力量,同时也是社会上占统治地位的精神力量。"②他们后来又在《共产党宣言》中强调:"任何一个时代的统治思想始终都不过是统治阶级的思想。"③恩格斯也曾说:"意识形态是由所谓的思想家通过意识、但是通过虚假的意识完成的过程。"④这些论述清楚地表明了他们的基本态度。这种虚假性阻碍着人们透过现象直抵事物的真正本质,而这种虚假性在阶级社会里就成了统治阶级维护阶级利益的重要手段。

马克思认为,思想观念如果异化为社会意识,统治阶级便会鼓吹并传播这一统治阶级的意识形态,使人民自觉服从并落实为自身的行动自觉,此时,通过这种思想的欺骗手段,统治阶级的政权合法性便升华为某种权威,统治阶级的利益实现形式和难度都将变得简单。在马克思主义意识形态理论的发展过程中,马克思、恩格斯将意识形态视为具有鲜明阶级属性的资产阶级思想控制工具,对其持强烈批判态度。要理解马克思、恩格斯的意识形

---

① 《马克思恩格斯全集》(第3卷),人民出版社,1960年,第15页。
② 《马克思恩格斯选集》(第一卷),人民出版社,2012年,第178页。
③ 同上,第420页。
④ 《马克思恩格斯选集》(第四卷),人民出版社,2012年,第642页。

态思想,需要从以下三个方面着手。

第一,意识形态是维护资产阶级利益的思想工具。正如前面所分析的,阶级性是意识形态的根本属性这一观点在马克思主义创始人那里就已确立。社会意识与意识形态不是完全相同的概念,社会意识存在于任何社会之中,有社会存在就会有社会意识,社会存在决定社会意识,而意识形态只存在于阶级社会,是社会意识的一部分,阶级社会里的社会意识就具有了某种阶级属性,从而披上了上层建筑色彩,成为维护统治阶级利益的思想工具。因此,阶级社会里的社会意识就具有了阶级属性,也就变成了意识形态。在这里,意识形态是个专有名词,特指能够被阶级利用以维护自身利益的观念上层建筑。意识形态维护的是统治阶级的整体利益,不是某一方面或某些个人的利益,虽然统治阶级内部的各部分之间也会产生矛盾和冲突,但只要牵扯到整个阶级利益时便会团结起来一致对外。比如美国共和党代表大资产阶级利益,而民主党代表中小资产阶级利益,但当整个资产阶级利益受到损害时,他们便会团结起来。意识形态只和阶级相关,不存在超阶级的意识形态,阶级社会里的阶级利益是根本对立的,不存在代表相矛盾的双方共同利益的意识形态。诸如环境保护、防止核武器扩散等,虽然对阶级矛盾双方都有利,也代表了全人类共同的利益,但这不属于意识形态范畴。统治阶级的思想,也就是意识形态在阶级社会里会逐渐同化被统治阶级,会让被统治阶级认同统治阶级的价值观念和思想体系,从而沦为统治阶级的附庸。这首先是因为被统治阶级在整个意识形态话语体系中没有任何发言权,根本不可能在意识形态创制过程中形成有利于自身利益实现的意识形态体系。其次是因为被统治阶级一直生活在统治阶级意识形态笼罩之下,难以摆脱从小耳濡目染和在统治阶级教育体系下形成的价值观念和思想观念。就像中国古代封建社会的农民起义,最终都沦为了改朝换代的工具,却不能建立资产阶级共和国一样,因为中国封建社会中长不出资产阶级思想,所有僭越封建伦理道德的思想都会被统治阶级坚决扼杀。

第二,意识形态具有遮蔽性。马克思、恩格斯认为如果统治者无视被统治者的利益诉求,只追求本阶级的利益,则一定会遭到被统治阶级的强烈反抗,但他们改变了策略,运用意识形态这种软手段,从而不致遭到被统治阶级的暴力反抗。意识形态会隐藏统治阶级的真实目的,把它们遮蔽在某些手段或载体之下,这些载体可能包括文学、艺术、伦理、道德等。凭借这种软手段,统治阶级巧妙地规避了人们反抗的可能,从而为顺利实现自身利益提供依据。意识形态的一个突出特点在于它不是自发形成的,需要由专门的理论人才进行概括和总结,创立基于阶级利益的理论学说和思想体系,这使得意识形态的根本目的更不容易被一般人所觉察。当今西方世界随处可见的拜金主义、消费主义等资本主义意识形态正在麻痹人们的头脑,它所营造的虚幻的幸福感让人们深陷其中不可自拔,人们日渐异化,从而沦为单向度的人,变成了统治阶级的俘虏。但是也不能因此就认定所有的资本主义意识形态全部是具有虚伪欺骗性的,否则解释不了为何数十年来美国一直是全世界持续吸引人才最多的国家。

第三,意识形态具有相对独立性。马克思于1859年所写的《政治经济学批判》序言中曾说:"不是人们的意识决定人们的存在,相反,是人们的社会存在决定人们的意识。"①马克思在创立辩证唯物主义时讲过的这句话后来被第二国际的理论家庸俗化为机械决定论。意识形态的发展并不是严格地、机械地对应着经济基础,它以经济基础为中轴线呈现出上下波动的状态,在发展中表现为超前或落后于经济基础的态势。这表现在两个方面:首先是先进的经济基础已经建立起来了,但相应的意识形态还没有形成;其次是落后的经济基础已经被摧毁,但人们头脑中的意识形态还没有消逝,两者

---

① 《马克思恩格斯全集》(第31卷),人民出版社,1998年,第412~413页。

之间总是存在着某种不一致的情形。此外,从国家的角度来看,经济上落后的国家在某些领域也可能走在前面,正如恩格斯所说:"经济上落后的国家在哲学上仍然能够演奏第一小提琴。"①

从以上的分析中能够发现,马克思因批判资本主义制度的需要,从而把意识形态说成是虚假的意识是有其客观原因的,这与当前国内教科书中有关意识形态问题的解释并不矛盾,它们只是从不同的角度看待同一问题。将意识形态看作上层建筑,是从认识论的角度分析,把经济基础与上层建筑之间的矛盾运动作为一般性考察对象,从而揭示人类社会发展的一般规律;而将意识形态看作虚假意识,是从功能论的角度看问题,着重考察意识形态在阶级社会中的功能。因此,不能简单将两者割裂开,产生前后对立的错误看法,而应该将两者统一起来,更全面地认识马克思、恩格斯的意识形态理论。因此不能在实践中得出马克思反对马克思,或者恩格斯反对马克思的错误结论。此外,不能因为马克思批判资产阶级意识形态的虚假性,就顺势推导出马克思主义意识形态的虚假性。根本在于,马克思主义批判资本主义意识形态,正是为了揭露其虚假的本质,从而能够去除遮蔽,还原事物的本来面目,达到对事物本源的准确认知,进而为我们正确改造世界提供前提。而社会主义社会的意识形态不具有虚假性,是因为无产阶级政党自诞生之日起就"不屑于隐瞒自己的观点和意图。他们公开宣布:他们的目的只有用暴力推翻全部现存的社会制度才能达到"②。

通过分析,我们可知,"一切划时代的体系的真正内容都是由于产生这些体系的那个时代的需要而形成起来的"③。因此,我们应该根据时代的发展不断调整和完善理论体系,而不应该固守僵化的教条。现阶段我们就是

---

① 《马克思恩格斯文集》(第十卷),人民出版社,2009年,第599页。
② 《马克思恩格斯选集》(第一卷),人民出版社,2012年,第435页。
③ 《马克思恩格斯全集》(第3卷),人民出版社,1960年,第544页。

要继续坚持以经济建设为中心,理顺党的中心工作和意识形态工作之间的关系,通过加强意识形态安全工作为民族复兴提供思想保障。

二、列宁深入发展了马克思主义意识形态理论

作为继马克思、恩格斯之后世界最伟大的无产阶级运动领导人,列宁不仅创建了第三国际领导世界无产阶级运动,更通过俄国革命的具体实践,引领了世界无产阶级运动的发展方向,推动了马克思主义意识形态理论的深入发展。列宁一直高度重视意识形态在俄国革命中的重要作用,尤其注重在革命实践中,既坚持马克思主义的基本立场和普遍真理,又不拘泥于马克思主义的文本和解释框架,而是在运用马克思主义理论指导革命和建设实践中创造性地发展这一理论,从而探索出了一条符合俄国国情的意识形态建设道路。

(一)列宁深化了对马克思主义意识形态理论的认识

如前所述,马克思、恩格斯一生从事对资本主义制度批判的伟大事业,在他们生活的年代,意识形态这个名词是同资本主义紧密联系的,是资产阶级维护阶级利益,迷惑、欺骗无产阶级的思想工具。马克思、恩格斯"既没有界定意识形态,更没有围绕着这个概念提供一套系统的命题"[1],只是为便于考察和说明资本主义制度的运行规律,马克思从认识论的角度在《〈政治经济学批判〉序言》中将意识形态归入上层建筑范畴,也就有了马克思主义意识形态概念的中性之说。但是马克思、恩格斯从不把自己的思想体系和学说称之为"意识形态",而是称之为"科学",并认为两者之间是根本对立的。

在列宁从事革命斗争的时代,俄国资本主义已经获得了快速发展,但仍

---

① 季广茂:《意识形态》,广西师范大学出版社,2005 年,第 35 页。

然带有浓厚的封建农奴色彩。沙皇尽管支持资本主义经济的发展,但也是出于维护和巩固封建王权的客观需要,这导致俄国无产阶级力量过于弱小,无产阶级意识形态难以形成的困难局面。为适应这种环境下的革命需要,列宁必须对马克思、恩格斯的意识形态理论予以必要的延伸和发展。列宁强调:"我们决不把马克思的理论看作某种一成不变的和神圣不可侵犯的东西……因为它提供的只是总的指导原理。"①由此,在《怎么办?》中,列宁强调:"或者是资产阶级的思想体系,或者是社会主义的思想体系。这里中间的东西是没有的。"②列宁赋予了意识形态鲜明的阶级属性,认为资产阶级和无产阶级有着性质根本对立的两种不同意识形态。资产阶级的意识形态具有虚假性,是维护资本主义剥削制度的欺骗性说词。而无产阶级的意识形态是在马克思主义指导下的,是以辩证唯物主义、历史唯物主义和剩余价值论为基础的阶级性与科学性相统一的意识形态,是形成阶级意识的并维护无产阶级利益的思想武器,从根本上不同于资产阶级唯心主义的虚假意识形态。

(二)列宁创立了无产阶级意识形态新的宣传方式,即"灌输"理论

根据列宁的意识形态阶级性理论,无产阶级若要取得革命胜利,必须要有本阶级的意识形态,需要有先进理论作为无产阶级革命的指导。这是因为,"只有以先进理论为指南的党,才能实现先进战士的作用"③。列宁在考茨基的理论基础上,认为无产阶级的意识不是,也不可能自发产生,这种意识形态只能从外面"灌输"进去。他指出:"都以为……纯粹工人运动本身就能够创造出而且一定会创造出一种独立的思想体系。但这是极大的错

---

① 《列宁选集》(第一卷),人民出版社,2012年,第274页。
② 《列宁专题文集 论无产阶级政党》,人民出版社,2009年,第85页。
③ 《列宁全集》(第6卷),人民出版社,1986年,第23页。

误。"①他进一步解释道,资产阶级知识分子创造了先进的哲学社会科学,而马克思和恩格斯也属于资产阶级知识分子之列。列宁认为,无产阶级的知识分子是无产阶级中的一小部分,而无产阶级又是整个俄国社会的一小部分,俄国无产阶级作为一支力量相对弱小的队伍,是不可能自发产生既足以指导整个无产阶级革命,又能同资产阶级相对抗的先进思想理论体系。而缺乏理论指导的自发的工人运动,只能被资产阶级意识形态所支配,成为资产阶级的附庸。在这里我们看到,尽管列宁没有看过《德意志意识形态》②,但他已经拥有了历史唯物主义思想。列宁突出强调了无产阶级需要马克思主义先进理论指导的重大意义,他进一步指出,"革命理论是不能臆造出来的,它是从世界各国的革命经验和革命思想的总和中生长出来的"③,这就从实践上把无产阶级运动与阶级意识形态连接起来了。

在"灌输"理论指导下,列宁十分重视杂志、报纸在先进理论宣传过程中的重要作用。早在 1900 年《〈火星报〉和〈曙光〉杂志编辑部生命草案中》就写道:"杂志主要是宣传,报纸主要是鼓动。"④列宁指出,创办政治报刊应当是革命行动的出发点。他作为马克思主义理论家不仅鼓励创办更多报刊宣传马克思主义理论,在报刊发表大量文章,批判各种错误观点,向工人阶级宣传革命理论。在革命胜利后,他高度重视对宣传领域的话语权掌控,建立了严格的书报审查制度,严密防控来自反动阶级的各种言论,对各种不利于人民政权的言论和意识形态实行专政。此外,列宁十分重视思想政治教育。在《怎么办?》中,他提出:"我们应当积极地对工人阶级进行政治教育,发展工人阶级的政治意识。"⑤可以说,无论是俄国革命胜利前还是胜利以后,对

---

① 《列宁专题文集 论无产阶级政党》,人民出版社,2009 年,第 84 页。
② 《德意志意识形态》是在列宁去世以后的 1932 年,第一次在苏联用德文全文发表。
③ 《列宁全集》(第 27 卷),人民出版社,1990 年,第 15 页。
④ 《列宁全集》(第 4 卷),人民出版社,1984 年,第 287 页。
⑤ 《列宁选集》(第一卷),人民出版社,2012 年,第 342 页。

工人阶级的思想政治教育始终是列宁特别强调的斗争方式,加之列宁极具天赋的演说能力,无疑对俄国革命的最终胜利具有重要意义。

(三)列宁强调群众路线,以增强意识形态认同度

重视群众路线,加强同人民群众的联系,是列宁在革命和建设过程中提升意识形态认同度所采用的一贯政策。无产阶级政党在夺取政权过程中,要得到人民群众的支持和认同是争取革命胜利的必要的基础性条件。列宁在革命胜利前夕就强调:"我们需要的是能够经常同群众保持真正的联系的党。"①十月革命胜利后,俄共(布)由革命党转变为执政党。在这重要的转折时刻,列宁始终保持清醒的头脑,他反复强调要始终保持同群众的密切联系,不要脱离了群众。列宁认为,共产党是无产阶级革命的组织,但是"在人民群众中,我们毕竟是沧海一粟"②。取得政权,建立无产阶级专政只是革命胜利的第一步。俄国还只是一个经济较为落后的、带有封建农奴性质的、又处于资本主义经济发展早期的落后国家,同英国、法国和德国相比,差距很大。因此,为了生产力的快速发展,取得在社会主义国家和资本主义国家的国际竞争中的最终胜利,显示出社会主义制度的巨大优势和强大吸引力,新政权必须要争取人民群众的广泛支持,一定要走群众路线。

取得人民群众支持的最好手段就是实现并维护好人民群众的根本利益。列宁在取得政权后指出,"最主要最根本的需要就是增加产品数量,大大提高社会生产力"③。在这样一个经济文化相对落后的国家发展生产力,列宁领导人民进行了艰辛的探索。十月革命以后,通过土地法令,农民无偿获得了土地,这极大地调动了农民阶级的生产积极性。此外,列宁原先设想通过"剥夺剥夺者"的国家资本主义直接过渡至社会主义,从而促进生产力

---

① 《列宁全集》(第39卷),人民出版社,1986年,第225页。
② 《列宁全集》(第43卷),人民出版社,2017年,第113页。
③ 《列宁选集》(第四卷),人民出版社,2012年,第623页。

的发展,但外国武装干涉和国内反革命暴动使得这一设想化为泡影。为应对国内外严峻形势,不得不实行"战时共产主义政策",但危机解除后,列宁想利用这一政策再次直接过渡至社会主义,但紧急状态下的非常措施已经遭到工人群众,特别是"余粮征集制"下的农民群体的强烈抵制。列宁及时调整政策,通过以粮食税取代余粮征集制等一系列"新经济政策"迅速恢复了战争以后的国民经济,人民生活也得到迅速改善。为争取群众的支持,列宁建立了党内检查制度,防止出现因党员干部的腐化蜕变而侵害群众利益的行为,又完善了人民信访制度,增强了意识形态工作的主动性。

三、苏联共产党意识形态安全工作的反思

列宁去世之后,苏联社会主义事业沿着列宁开创的社会主义道路继续前进。在很短的时间内,苏联从一个落后的农业国转变为先进的工业国,并以此为基础取得了"第二次世界大战"的胜利,鼓舞了国际共产主义运动的发展。但是作为世界上第一个无产阶级专政的社会主义国家,苏联的解体犹如它的诞生一样给人们带来了强烈震撼,深刻影响了人类社会的发展进程。在整个 20 世纪,它给人类的发展提供了一条完全有别于之前任何一种已知的发展道路。其经济体制、政治体制、文化体制以及意识形态等方面的实践经验,曾经给包括资本主义国家在内的世界各国提供了大量借鉴经验,它在实践中的失败也给人们带来无尽的思考。苏联的解体过程时间短暂,变革剧烈,尽管造成这一结局的因素众多,但意识形态工作中存在的重大失误是造成执政党垮台,国家解体的重要因素。正如习近平所说:"苏联为什

么解体？苏共为什么垮台？一个重要原因就是意识形态领域的斗争十分激烈。"①对苏联意识形态工作中的历史教训进行深入剖析和研究能够为我国的意识形态工作提供重要参考和借鉴。

（一）苏联意识形态理论体系长期封闭僵化

新政权建立后,时刻面临国内外反动势力联合绞杀的危险。为保护来之不易的革命成果,列宁领导俄共(布)在国内应对反动势力企图消灭无产阶级政权的反扑,实行了"战时共产主义政策",调动了一切可以调动的积极力量。同时,列宁决定与德国谈判,准备退出"一战",迅速结束俄国所参与的这场帝国主义之间的不义战争,转而把主要精力用于稳定国内局势和发展国内经济。经过一系列严酷的国内外斗争,新生革命政权逐步得以巩固。然而紧急状况下不得已而为之的余粮征集制等一系列"战时共产主义政策"在保障革命胜利果实的同时,也逐步显现出其历史局限性,逐渐遭到了农民阶级的强烈抵制。列宁注意到这一重要变化,随即结束了"战时共产主义政策",代之以"新经济政策"。新的政策规定除交通、金融和国际贸易等少数关系到国计民生的特殊部门外,其他部门均向私人资本开放,并特别欢迎国外资本对本国的投资,以推动俄国经济的发展和人们生活条件的改善。列宁作为领导俄国革命胜利的杰出领导人,展现了求真务实和心胸坦荡的博大情怀,能够根据客观条件的变化,不断调整理论策略,以适应革命斗争的实际需要。

列宁为了革命斗争的需要,扩大了意识形态的使用外延,深入发展了马克思主义意识形态理论。列宁逝世以后,斯大林沿着列宁创立的革命斗争路线继续实践。然而在权力地位逐渐巩固之后,他却逐渐背离了列宁的发

---

① 中共中央文献研究室编:《十八大以来重要文献选编》(上),中央文献出版社,2014 年,第113 页。

展路线,取消了新经济政策。经济上,实行高度集中的中央计划体制,取消私营经济,在农村以集体合作社经济取代家庭私有制经济模式。政治上,权力高度集中于各级党委,实际也就是集中于各级党委书记手中。列宁时代政治体制上的"民主集中制"被逐渐背离,集体决策,集中执行的党内民主体制遭到破坏。官员的任命从上至下,采取委任制。后来在实践中,委任制演化成直接任命,直到苏联解体,这一固化的政治体制也未曾改变。斯大林在意识形态领域的做法严重脱离苏联实际,机械地理解马克思主义,执着于一国率先建成社会主义理论,强制推行国有化和农业集体化。这种脱离苏联实际生产力的行为,严重挫伤了工人和农民的生产积极性,造成了资源的大量浪费和农业产量的大幅下滑。在意识形态领域也进行了"大清洗",通过严酷的手段打击异己,以保证思想的统一和政令的畅通。这种机械式的马克思主义,在实践中虽然也能取得一定效果,但其带来的负面效应影响深远,直到苏联解体时,包括西方资本主义国家在内的各国人民仍然普遍认为,斯大林模式的社会主义就是社会主义的标准样板,是全世界无产阶级国家建设道路的唯一正确选择,偏离这一模式就不是真正的社会主义,就是犯了修正主义的错误。

斯大林逝世以后,赫鲁晓夫当选为苏共总书记。作为斯大林模式的主要经历者和参与人,应该说他对这一模式的弊端是较为了解的。但是他的上台,并没有从根本上改变机械式对待马克思主义的根本态度,提出了"20年建成共产主义"这样脱离实际的意识形态口号。而他在思想领域的一个历史性行为,便是在苏共"二十大"秘密报告中对斯大林进行了全盘否定和批判,从而造成了社会主义国家意识形态大混乱。作为苏联历史上的重要领导人,在社会主义建设时期,斯大林犯过极为严重的错误,给苏共和苏联人民以及世界社会主义运动造成了难以挽回的巨大损失,但是"斯大林领导苏联党做了伟大的工作,他的成绩是主要的,缺点错误是第二位的"①。全盘否定斯大林就是否定苏联党和国家的一段重要历史,而简单地把对斯大林的个人崇拜及其严重后果归咎于斯大林个人品质,并未从根本上触及苏联高度集中的政治经济体制这一引发灾难性后果的真正源头。因此,理论体系僵化的客观现实并未从根本上得以改变,最终却将对斯大林个人的批判转变成对自己的个人崇拜。

勃列日涅夫时期,苏联在意识形态领域更加僵化。他片面强调马克思主义作为一种意识形态所具有的精神力量,从而忽视其具有的科学性与实践性。他所提出的"发达的社会主义理论"在实践中也没有逃脱同斯大林模式一样的脱离苏联客观实际的理论窠臼,在对待马克思主义的态度上,把马克思主义宗教化、教条化,在国家发展中,进一步束缚了人们的头脑。马克思主义作为一种学说,具有科学性与意识形态性的双重属性,更是一种需要在实践中不断发展的理论体系。马克思主义诞生于19世纪西方资本主义国家,重点在于对资本主义制度腐朽贪婪本性的批判与揭露。马克思、恩格斯逝世以后,科技不断进步,资本主义国家的生产力水平继续大幅提升,生产关系也在不断调整。马克思、恩格斯时代极为尖锐的阶级对立在一定程度上得以缓和。同时,20世纪初,发达资本主义国家进入垄断资本主义阶段,又在"二战"后发展到国际金融垄断资本主义发展新阶段。

戈尔巴乔夫的改革,从一开始便出现急功近利的苗头,企图"毕其功于一役",期望通过暴风骤雨式的改革在短时间内祛除苏联几十年历史中积累的顽疾。他和他的精英团队,在没有充分调研和论证的基础上,带着改革浪漫主义的幻想贸然推动改革。而改革的先导又错误地选择了敏感的政治领域,妄图以政治领域的"民主化"和"公开性"为突破口,为全面改革开辟前进

---

① 《毛泽东文集》(第七卷),人民出版社,1999年,第333页。

道路。改革遇阻后,戈尔巴乔夫又抛弃了作为苏联立国思想之基的马克思主义,主动丢弃了团结苏联各阶层、各民族的共同旗帜,在离经叛道的错误道路上越走越远,最终导致苏共垮台和苏联解体。他改革的全过程始终没有完善的理论储备和明确的目标指向,严重脱离了苏联社会现实,一厢情愿地按照少数精英阶层的空想盲目推进。戈尔巴乔夫整个执政时期的改革政策呈现出从一个极端到另一个极端的理想主义特征,终究未能摆脱僵化理论体系所必然导致的改革破产的历史命运。

(二)苏联意识形态宣传手段简单机械

马克思指出:"每一个企图取代旧统治阶级的新阶级,为了达到自己的目的不得不把自己的利益说成是社会全体成员的共同利益。"[①]也就是说,任何一种政权类型都需要意识形态所提供的合法性基础,都需要通过思想和文化体系向民众传导一种统治阶级的价值观并使之内化,从而论证政权存在的合理性,进而使民众自觉服从政权的管理和控制。应该指出的是,俄国十月革命胜利以后,列宁根据当时的国内外局势,在意识形态领域采取了一系列有效举措。尽管 19 世纪末至 20 世纪初期,俄国的资本主义经济有了一定程度的发展,但同西欧的英、法、德等资本主义强国相比,仍然十分落后,俄国无产阶级力量较为弱小,阶级意识不强。因此,列宁主张对工人阶级采取"灌输"的教育方式,让工人阶级尽早树立无产阶级的意识形态。加之新政权建立不久,面临严峻的敌对势力颠覆压力,列宁必须尽快加强无产阶级政党的组织建设,同时用无产阶级意识形态团结工人阶级,凝聚人民的思想力量,以维护新生政权的战斗力。然而十月革命胜利之初,意识形态领域斗争的严峻形势迫使列宁采取了一些无奈的举措。在对待知识分子意识形态问题上,使用简单粗暴的行政手段将对十月革命和马克思主义意识形态持

---

① 《马克思恩格斯选集》(第一卷),人民出版社,2012 年,第 180 页。

异议的知识分子和学术界知名人物驱逐出境,从而给国家文化界和科学界造成了严重损失,也在知识分子阶层中造成了相当程度的负面情绪。同时,严格的书报检查制度在维护马克思主义意识形态稳固地位的同时,也在一定程度上阻碍了苏俄前沿科技的发展,尤其是人文社会科学领域的交流与发展。

列宁逝世以后并未指定继承人,斯大林为争夺和巩固最高领袖地位,垄断了对列宁思想的继承权和解释权,并在意识形态领域发动了对列宁的"造神"运动,以便以列宁继承人的合法身份示人。1924 年 1 月 26 日,斯大林在全苏苏维埃第二次代表大会上的演说《悼列宁》中说道:"列宁不仅是俄国无产阶级的领袖,不仅是欧洲工人的领袖,不仅是殖民地东方的领袖,而且是全球整个劳动世界的领袖。"①两天之后的 1 月 28 日,他又在克里姆林军校学员晚会上的题为《论列宁》的演说中说:"他真正是组织革命爆发的天才和领导革命的伟大能手……在革命的转折关头,他真是才华四溢,洞察一切,预见到各阶级的行动和革命进程的可能曲折,他对这些东西简直是了如指掌。"②他把列宁的科学理论异化为不容置疑的教条,充满了空洞的说教和宗教色彩,束缚了列宁思想的科学品质在实践中与时俱进发展的可能性,最终使列宁主义逐渐蜕变为某些领袖手中随意裁剪的僵化信条。

随着斯大林领导地位的不断稳固,建立一套维护自身政治权力的意识形态话语体系迫在眉睫。他通过意识形态批判,在政界和思想界打压异己,导致学术创新和理论发展停滞不前。1938 年,《联共(布)党史简明教程》出版,标志着斯大林意识形态模式的正式登场。从此,斯大林的理论和路线,成为判别是非敌我问题的根本标准。苏共过于依赖意识形态宣传在维护权

---

① 《斯大林选集》(上卷),人民出版社,1979 年,第 173 页。
② 同上,第 181 页。

力合法性方面的功能,不可避免地加重了意识形态教育中的行政强制色彩,从而使意识形态工作陷入宣传——逆反——强化宣传——强烈抵触的恶性循环。与此同时,苏联封闭的科学文化系统,缺乏与包括西方国家在内的国际交流,国民的意识形态"免疫力"普遍较低。一旦同西方思潮交锋,其意识形态话语体系的脆弱性便暴露无遗,稍有差池便会遭遇严重的意识形态危机,从而导致意识形态体系的崩塌。从历史的角度看,斯大林式的意识形态体系中存在的机械僵化问题一直固化到苏联解体时都未曾有根本改变。赫鲁晓夫试图通过将斯大林赶下神坛,重塑苏联意识形态话语体系,来增强主流意识形态在民众中,特别是青年人中的吸引力。但其只触及皮毛,并未动及政治经济体制的根本,在日常生活中,根本无法解释新出现的一系列现实问题,缺乏足够的说服力和吸引力,以致若干年后以戈尔巴乔夫为代表的一批成长于苏联意识形态教育体制下的所谓"苏共二十大的产儿"亲手埋葬了这个政权。

勃列日涅夫通过拉拢一批对赫鲁晓夫不满的中央委员,通过政变的方式从赫鲁晓夫手中夺取了政权。这种权力交接方式从一开始就决定了勃列日涅夫长达十八年的执政期内将以稳健保守为主基调,以巩固个人权力地位为优先选择。如何安抚拉拢支持其上台的官僚体系,成为勃列日涅夫稳定政权统治所要考虑的首要问题。事实上的高层领导终身制成为勃氏主政时代政治上的一个显著特征,这导致整个政治体制最终走向政治停滞、放任自流的死胡同。而苏共利益集团的腐败和经济改革的失败,更加剧了苏共意识形态领域的危机。在意识形态上他虽没有像斯大林一样大搞个人崇拜,但除了继续强化空洞无物的说教之外,也无法找出应对20世纪六七十年代西方国家日新月异的科学文化变革所引发的思想冲击的有力武器。积重难返的局面急需呼唤一位力挽狂澜的领袖,但戈尔巴乔夫的改革把苏联引向了歧路,最终导致苏共垮台和苏联解体。

（三）戈尔巴乔夫改革在意识形态工作方面存在严重失误

客观地说，戈尔巴乔夫最初的改革顺应了20世纪80年代的社会改革呼声。几十年的僵化状态积聚了大量社会矛盾，改革的要求日益迫切，这也是苏联社会继续发展、苏共继续执政的必然选择。戈尔巴乔夫带着改革的使命登上历史舞台。然而在具体改革操作中，戈尔巴乔夫逐渐偏离了改革的初衷，从一个极端走向了另一极端。初期的经济改革遇阻后，为调动人们参与改革的积极性，他又积极倡导所谓"民主化"与"公开性"，声称"人的因素，从最广泛的意义来说，是我们的主要潜力，而把这种潜力变成现实的途径则是民主化"①。然而"民主化"和"公开性"是相对的、有条件的，没有所谓绝对的民主和公开。苏联部长会议主席雷日科夫后来尖锐地指出："戈尔巴乔夫……并没有把对于从斯大林时期起就在许多方面被《联共（布）党史简明教程》歪曲的党和国家的历史加以科学、客观、慎重地重新审视的主动权抓到自己手上，却把这一极为尖锐的、具有强大震撼力的信息工作交到了自己的潜在敌人手上。"②结果在苏联尚未解体之时，布热津斯基就曾敏锐觉察，"对官方学说的怀疑产生了意识形态上的真空，从而释放出了各种社会情绪。……戈尔巴乔夫无意间在历史的进程中安排了这样一种可能：苏联的真正解体"③。

正如前文所提到的，苏联意识形态领域长期地封闭和固化，整个意识形态体系极其脆弱，改革路线和方针如果选择不当，将会造成权力失控的严重后果。这位"苏共二十大的产儿"深受赫鲁晓夫"解冻"思想影响，不可避免地带有赫鲁晓夫时期的行为和思考方式。这批人没有苏俄早期领导人那样

---

① ［苏］米·谢·戈尔巴乔夫：《改革与新思维》，新华出版社，1987年，第125页。
② ［俄］雷日科夫：《大国悲剧：苏联解体的前因后果》，新华出版社，2008年，第16页。
③ ［美］兹·布热津斯基：《大失败——二十世纪共产主义的兴亡》，军事科学院外国军事研究部译，军事科学出版社，1989年，第290页。

的崇高革命理想,在经历了斯大林、赫鲁晓夫和勃列日涅夫时代后,对社会主义理想信念逐渐动摇,在某些内外因素的诱导下,就可能发生变异。作为执政党意识形态的马克思主义意识形态在国家生活中居于主导和支配地位,其作用是维护和实现政权稳固及统治阶级的利益。尽管社会主义国家客观存在各种非马克思主义的意识形态,但它只能从属于马克思主义意识形态,并以承认马克思主义意识形态主导地位为自身的合法性基础。因此,执政党和社会主义国家的主流意识形态不能多元化,只能一元化。然而戈尔巴乔夫在改革过程中认为,马克思主义只是多元化意识形态中的一元,各种意识形态之间的关系是平等的,要允许党员和群众在党和国家掌控的报刊和各种媒体上公开发表反对苏共的各种言论和批评意见。至此,苏共由一个思想统一的无产阶级政党,蜕变成了指导思想混乱的政党。列宁曾说:"沿着马克思的理论的道路前进,我们将愈来愈接近客观真理(但决不会穷尽它);而沿着任何其他的道路前进,除了混乱和谬误之外,我们什么也得不到。"①遗憾的是,苏联在戈尔巴乔夫的带领下,最终背离了列宁的思想路线。

勃列日涅夫时期,苏联逐渐形成以党国精英为代表的官僚统治阶层。这一新阶层作为苏联政治权力的真正掌控者,在戈尔巴乔夫上台的过程中起着关键作用。美国学者戴维·科兹研究指出:"苏联党国精英……都是注重实际的,而不是执着于某种意识形态。他们之所以加入共产党,是因为入党对他们在职务上的提升有好处。他们受到激励,不是由于现身于某一意识形态,而是为了追求物质利益和权力。"②戈尔巴乔夫改革初期,官僚统治阶层中的大多数人是反对改革的,因为任何改革都是利益的调整,本身就处于既得利益地位的当权者自然不会赞同激烈的社会变革。然而当改革的方

---

① 《列宁选集》(第二卷),人民出版社,1995 年,第 103 ~ 104 页。
② [美]戴维·科兹、弗雷德·威尔:《来自上层的革命——苏联体制的终结》,曹荣湘、孟鸣岐等译,中国人民大学出版社,2008 年,第 117 页。

向发生偏差,改革在实践中遇到阻力导致混乱时,这群人忽然发现了另一种获取利益的机会,很快就从怀疑改革的立场转变到以极大热情拥护改革的立场上来,最终他们都变成了这样一种人——"我当然是一个共产党员,但是,我不是一个共产主义者!"①官僚统治阶层对共产主义意识形态的公然抛弃,意味着作为苏共政权合法性来源的意识形态信仰体系的崩溃。苏联解体后,这些人摇身一变,成为新国家的政府高官和企业高管,激烈的社会变革始终未曾动摇他们的权力根基。

回顾戈尔巴乔夫在意识形态领域的改革,其政策犹如在苏联脆弱的意识形态大坝上打开了一道缺口,巨大的思想洪流将缺口越冲越大。他打开了魔盒,却没有能力掌控这一局面,在面临国内外各种势力的政治较量中亦步亦趋,失守阵地,直到最后公然放弃马克思主义的指导地位,打出了"民主的人道的社会主义"旗帜作为其改革失败的遮羞布。苏联解体的历史教训是极其深刻的,其意识形态建设中的失误,为我国意识形态安全建设提供了大量可供借鉴的反面素材。

第四节　马克思主义意识形态理论中国化发展

中国共产党从成立之初就高度重视意识形态工作,这从党的宣传部门的设立上就可见一斑。事实上,高度重视意识形态工作也是全世界无产阶级政党的普遍做法。马克思主义意识形态中国化过程既有成功的理论经验,也有失败的历史教训。早期党的建设经验不足导致的意识形态领域的

---

① [美]戴维·科兹、弗雷德·威尔:《来自上层的革命——苏联体制的终结》,曹荣湘、孟鸣岐等译,中国人民大学出版社,2008年,第117页。

失误给革命带来的严重影响是十分深刻的。因此,梳理马克思主义意识形态中国化的发展脉络,可以为我们进行新时代意识形态安全建设提供宝贵经验。

一、改革开放前党的意识形态理论的创立

早在新民主主义革命时期,以毛泽东同志为主要代表的中国共产党人就已经敏锐地发现了意识形态问题的极端重要性,创造性地提出了一系列符合客观实际的方针、政策和原则,对于保障新民主主义革命的胜利起到了重要作用。在党的意识形态理论创立和发展过程中,毛泽东做出了卓越的历史贡献,通过他的一系列著作和讲话,我们可以初步把握党在意识形态工作探索中的基本经验。毛泽东指出:"凡是要推翻一个政权,总要先造成舆论,总要先做意识形态方面的工作。革命的阶级是这样,反革命的阶级也是这样。"①在《湖南农民运动考察报告》中,他明确指出发动农民运动、打击地主、建立农民武装、解决土地问题才是中国革命的根本问题,其中特别强调了普及政治宣传,做好人们的思想工作。他说:"有农会的地方普遍地举行了政治宣传,引动了整个农村,效力很大。"②在 1937 年所写的《反对自由主义》中,他指出了自由主义的十一种表现,分析了其种种危害,并且强调:"自由主义是机会主义的一种表现,是和马克思主义根本冲突的。"③这从思想上澄清了人们头脑中的模糊认识,提高了思想战斗力。

在《新民主主义论》中,除了阐释新民主主义社会的基本特点之外,还着重分析了新民主主义社会的文化,认为"一定的文化是一定社会的政治和经

---

① 《建国以来毛泽东文稿》(第十册),中央文献出版社,1996 年,第 194 页。
② 《毛泽东选集》(第一卷),人民出版社,1991 年,第 35 页。
③ 《毛泽东选集》(第二卷),人民出版社,1991 年,第 361 页。

济在观念形态上的反映"①,国内存在的服务于侵略者和封建阶级的经济造就的帝国主义文化和半封建主义文化都是为这两个阶级服务的,都应该被消灭,而资产阶级文化、小资产阶级文化和无产阶级文化则属于新文化,是中国反对旧势力的重要力量。新民主主义的文化建立在新民主主义经济之上,具有新气象、新做派,能够起到鼓舞民族精神,提高民族自信的重要作用。在《论联合政府》中,他强调,"掌握思想教育,是团结全党进行伟大政治斗争的中心环节"②。在 1949 年所写的《论人民民主专政》中,毛泽东强调:"中国人找到了马克思列宁主义这个放之四海而皆准的普遍真理,中国的面目就起了变化了。"③

1949 年新中国成立之时,国内外面临严峻的安全形势。不断溃败的国民党政权在西南地区尚有几十万军队。解放区留有大量国民党敌特分子和对新生人民政权抱有敌视态度的封建反动分子。以美国为首的西方国家不甘心其代理人蒋介石反动集团的失败,肆意觊觎新生政权,采取各种手段打压、破坏新生政权的稳定。新中国成立初期,确保新生人民政权的政治、军事安全成为保卫新民主主义革命果实的当务之急,当时的意识形态工作主要就是服务于社会稳定和局势的平稳。新民主主义革命胜利后的社会成分仍然复杂,为了调动一切积极因素参与新中国的建设,中国共产党召集国内各民主党派和进步人士召开了第一届政治协商会议,并制定了带有宪法性质的《共同纲领》。它规定新中国为"新民主主义即人民民主主义的国家,实行工人阶级的领导"④,在文化领域实行"新民主主义的,即民族的、科学的、大众的文化教育"⑤,确立了新中国整个权力运行的基本框架。《共同纲领》

---

① 《毛泽东选集》(第六卷),人民出版社,1991 年,第 694 页。
② 《毛泽东选集》(第三卷),人民出版社,1991 年,第 1094 页。
③ 《毛泽东选集》(第四卷),人民出版社,1991 年,第 1470 页。
④ 《建国以来重要文献汇编》(第一册),中央文献出版社,1993 年,第 2 页。
⑤ 同上,第 10~11 页。

确立了工人阶级的领导,也就从法律上明确了无产阶级的意识形态,即马克思主义在国家意识形态结构中的支配地位。新中国成立之初,中国共产党面临尽快恢复经济和争取普通民众认同新生政权的紧迫任务,由此,一方面军事摧毁国民党在大陆地区的残留势力,严厉打击各种反动力量,开展针对腐败干部的"三反"运动和针对资产阶级的"五反"运动;另一方面在思想文化领域开展了一系列思想批判运动。新中国成立初期开展的批判帝国主义、封建主义和官僚资本主义文化,对美国《白皮书》和电影《武训传》的批判,以及后来开展的对胡适、胡风思想和著名红学家俞平伯的唯心主义观点的批判,目的都是维护马克思主义在意识形态领域的主导地位。

经过三年多的努力,国内经济形势基本稳定,国民党在大陆地区的残留力量和各种反动势力基本被扫除,抗美援朝战争也取得历史性胜利,新生人民政权的国际地位空前提高,这就为新民主主义向社会主义的和平过渡创造了极为有利的内外环境。1954年新中国第一部《宪法》颁布,它是在《共同纲领》基础上制定,又对其做了深化。《宪法》进一步明确了中华人民共和国的国体和政体,并提出了过渡时期总路线,即"逐步实现国家的社会主义工业化,逐步完成对农业、手工业和资本主义工商业的社会主义改造"[1],同时为了体现同苏联等社会主义国家的联盟关系,《宪法》特意强调了"我国同伟大的苏维埃社会主义共和国联盟、同各人民民主国家已经建立了牢不可破的友谊"[2]。1956年社会主义改造完成以后,私有制在中国被基本消灭,中国正式进入社会主义社会。随后在同年9月的党的八大报告中,刘少奇代表党中央明确指出:"我们要用社会主义的、马克思列宁主义的思想去武装知识分子和人民群众。"[3]党的八大也对《中国共产党章程》作了修订,提出

---

[1] 《建国以来重要文献汇编》(第五册),中央文献出版社,1993年,第520页。

[2] 同上,第521页。

[3] 《建国以来重要文献汇编》(第九册),中央文献出版社,1993年,第78~79页。

"中国共产党是中国工人阶级的先进部队,是中国工人阶级的阶级组织的最高形式。它的目的是在中国实现社会主义和共产主义"①,适应了时代发展需要。新中国成立后,他提出了"政治工作是一切经济工作的生命线"②的重要观点,从上层建筑的反作用角度强调了意识形态与经济基础的辩证关系。

1953 年,在政治局会议上,毛泽东正式提出了"一化三改造"的过渡时期总路线。运用和平赎买的方式进行社会主义改造是将恩格斯晚年在《法德农民问题》一文中阐述的"赎买"思想同中国实践相结合的又一创举,是对马克思主义理论的又一次发展。列宁在社会主义制度建立过程中也曾设想过采取"赎买"式的社会主义改造方式,但迫于当时国内外紧张的革命形势,最终并未实行。

社会主义改造完成以后,中国社会的主要矛盾已经转化为人民群众日益增长的物质文化需要同落后生产力之间的矛盾,阶级斗争虽然继续存在,但已经不是我国社会的主要矛盾。毛泽东在《正确处理人民内部矛盾》中区分了两种不同性质的矛盾,一种是人民内部矛盾,另一种是敌我矛盾,敌我矛盾在相当长时间内还会继续存在,因为"资产阶级意识形态的存在……又是和社会主义的经济基础相矛盾的"③。应该说,这些判断是完全符合我国国情的。但是探索的道路是艰辛的,这其中既有经验也有教训,都是我们做好当前意识形态安全工作的宝贵财富。

新中国成立初期,中国共产党人在意识形态安全方面开始的艰辛探索,是作为新生的社会主义国家,在没有任何建设经验的前提下,以苏联为师的必然选择。而苏联的国家体制是在列宁的建党、建国学说指导下完成的。作为列宁的继承人,斯大林一方面需要尽快实现工业化,以应对苏联面临的

① 《建国以来重要文献汇编》(第九册),中央文献出版社,1994 年,第 314 页。
② 《毛泽东文集》(第二卷),人民出版社,1999 年,第 449 页。
③ 《建国以来重要文献选编》(第十册),中央文献出版社,1994 年,第 73 页。

紧迫国内外安全形势,另一方面又要消灭苏联内部蠢蠢欲动的不甘心主动退出历史舞台的反动势力,没有强硬的性格和手段,根本无法完成这些历史使命。遗憾的是,斯大林的铁腕统治也延伸到了意识形态领域,以至于不能从思想上消灭敌人,就要从肉体上消灭敌人的极端严酷的手段被频频使用。高压政策的直接后果就是"大清洗"时期数十万人被残酷迫害。斯大林在意识形态安全领域简单化的做法,不可避免地影响到新中国成立初期我国的意识形态安全方略。我国虽不像苏联的做法那样极端,但也惯用战争式、机械式的手法处理意识形态问题。1956年赫鲁晓夫在苏共二十大期间做了全盘否定斯大林的秘密报告,中苏两党之间就斯大林的评价问题产生嫌隙,随后的论战又客观上推动反修防修扩大化,从而波及国内的阶级斗争,加之"匈牙利事件"的发生,使毛泽东看到了意识形态安全领域问题的严重性。尽管国内的主要矛盾已经转移,但资产阶级和封建残余势力依然存在,加之小资产阶级改造远未完成,让毛泽东始终对阶级斗争问题保持高度敏感,这为1957年"反右"扩大化、1958年批资产阶级法权、1959年"反右倾",以致后来"文化大革命"的爆发埋下了伏笔。

以毛泽东同志为主要代表的中国共产党人在马克思主义意识形态理论中国化进程中十分重视理论创新,突出表现在以下三点。

其一,总结出了战胜敌人的"三大法宝"。在《〈共产党人〉发刊词中》他提出了这一重要思想,认为统一战线、武装斗争和党的建设三个方面是我们党克敌制胜的有力武器。统一战线有利于团结一切可以团结的政治力量,为了共同的目标而奋斗。在处理原则上坚持团结—批评—团结的方针,从团结同志做好工作的良好愿望出发,在批评或者斗争以后,使矛盾得以解决,最后达到更紧密地团结同志的目的。批评是手段,最终的目标是更加团结。武装斗争是我们党用血和生命的代价换来的教训。毛泽东说,"我们党的历史,可以说就是武装斗争的历史"①,党在革命早期因为犯了右倾投降主义错误,主动放弃在革命联盟中的领导权,没有建立自己的军队,在面对国民党反动派的叛变时束手无策,致使党的事业几乎遭受灭顶之灾。汲取这个教训,我们就必须要建立起自己的革命武装,毫不动摇地坚持党对军队的绝对领导。党的建设是搞好一切工作的根本,堡垒往往容易从内部攻破,党是社会主义革命和建设事业的领导核心,党自身的建设存在问题就会给革命和建设事业带来不可挽回的损失,因此必须抓好党的建设这一核心工作。这"三大法宝"既是毛泽东意识形态思想的核心,也是毛泽东思想的核心。

其二,在文化科学领域提出了"双百方针"。百花齐放指的是在艺术领域造就一种风格各异、形式不同的大发展、大繁荣的活泼局面;百家争鸣则指的是在科学领域营造一种自由轻松的学术氛围,鼓励在学术争鸣的范围内自由讨论。毛泽东认为,社会主义公有制建立起来以后,旧有的经济基础的某些因素并未马上消除,反映在属于上层建筑中的文化思想领域就会产生各种各样的文化需求,而"资产阶级和从旧社会来的知识分子的影响还要在我国长期存在,作为阶级的意识形态,还要在我国长期存在"②。什么是"香花"、什么是"毒草"还需要时间的检验,真理不是一下子就能得到,它是在与各种势力、各种派别的观点交锋中,在长期的实践中得来的,实践是检验真理的唯一标准。如果搞行政一刀切,只允许一种思想、一种观点的存在,必将损害文化科学事业的发展。

其三,创造性地提出了"三个世界"重要思想。这超越了从意识形态划分世界的两分法,转而从经济和对外政策的角度制定对外政策,突出地强调了美苏争霸的冷战格局下,第三世界国家与美苏斗争的历史作用。这种创

---

① 《毛泽东选集》(第二卷),人民出版社,1991年,第604页。
② 《毛泽东文集》(第七卷),人民出版社,1999年,第231页。

造性的观点,为我国团结更多第二、第三世界国家,形成反对霸权主义和强权政治的国际统一战线有着重大指导意义。在这一理论指导下,我国广泛发展与"第三世界"国家的友好关系,也努力发展同其他资本主义国家的友好关系,在极为困难的国际环境下,突破了美苏的封锁,赢得了宝贵的发展机遇和时间,提升了我国的世界影响力。

二、改革开放初期党的意识形态理论的发展

1978 年底召开的党的十一届三中全会是党的历史上具有转折意义的重要会议,会上果断停止"以阶级斗争为纲"的错误路线,决定把党的中心工作转移到经济建设上,从而开启了用 40 多年时间走完西方国家数百年发展历程的伟大征程。意识形态领域的主要工作也随之转变为通过理论上的"拨乱反正"恢复被扭曲、被破坏了的马列主义和毛泽东思想的正确路线,从而为改革开放的推进提供正确的思想指引。当时毛泽东晚年的一些错误观点、路线仍然禁锢着一些人的头脑。如何扭转这一不利局面,成为摆在党中央面前的迫切任务。

"文化大革命"结束后,如何正确评价毛泽东和毛泽东思想的历史地位成为党中央和全国人民必须面对的重大现实问题。1981 年 6 月中央全会上通过的《关于建国以来党的若干历史问题的决议》对这一重大问题作出了历史性的结论。文件客观公正地评价了毛泽东在中国革命和建设过程中的重大贡献,指出:"他对中国革命的功绩远远大于他的过失。他的功绩是第一位的,错误是第二位的。"[①]文件明确了对待毛泽东思想的正确态度,认为,"因为毛泽东同志晚年犯了错误,就企图否认毛泽东思想的科学价值,否认

---

① 《三中全会以来重要文献选编》(下),人民出版社,1982 年,第 825 页。

毛泽东思想对我国革命和建设的指导作用,这态度是完全错误的"①。文件批判了"两个凡是"的错误路线,从客观立场对毛泽东和毛泽东思想的历史地位的评价统一了思想,团结了全党同志,保障了改革开放的顺利进行。如果不能客观评价,将有可能犯下苏联当年在评价斯大林时的历史错误。全面否定作为列宁继任者的斯大林的历史功绩,就等于全面否定了苏联模式,割断了苏联意识形态发展的延续性,进而全面否定了马克思主义的正确性,这会造成意识形态领域的大混乱,导致严重的历史虚无主义。对此,邓小平一再强调:"毛泽东思想这个旗帜丢不得。丢掉了这个旗帜,实际上就否定了我们党的光辉历史。"②

由邓小平倡导和支持的关于真理问题的大讨论为改革开放提供了必要的思想准备,是一场重要的思想解放运动。党的十一届三中全会把工作重心转移到经济建设上,意识形态领域的主要工作也从强调阶级斗争转移到防止思想的"左"倾上,思想领域的拨乱反正同步展开,"文化大革命"中的冤假错案开始被纠正,遭到错误批判的人也被平反。此时的思想领域中存在两种倾向:一是某些思想上尚未转变的"左"派攻击党的十一届三中全会偏离了马列主义、毛泽东思想路线;二是企图全面否定马列主义、毛泽东思想,否定党的领导和社会主义制度。针对思想领域的新问题、新情况,邓小平果断提出了坚持"四项基本原则"的政治路线,反对资产阶级自由化,表明了党中央在大是大非问题上的基本态度,为意识形态安全工作指明了建设方向。改革开放的起点与中美建交时间基本重合,随着与西方资本主义国家交流的不断深入,在经济快速发展的同时也把资本主义国家的价值观和各种思潮一并带入,加之亲眼所见的经济发展差距,以及"文化大革命"中一些人受

---

① 《三中全会以来重要文献选编》(下),人民出版社,1982年,第837页。
② 《三中全会以来重要文献选编》(上),人民出版社,1982年,第452页。

到的不公正对待,部分人的思想开始起了变化,对一直以来的宣传产生了怀疑。与此同时,西方国家对社会主义国家和平演变的步伐一刻也没停止。尽管他们当时的主要目标是苏联,但在西方国家眼中,中国作为共产党领导的社会主义大国,始终是一个潜在威胁,他们自然不会放过利用中国改革开放的有利时机推行和平演变的图谋。在大力发展生产力的同时,邓小平也十分重视思想领域出现的变化,针对改革初期社会上出现的资产阶级自由化苗头,邓小平在1979年的《坚持四项基本原则》讲话中表示,"为了实现四个现代化,我们必须坚持社会主义道路,坚持无产阶级专政,坚持共产党的领导,坚持马列主义、毛泽东思想"①。"要两手抓……包括抓思想政治工作。"②

在改革开放过程中,我们党高度重视维护人民利益在争取人民群众对党和社会主义制度认同中的重要作用。作为一名青年时代就在法国长期生活的坚定的马克思主义者,邓小平对我国与世界先进国家的差距是十分清楚的。他多次强调:"贫穷不是社会主义,社会主义要消灭贫穷。"③如果民众长期生活贫困就不可能显示出社会主义制度的优越性,更无法说服民众对社会主义制度的认同,我们国家的主流意识形态也就因此失去其经济基础和民众的支持。改革伊始,他明确支持安徽凤阳小岗村的家庭联产承包责任制改革,曾说:"'凤阳花鼓'中唱的那个凤阳县,绝大多数生产队搞了大包干,也是一年翻身,改变面貌。有的同志担心,这样搞会不会影响集体经济。我看这种担心是不必要的。"④针对建立经济特区时某些人的质疑,他表态,"在广东、福建两省设置几个特区的决定,要继续实行下去"⑤,"不争论,大胆

---

① 《邓小平文选》(第二卷),人民出版社,1994年,第173页。
② 《邓小平文选》(第三卷),人民出版社,1993年,第306页。
③ 同上,第116页。
④ 《邓小平文选》(第二卷),人民出版社,1994年,第315页。
⑤ 同上,第363页。

地试,大胆地闯"①。改革开放后,国际间的交流日益增多,人们看到了我国与发达资本主义国家生活水平的巨大差距,这空前加大了我们党在经济建设方面的紧迫感,改革开放的步伐也因此加快。他多次强调:"思想更解放一些,改革的步子更快一些。"②南方谈话时,他说道:"计划经济不等于社会主义,资本主义也有计划;市场经济不等于资本主义,社会主义也有市场"③,并提出了"三个有利于"的重要原则,进一步解放了人们头脑中固有的把计划经济与社会主义挂钩,把市场经济与资本主义挂钩的观念,从而鼓励了中国市场经济和非公有制经济的发展。这表明,邓小平对中国客观现状把握充分,并清楚如果人民群众不能从发展中受益,意识形态宣传的雷声再大也不会产生实际效果。中国发展与改革的巨大成就、打下的雄厚基础,是我们应对国际局势风云变幻的坚强底气,也是应对国内意识形态领域各种思潮侵袭的物质保障。马克思不是经济决定论者,但马克思在《共产党宣言》中早已清楚指出:"人们的意识,随着人们的生活条件、人们的社会关系、人们的社会存在的改变而改变。"④因此,从维护意识形态安全的角度来看,不断解放生产力,提高人民生活水平是做好意识形态安全工作的基本手段之一。

在思想领域的具体实践中,工作重心的转移也间接导致了党对这一时期思想文化工作的放松,思想界的不同声音开始出现。"伤痕文学"的出现,《苦恋》《河殇》等影视作品,以及潘晓来信引发的有关人生意义的讨论从不同层面冲击和瓦解着一直以来我们国家所倡导的集体主义、爱国主义和奉献精神等传统价值观,造成了这一时期的人们思想上的困惑和迷茫。改革开放初期,与西方发达国家巨大的发展差距让人们感到强烈的心理震撼,严

---

① 《邓小平文选》(第三卷),人民出版社,1993 年,第 374 页。
② 同上,第 264 页。
③ 同上,第 373 页。
④ 《马克思恩格斯选集》(第一卷),人民出版社,2012 年,第 419~420 页。

重冲击着人们对一直以来的发展道路的认同。国际局势的相对缓和、"对越自卫反击战"的胜利也为我国争取到较为有利的国际发展环境,国家果断抓住发达国家产业转移的战略机遇,不断扩大对外开放的广度和深度。解放思想、实事求是、团结一致向前看也就成为这个时期我们党在意识形态建设领域的主基调。虽然对一些非马克思主义和反马克思主义的思潮予以了严肃批判,但总的来说严格限定在思想领域,也并未对相关人员采取措施,保持了相当程度的克制和宽容。社会主义现代化建设经验并不丰富的中国共产党只能在"摸着石头过河"中不断探索,有些错误在一定程度上是能够被容忍的,反映在思想文化领域也就不足为奇。

"文化大革命"的深刻教训历历在目,此时的意识形态安全工作被小心翼翼地限定在思想领域,决不能影响到经济发展的大局,如在《中共中央关于反对资产阶级自由化若干问题的通知》中所强调的,"这场斗争严格限于党内,而且主要在政治思想领域内进行"①。但随后的资产阶级自由化思潮和人民群众对权力腐败的愤怒情绪还是不可避免地渗入到意识形态领域。思想文化领域中出现的苗头让党中央高度警觉,从1986年9月至1987年5月间,连续下发四份重要指示,除前面所提,还包括《中共中央关于社会主义精神文明建设指导方针的决议》《中共中央关于坚决妥善地做好报纸刊物整顿工作的通知》《中共中央关于改进和加强高等学校思想政治工作的决定》。然而中央对思想文化领域的高度重视在"时间就是金钱,效率就是生命"的发展大潮中显然难以取得预想成效。从国际局势来看,苏联东欧国家僵化教条的体制带来的弊端已经成为国家发展的巨大阻力,要求改革的呼声此起彼伏,特别是戈尔巴乔夫改革首先把矛头对准了政治领域,放松了对思想文化的管控,造成人们意识形态领域的一片混乱,加之西方国家的煽风点

---

① 《十二大以来重要文献选编》(下),人民出版社,1988年,第1253页。

火,新自由主义、极端个人主义等西方资产阶级思潮在东欧社会主义国家泛滥,造成了失控的局面。反对者要求改革政治体制,实行西方"三权分立"的政治体制和自由竞争的市场经济。很快这股思潮波及我国,最终演变成1989年的政治风波。这次事件是改革开放以来我们国家在意识形态安全领域所有问题的总爆发,时刻提醒着我们意识形态安全的重要性,具有深刻警示作用。此时的中国经过十余年的改革开放,经济领域改革取得了令人瞩目的成就,如何在思想领域树立一种能够解释并指导改革开放实践的理论迫在眉睫。因此,对改革开放以来邓小平有关中国特色社会主义建设的思想、方针、原则和路线的总结就成为理论界的工作重点。在党的十四大上,邓小平理论被确立为党的指导思想,这是对马列主义、毛泽东思想的继承和发展。

有"左"反"左",有"右"反"右",决不让错误的思想路线影响到经济发展的大局是这一时期意识形态领域的基本特点。以邓小平同志为主要代表的中国共产党人在坚持经济建设为工作中心的同时,也十分重视意识形态工作的实践创新,特别是邓小平的语言生动形象,惯用一些通俗易懂的比喻,增强了思想表达的感染力,诸如"黑猫白猫论""三步走战略""摸着石头过河"等表达,让人们能够迅速接受并理解国家的大政方针,拉近了党与人民群众之间的距离。

三、世界格局深刻变革以来党的意识形态理论的创新

东欧剧变、冷战结束,国际格局深刻调整,这与我国的改革进程相重叠,带来了意识形态安全形势的新挑战。中国的改革开放是退回到封闭保守的老路,还是继续深入推进,就成为这一时期摆在人们面前的关键抉择。苏联解体以后,中国对西方国家的战略价值开始明显下降,加之1989年政治风波的影响,西方利用"人权""自由"等借口开始对中国施加压力,企图逼迫中国

重走"东欧集团"改旗易帜的邪路。面对国内外极为困难的环境,邓小平指出:"多年来,我们的一些同志埋头于具体事务,对政治动态不关心,对思想工作不重视,对腐败现象警惕不足,纠正的措施也不得力。"①他着重强调:"党的十一届三中全会以来的路线和基本的政策没有变,必须继续贯彻执行"②,"十三大制定的路线不能改变,谁改变谁垮台"③。

　　这一时期是意识形态安全领域斗争异常激烈的时期,国内的资产阶级自由化思潮,国外不断输出的资本主义意识形态,都挑战着我国主流意识形态。江泽民指出:"思想文化阵地,无产阶级不去占领,资产阶级就必然会去占领;社会主义不去占领,资本主义就必然会去占领"④,"我们党历来重视意识形态工作。这方面工作做得好不好,直接关系社会主义事业的成败"⑤。江泽民指出:"有中国特色社会主义的文化,必须以马克思列宁主义、毛泽东思想为指导,不能搞指导思想的多元化。"⑥

　　1992 年春,邓小平到南方地区视察工作,发表了一系列讲话,明确指出:"不坚持社会主义,不改革开放,不发展经济,不改善人民生活,只能是死路一条。"⑦这一时期的意识形态安全工作汲取了 20 世纪 80 年代以来的经验教训,更加突出用理论统一党内思想的重要性。而把邓小平理论写入《党章》和《宪法》是这一时期意识形态安全领域的大事,载入《党章》和《宪法》后的邓小平理论从法律上正式成为我们党的意识形态,成为国家的主流意识形态,也就意味着在新的历史阶段需要以邓小平理论统一思想,引领各种非主流意识形态的发展。随后,全国上下掀起了学习邓小平理论的高潮。

---

①③ 《邓小平年谱(1975—1997)》(下),中央文献出版社,2004 年,1289 页。
② 同上,第 1283 页。
④ 中共中央文献研究室编:《十三大以来重要文献选编》(中),人民出版社,1991 年,第 911 页。
⑤ 中共中央文献研究室编:《十三大以来重要文献选编》(下),人民出版社,1993 年,第 1646 页。
⑥ 同上,第 12 页。
⑦ 《邓小平文选》(第三卷),人民出版社,1993 年,第 370 页。

党的十四大以后,中国改革开放的深度和广度进一步加大,大批民营企业如雨后春笋般茁壮成长,成为拉动我国经济增长的重要力量。早在1988年的《宪法修正案》中,国家就已经将保护私营经济的发展载入宪法。这一时期也是中国社会利益格局大调整、大变革的时期。国企改革导致大量工人失业,市场管制的放松催生出一个庞大的农民工群体,外资企业的进入则把国内市场和国际市场紧密联系起来,又拉动沿海外向型经济的发展。变革时代的矛盾和机遇相互交织,对普通百姓来说,既带来了机遇,也存在着挑战。社会的急剧变革裹挟着社会中的每一个人,人们主动或被动地接受竞争意识、平等意识、法律意识和维权意识等现代市场经济下的主流观念。经济的多元化带来的直接后果就是利益主体的多元化,而多元化的利益主体承载了各不相同的意识形态要求,这给意识形态工作带来了新的问题与挑战。针对社会发展中的新情况,我们党也逐渐放开企业家群体等新兴阶层入党的限制,但此时需要面对传统马克思主义建党理论与现实不能兼容的问题,深刻呼唤党的理论的时代发展。这些新变化迫切需要我们回答改革开放和社会主义市场经济条件下建设什么样的党、怎样建设党的重大理论问题。"三个代表"重要思想的提出深刻回答了这一时代命题,从思想上统一了人们对现实发展中遇到的悬而未决问题的实践困惑,将中国特色社会主义理论的发展提升到新的高度,深化了对新时期党的执政规律和建设规律的认识,并在党的十六大上正式写入《中国共产党章程》,正式成为中国共产党意识形态的重要组成部分。

进入21世纪,特别是中国成功加入世界贸易组织后,加之世界进入互联网时代,经济与贸易将各国密切联系起来,形成了一荣俱荣、一损俱损的利益共同体格局。人员往来日渐频繁,伴随着思想文化的相互交流,人们的思想更加活跃,眼界更加开阔,使我国意识形态安全工作面临急剧变革的复杂外部环境。胡锦涛指出:"意识形态领域历来是敌对势力同我们激烈争夺的重要阵地,如果这个阵地出了问题,就可能导致社会动乱甚至丧失政权。"①
2004 年党中央专门下发了《中共中央、国务院关于进一步加强和改进大学生
思想政治教育的意见》,指出:"哲学社会科学中的绝大部分学科都具有鲜明
的意识形态属性……在哲学社会科学教学中充分体现马克思主义中国化的
最新理论成果,用科学理论武装大学生,用优秀文化培育大学生。"②

新的历史时期,新一代领导集体十分重视文化的作用,并为此以中央全
会的形式专门部署社会主义文化的发展战略。党的十七届六中全会通过的
《中共中央关于深化文化体制改革推动社会主义文化大发展大繁荣若干重
大问题的决定》是改革开放以来,我们党以文化发展为主题召开的专门会议
所形成的重要决议。胡锦涛指出:"我们必须清醒地看到,国际敌对势力正
在加紧对我国实施西化、分化战略图谋,思想文化领域是他们进行长期渗透
的重点领域。"③针对意识形态问题,胡锦涛专门指出:"社会主义核心价值体
系是社会主义意识形态的本质体现。"④从社会主义核心价值的高度专门强
调意识形态建设,是这一时期意识形态工作的重大理论创新,也为社会主义
核心价值观的提出奠定了理论基础。

21 世纪的社会主义事业进入全新的发展阶段,但在物质基础不断巩固
的同时,一些新的问题也逐渐显现。发展中出现的人与自然的矛盾、人与人
的矛盾、人与社会的矛盾呈紧张之势,为此,胡锦涛提出"科学发展观"这一
重要思想。体现出新一代领导集体与时俱进的政治智慧,从而将马克思主
义中国化提升到新的发展阶段,从根本上发展了马克思主义理论。

---

①　中共中央文献研究室编:《十六大以来重要文献选编》(中),中央文献出版社,2006 年,第
318 页。

②　同上,第 182 页。

③　中共中央文献研究室编:《十七大以来重要文献选编》(下),中央文献出版社,2013 年,第
585 页。

④　《胡锦涛文选》(第二卷),人民出版社,2016 年,第 639 页。

　　我们党在意识形态安全领域的建设成就有目共睹。回顾这段历史,我们发现,马克思主义在意识形态领域的指导地位没有丝毫动摇,我们党真正坚持了在实践中检验真理、发展真理,不断推动理论的深化和完善。从新中国成立初期的新民主主义经济决定新民主主义的文化性质,到社会主义改造完成后,急于建立对应的马克思主义意识形态;从改革开放初期"淡化"意识形态问题,到邓小平南方谈话之前,我们党强调意识形态安全工作,再到21世纪利益主体多元化造成思想领域的复杂局面,从而呼唤建立一种主流意识形态引导下的意识形态安全体系,这些都充分体现了我们党勇于面对不断变化的主客观环境,积极调整党的意识形态方略,因势利导、因时而变的优秀品格。

第二章 新时代党的意识形态安全理论形成的现实背景

党的十八大以来,全球经济复苏乏力、贸易保护主义和单边主义盛行、局部战争和动荡不断、全球性问题等时刻威胁我国发展的外部环境。面对经济发展进入新常态等深刻变化,我国统筹推进"五位一体"总体布局,协调推进"四个全面"战略布局,保障了经济社会发展的平稳有序。当前,我国经济总量稳居世界第二,人均国内生产总值(GDP)达到 10276 美元,[①]人民生活水平上了一个新台阶,全面小康目标即将实现。"百年未有之大变局"不仅是国际格局剧烈变动的体现,同样也包含了我国社会主要矛盾的转换,以及中华民族从站起来、富起来到强起来的伟大飞跃等一系列变化,这些使意识形态安全环境变得更加复杂,需要进行一场意识形态安全领域的"伟大斗争"。同时,面对中国的蓬勃发展,西方国家出于意识形态偏见难以理性接受,企图打压中国的全面崛起,变本加厉地进行意识形态渗透。然而在新时

---

① 盛来运:《稳中上台阶 进中增福祉——〈二〇一九年统计公报〉评读》,《人民日报》,2020 年 2 月 29 日。

代党的意识形态安全理论的指导下,在综合国力提升奠定的坚实物质基础上,在全面开放格局中带来的比较自信中,维护意识形态安全也存在有利的历史机遇。

第一节　维护国家政治安全需要
意识形态"伟大斗争"

社会意识是社会存在的客观反映,意识形态作为社会意识总是反映着社会存在的不断变化,并能动地反作用于社会存在。党的十八大以来的国内经济社会环境发生的巨大变化必然反映在意识形态领域,"三个地带"的存在影响意识形态安全,网络信息社会的到来又使意识形态安全问题更加凸显。

一、"百年未有之大变局"影响国内意识形态安全环境

近代以来,人类社会以百年为单位出现的重大历史变革成为常态。今天的人类社会同样正经历"百年未有之大变局",这种大变局深刻改变世界历史的发展走向以及国际力量的对比格局。在众多影响大变局的变量中,中国的崛起无疑最具分量,是导致"百年未有之大变局"出现的关键因素之一。同时,西方世界的经济危机、社会矛盾、人口危机等问题严重削弱了西方世界的全球影响力与竞争力,在与以中国为代表的发展中国家的竞争对比中力量逐渐趋向平衡。这些重大变局使我国意识形态安全面临新环境,需要仔细分析与应对。

第一,中国崛起是百年未有之大变局出现的关键变量之一。70多年来,特别是改革开放40余年的全面发展使中国处于由量变到质变的关键节点,

"我国日益走近世界舞台中央、不断为人类作出更大贡献"①。中国的硬实力和软实力的同步增长使我们的道路自信和理论自信、制度自信和文化自信更加彰显,使中国发展模式完全有别于西方,从而"给世界上那些既希望加快发展又希望保持自身独立性的国家和民族提供了全新选择"②。中国的发展之路在增强中国模式吸引力的同时,也为我国的马克思主义意识形态更广泛的认同创造了极为有利的条件。对外开放力度的不断扩大,日渐强大的购买力让中国的普通百姓有了更多出境的机会,以前只能通过媒体才能了解到的有关外部世界的信息,现在有了亲自体验和感受的机会。对国外的,特别是西方资本主义世界的种种想象在历史与现实的碰撞中得以清晰展现,让普通国人对这个急速变化的客观世界有了更加真实和客观的感受。改革开放之初,我国与发达国家间巨大的发展落差一度让人失落彷徨,容易草率地将这种客观差距归因于两种制度的结果,一如百余年前有国人将近代以来被动挨打的局面归咎于文字的落后和文明的衰败,需要彻底废除汉字,全盘西化才能使古老的中国重获新生。如果人类发展的原因如此简单,那么世界早已进入天下大同的美好世界了。坐而论道容易,改变现实却很困难。中国的发展是我们党带领人民走了一条具有中国特色的社会主义道路,是全国各族人民勠力同心,撸起袖子加油干的拼搏结果,一扫近代以来国人自卑自怜的弱国心态。

第二,中国进入了新时代,社会主要矛盾已经转换。人民日益增长的美好生活需要与不平衡不充分的发展之间的矛盾不仅存在于经济社会发展领域,也存在于意识形态领域。意识形态领域的不平衡体现在群体、区域等方面。青年学生,特别是大学生和军队一般是意识形态领域关注的重点人群,

---

① 习近平:《决胜全面建成小康社会 夺取新时代中国特色社会主义伟大胜利——在中国共产党第十九次全国代表大会上的报告》,人民出版社,2017年,第11页。
② 同上,第10页。

而其他行业、阶层的意识形态工作由于行业性质等因素,并未成为意识形态的工作重点。与此同时,农村地区的意识形态工作是薄弱环节,大量农村青年的意识形态领域处于空白状态,给非马克思甚至反马克思意识形态的生存提供了空间。意识形态领域的不充分体现在其工作方式方法与现实脱节上,导致此项工作低效运转。充分的、高效的意识形态工作需要在坚持理论创新基础上,将理论与实践密切结合,坚持以解决问题为导向,重点解决由理论到实践过程中的体制机制问题,着力提升意识形态工作的有效性。

第三,西方国家,特别是美国推行单边主义、贸易保护主义,严重损害了发展中国家的权益。以中国为代表的发展中国家强势崛起,从根本上冲击了旧的国际政治经济秩序,至此,西方发达国家利用较早完成工业革命所积累的强大产业优势在这一关键变局中慢慢消解,那些利用技术垄断和专利垄断、资本垄断、信息垄断和金融垄断等手段榨取的超额利润逐渐消失,而整个西方发达资本主义国家的高收入、高福利、低通胀体系正逐渐运转失灵。近些年来,一些发达国家由于不能维持高福利体制的有效运转,经济已接近崩溃边缘。金融危机、经济危机导致的政治危机频繁见诸报端,种族矛盾、社会骚乱、难民危机等成为一些发达国家的常态。因此,普遍弥漫的经济悲观情绪导致这些国家打出了贸易保护、单边主义的旗帜。然而这些行为带来的后果又将世界经济拖入衰退的边缘,反而加重发达国家经济危机的程度。中国的强势崛起之所以让西方发达国家高度紧张,关键就在于起初将中国拉入西方构建的世界经济体系,迫使中国成为这一体系内的底层供给者的幻想彻底破灭了。他们没想到的是,中国工业化发展迅速,在完成世界工厂的华丽转身之后,产业升级的速度如此迅猛,以致整个西方完全没有思想准备,由此产生的焦虑、恐惧弥漫在整个西方世界。中国全产业链的经济结构使得整个西方国家的产业与中国发生了直接的碰撞,矛盾不可避免。由此,从意识形态下手,对中国进行全方位抹黑成为这些国家面对自身道路失灵后的情绪宣泄。西方资本主义意识形态与马克思主义意识形态碰撞的背后是两种制度、两条道路的对决。面对"百年未有之大变局",意识形态领域必将面临更大的压力。

二、"三个地带"的存在影响意识形态安全

2013 年 8 月,习近平在全国宣传思想工作会议上首次提出了思想舆论领域的"三个地带"重要思想,这对我们做好当前思想舆论工作,维护意识形态安全有重要理论与实践意义。思想舆论工作关切意识形态工作成效,是维护意识形态安全的基础和前提,意识形态工作本质是做人的思想工作,而当前思想舆论领域存在的红色、黑色和灰色地带对意识形态工作有着不同影响,需要我们在实践中具体分析,对症下药。

第一,红色地带是意识形态主阵地,需要巩固拓展。红色地带由主流媒体和网络正能量所组成。在党管媒体的原则下,我国电台、电视台、报纸、出版等领域都由党和政府的相关机构管理,要传播党的声音,体现党的意志和主张,旗帜鲜明地摆明马克思主义立场,展现思想舆论领域的领导力和影响力。红色地带是传播社会正能量和马克思主义意识形态的主阵地。所谓主阵地,就是思想舆论宣传的根据地,没有根据地就没有马克思主义意识形态和社会正能量传播的平台和资本,就会成为无源之水、无本之木。根据地建设是中国革命胜利的三大法宝之一。正是由于有了井冈山、延安等革命根据地的存在,中国革命在最低谷时才没有丧失希望,最终成星火燎原之势。有了根据地,就有了从量变到质变的资本,就有了扩大自身影响,争取全面胜利的底气。思想舆论领地就是意识形态的根据地,是主流意识形态传播的基础渠道,坚守并扩大这块根据地是提高马克思主义意识形态社会认同度的根本。新时代,巩固拓展红色地带最根本的任务就是要调动一切主流

媒体,动员网络正能量义正词严地亮明马克思主义意识形态的根本态度,面对各种非马克思、反马克思意识形态敢于"亮剑",用马克思主义的客观真理争取人民群众的信任和认同。

第二,黑色地带充满负能量,需要大大压缩。黑色地带本质上就是各种反马克思主义的意识形态存在的地域,必须全力压缩其生存空间。红色地带与黑色地带的斗争是你死我活的生存斗争,黑色地带的存在是对红色地带的极大威胁。黑色地带一般分为两种,其一为社会和网络上各种负面情绪和言论,其二为各种反华势力处心积虑的意识形态宣传。两种情况构成的黑色区域虽不是思想舆论领域的主流,但其负面影响力和蛊惑力不容小觑。对待社会上的各种负面情绪和言论必须抓住其核心本质,促进其向红色地带转化。应该说,处于急速变革中的社会存在与主流意识形态相左的言论并不奇怪。改革就要调整生产关系,促进生产力的发展,而生产关系的变革必然带来利益关系的调整,既得利益者的利益受损自然产生对现实的不满情绪。一些有违党和国家主流价值观的言论和情绪便会借助开放性的网络新媒体肆意传播。对于这种地带,需要直击病灶,开展严肃思想斗争并辅之以强制力量予以扭转。各种反华意识形态已经超越认识问题和利益受损的情绪宣泄,而是带有明确政治目的的斗争问题。这就需要综合运用各种强制力量,开动国家机器予以坚决打击。在"百年未有之大变局"背景下,西方国家非常清楚,当前的中西竞争本质上是两种道路、两种制度的竞争,贸易摩擦只是表象,遏制中国的崛起,促使中国的道路转向才是他们的真实目的。为此,积极的意识形态输出,培植国内"带路党""代理人"也是其遏制战略的重要一环。对于这个地带,我们必须明辨是非、保持清醒,坚决予以遏制和打击。

第三,灰色地带是中间地带,需要促使其向红色地带转化。灰色地带处于红色和黑色地带之间,没有明显的意识形态倾向,属于"沉默的大多数",

但这并不表明这个地带完全处于真空状态。这个中间地带,如果马克思主义意识形态不去占领,那么各种非马克思甚至反马克思主义意识形态便会占领,从而威胁我国意识形态安全。从数量上看,坚定的红色和顽固的黑色在整个思想舆论范围内的总量相对较少,而占主体的却是中间的大片灰色地带。灰色地带的走向具有双重可能性,对其走向引导的成效将决定整个意识形态领域的最终格局,因此必须促使其尽快向红色地带转化。对此,应该从两方面区分灰色地带。其一,对于没有清晰政治态度和意识形态倾向的社会成员需要对其主动争取,促使其认同和接纳马克思主义意识形态,使马克思主义内化为其世界观和价值观,并体现在想问题办事情的具体实践中;其二,一些极具危害的带有意识形态性质的模糊认识需要坚决予以澄清。近年来,西方社会思潮伴随对外开放进程已由学术领域向社会领域渗透,"普世价值论""历史虚无主义""新自由主义""民主社会主义"等思想披着中性色彩的外衣,通过网络不断传播,一些尚不具备意识形态辨别力的人们往往受其迷惑,错误地认为这些思想才蕴含人类社会永恒的价值追求。必须承认,这些根植于西方土壤的思想确实反映了西方资产阶级的利益,具有促进西方国家发展,维护资产阶级统治的合理性。但其显而易见的资产阶级属性被包装成全人类共有的、唯一的正确价值追求,这显然别有用心,如果不能看清其阶级本质,便容易掉入西方资本主义意识形态的话语陷阱。因此需要加强对灰色地带的转化工作,指出其错误思想的症结所在,持之以恒、久久为功,最终用马克思主义意识形态占领这片灰色地带。

三、网络社会使意识形态安全问题更加凸显

习近平一再强调:"过不了互联网这一关,就过不了长期执政这一关。"[1]

---

[1] 《习近平新时代中国特色社会主义思想学习问答》,人民出版社,2021年,第324页。

如何把互联网这个意识形态安全领域的最大变量,转变成最大增量是新时代党的意识形态安全理论所要考察的重点问题。网络信息技术的发展颠覆了意识形态安全工作中的一些传统做法和经验,给意识形态安全工作带来很多挑战,增加了工作中的不确定因素。但与此同时,作为一种新科技成果,同其他科技成果一样,其所蕴含的推动社会发展的巨大能量也在潜移默化地改变着人们的生活、交往和思维方式,让人们感受到新技术带来的生活便利和社会的发展进步。

自第一次工业革命以来,中国一直落后于世界发展的潮流,被西方国家远远甩在后面,从而造成近代以来被动挨打的惨痛局面。但互联网带来的信息革命给每个国家提供了相对公平的竞争机会,能够抓住机会实现我国在信息技术时代的反超,将是推动产业升级,在国际竞争中取得优势,实现跨越式发展的关键一步。如何对待网络信息技术的"双刃剑"功能,更好地发挥其在维护意识形态安全方面的增量作用,降低其变量的不确定影响,是做好网络社会意识形态安全工作的基本前提。应该说,传统媒体在做好意识形态安全工作方面所取得的成绩是有目共睹的。原因一方面来自多年来我们党所积累的宝贵经验,另一方面则是传统媒体自身单向度的传播特点所致。然而进入人人都有麦克风的网络时代,意识形态安全工作面临的复杂形势促使我们必须变革传统意识形态安全工作中的一些做法和思维习惯,必须学会运用互联网思维,掌握互联网的使用规律。意识形态斗争的主战场已经由报纸、广播和电视等传统舆论场转移到互联网的虚拟空间之中。网络的多元开放、主体泛化、交往互动、瞬间传播等特点不可避免地促使意识形态安全工作方式发生革命性改变,网络空间已经成为意识形态斗争的主战场。

第一,互联网的发展为做好意识形态安全工作提供了历史机遇。在传统意识形态安全工作中,人们一般处于被"灌输"的客体地位,主体意识不强,参与度低,这也是意识形态安全工作不能取得理想预期的重要原因。人们从电视、报纸、广播上获取的信息,不管喜不喜欢看,愿不愿意听,它就在那里,占据了大量信息传播渠道资源不说,还不能取得宣传效果,有时大量的"灌输"反而会造成人们意识形态领域的逆反心理,给宣传工作造成被动,使普通民众陷入"政治冷漠"的状态。很多宣传内容陈旧,宣传手法单一,却因宣传部门对传播渠道的管理,使得意识形态工作者不需要,也不愿意创新宣传内容和手段。然而互联网犹如"鲶鱼"一般地出现,使得这种"温水煮青蛙"的局面彻底颠覆。人们不再消极被动地接收信息,而是有选择地关注那些感兴趣的内容,特别是人工智能的快速发展,让互联网文化影响力进一步扩大。在网络信息时代,传统媒体式微,一些报纸、广播如果不能及时转型,就面临被市场淘汰的危险。意识形态宣传阵地丢失的危险是意识形态安全面临的最大危险之一,失去年轻人,则面临更大的危险。然而互联网的开放性和实时性调动了人们主动获取信息的积极性和参与性。互联网互动性强,参与程度高,人们在参与信息互动的过程中,也会不自觉地增强自身的主体意识和参与意识。在这场变革中,如果意识形态宣传内容和手段可以做出适应时代需求、适应网络文化的发展规律的改变,必将极大地增加意识形态工作的吸引力。与此同时,这种源自新技术带来的更便捷的互动回馈,也会让意识形态部门及时得到有关社情民意的准确信息,以便及时调整工作方式和工作内容。正是对此有着清醒的认识,习近平才一再强调要加速传统媒体与新媒体的融合发展。

第二,网络技术发展水平给网络安全带来较大影响。作为西方主导下的新技术革命成果,互联网领域的大量核心技术依旧掌握在西方各国家,特别是美国的手中。这些核心技术是西方国家控制网络虚拟空间,传播西方意识形态的主要工具,给我国意识形态安全带来了很大隐患。互联网表面上是开放共享的技术,世界上每个人都能平等地享有这种技术带来的便利,但是一旦其他国家在这一领域中危及西方国家的利益,西方国家便会像掌控"共享"的 GPS 信号一样,随时卡住其他国家的命门。对西方国家来说,掌握了互联网,也就掌握了一个有效传播西方意识形态的有效工具。他们一方面可以主动出击,在日益扩大的国际交往中夹带传播西方价值观和生活方式;另一方面又可利用这一工具打击抹黑敌对国家,从而在这场没有硝烟的战场中以最小的代价获取最大的利益。西方国家对所有被他们认为有潜在竞争关系的国家习惯用一切信息传播载体进行主动攻击和监控。冷战时期,西方国家在苏联和东欧国家的报纸、广播和电视等媒体上的投入,始终是其意识形态进攻的主要手段。与其扶植的代理人相互勾结,煽风点火,最终在冷战的竞争中胜出。进入互联网时代,西方国家不会错过这一千载难逢的机会。可以说,互联网的开放性已经被西方国家利用到极致,不仅对中国,也包括西方国家自身之间,"斯诺登事件"就是鲜明例证。

第三,互联网事业健康发展离不开马克思主义意识形态的保障。互联网的发展使人们的思想更加开放,信息接收渠道更加多元,客观上会对社会主义核心价值观的培育和践行带来负面影响。一些人利用互联网的匿名性和传播的广泛性,出于各种目的故意散布谣言,混淆视听,散布一些与社会主义核心价值观格格不入的消息,误导民众,造成人们思想和价值倾向的混乱。一些自媒体和网站毫无道德底线,为博取他人注意,只为从"眼球经济"中获取经济利益,在网络中发布各种违背道德和法律的极端视频和文章,把传统美德和社会主义道德扔到一边,误导网民,给意识形态安全工作带来很大压力。互联网的强大信息功能可使具有相同价值观和兴趣爱好的人们更容易地聚合在一起相互交流,在方便群体互动的同时也使其更容易极端化。导致群体成员只愿意内部交流,听不到不同声音,往往一个火星便会点燃网上的群体性事件,再从网上转移至现实,发生"蝴蝶效应"式的严重后果。个别党员干部违法乱纪的言行被互联网的放大效应广泛传播,使得个别人的错误言行被误认为是整个党员干部群体的普遍情况，给整个群体造成严重负面影响，也给意识形态工作带来很大困难。网络文化发展中的乱象需要充分发挥马克思主义意识形态的思想引导作用，必须要以马克思主义意识形态引领网络社会的价值取向，充分发挥主流网络媒体的价值观引导作用，坚决打击各种网络违规违纪行为，从而形成风清气正的、有利于社会主义核心价值观传播的平台。

第四，网络事业的发展必须遵循规范有序的价值方向。党的十八大以来，习近平高度重视网络意识形态斗争工作，曾多次强调："互联网不是法外之地"①，任何人在网络上都应该和现实中一样对自己的言行负责，任何违法行为都会受到法律的制裁。互联网空间虽然具有特殊性，但其本质仍然是一个以人为核心的传统社会，其社会主体、社会客体、运行过程和价值取向等都没有根本区别。因此，必须高度重视这柄"双刃剑"的双重效应，争取其积极的一面，遏制其消极的一面。"网络空间乌烟瘴气、生态恶化，不符合人民利益。"②舆论斗争的核心问题是舆论的领导权，现阶段网络空间已经成为舆论斗争的关键场所，掌握网络就是掌握舆论，对网络空间的治理能力直接决定了舆论斗争的成败，进而影响到主流意识形态话语权和领导权。需要在对网络空间生态恶化状况有效整治的同时，壮大主流意识形态的传播空间。网络综合治理体系建设需要从三个方面着手。一是要明确网络空间主体。网络空间虽然是虚拟的，但在虚拟空间中活动的人是实在具体的。互联网只是信息传播平台，本质上还是工具，而操作这一工具的还是人本身。只要是人的行为，就要负法律责任，而要负法律责任就需要首先明晰网络空间中的责任主体。二是网络内容要积极正面，成为社会正能量的传播平台。

---

① 习近平：《在网络安全和信息化工作座谈会上的讲话》，人民出版社，2016年，第8页。
② 《习近平谈治国理政》（第二卷），外文出版社，2017年，第336页。

网络空间本质上属于公共空间,公共空间中如果到处弥漫违法乱纪、庸俗低下的负能量内容极易对整个社会环境造成污染,也特别容易误导青年人这一互联网的参与主体。三是明确网络行为规范。在一个不需对自己言行负责的环境中,必然会出现网络暴力以及各种违法行为。因此需要将网络空间纳入法治体系加以治理,让虚拟空间里的人树立法治意识,对自己的言行负责,也要依法保护人们的网络空间权益。只有依法、依规使用网络才能保障互联网空间的清朗有序,维护人民群众的互联网权益,也才能为主流意识形态的网络传播提供优良环境。此外,党员干部需要有高度的责任感和使命感,必须树立网络意识形态安全意识。需要积极培养和掌握互联网的使用能力,学会使用互联网思维和语言,积极主动地进行网络交流。网络舆情出现时,压制和封堵往往适得其反,必须要用事实说话,及时引导和掌控舆论的发展动向。

第二节　西方国家意识形态威胁我国政治安全环境

中国的全面崛起是中华民族实现伟大复兴中国梦的生动体现。然而在根深蒂固的冷战思维和西方文化中的"修昔底德"观念的驱使下,西方国家对与自己存在完全不同发展模式的中国的民族复兴深感焦虑,因而采取全面遏制中国发展空间,彻底封锁中国意识形态话语传播路径的战略。

一、西方国家压制中国的全面崛起

新中国的成立是 20 世纪世界共产主义运动的重要事件,如何让 14 亿人口的大国走入资本主义阵营,沦为西方世界的附庸国,是西方国家一直以来的幻想。苏联解体、东欧剧变之后,他们看到了这一幻想实现的可能性,满怀期待地动用各种手段,企图逼迫中国改变社会主义道路,将中国纳入西方资本主义国家的产业"朝贡"体系。然而近年来中国的快速发展让这一空想目标渐行渐远,最让其意外的是,中国完全有别于西方发展方式的具有中国特色的现代化之路,正日益吸引着世界的目光。因此,全面遏制中国的战略如期而至。

第一,苏联解体、东欧剧变之后,西方的遏制目标转向中国。以苏联为首的社会主义阵营自诞生以来,始终是西方国家的梦魇。这种以全新的人类社会组织形式构建的、无产阶级领导的、公开宣称以消灭私有制和剥削为宗旨的社会主义阵营的存在让西方资本主义世界感到前所未有的压力。冷战期间东西方的全面交锋都以瓦解对方阵营为战略目标。总体来说,西方阵营的经济、政治、科技和意识形态宣传实力更胜一筹,特别是苏联后期改革过程中意识形态领域出现重大失误,给了西方国家彻底瓦解苏联的机会。苏联垮台让西方国家看到"兵不血刃"取胜的巨大战略利益,利用同样的方式实现对中国的颠覆自然成为西方世界新的任务。因此,扳倒这样一个人口规模14亿、经济总量世界第二、且又处于快速发展中的社会主义大国成为西方政治战略中的头等大事。然而中国走中国特色社会主义道路的坚定信念让西方国家彻底丧失将我国纳入资本主义世界体系的企图。美国自不必说,甚至连同中国没有直接联系的"北约"也已将中国视为潜在对手。说到底,西方世界依然没有跳出国强必霸的"修昔底德"思维怪圈,始终将中国定位为全球战略的竞争者,而不是战略机遇与解决世界难题的合作伙伴。我们自然不会因为西方的喜好而改变发展道路,和平发展权是每个国家应有的基本权益,而在言必称"人权""自由"的西方国家看来,中国只要没走西方的发展道路,没加入西方阵营成为其附庸,就被进行有罪推定。中国的崛起是人类史上最具革命意义的重大事件,从来没有一个国家在拥有如此多的人口的情况下,走和平发展之路的前提下实现民族复兴。但是这条发展之路绝不被西方世界所允许。

第二,包括军事对峙在内的几乎所有选项都被用于遏制中国崛起。西方国家非常清楚,运用军事手段遏制中国发展的可能性几乎没有,但也必须对外展示其强硬的军事姿态。除了美国经常在中国周边进行军事骚扰之外,其北约军事盟友法国、英国也派军舰到中国南海进行所谓维护"航行自由"军事行动,企图在国际上制造中国威胁海洋航行安全的负面形象。军舰与飞机对峙的照片更是被西方媒体用来渲染"中国军事威胁",着实蒙蔽众多不知情的西方普通民众。但是稍有常识的人便会一眼识破其鬼魅伎俩。在别人家门口进行武力威胁,到底是谁在威胁谁? 事实上,这种赤裸裸的武力威胁已经充分表明西方国家对中国的崛起无计可施的尴尬局面,既没有能力击败中国,又要展现对中国的强硬,以便给国内的资本利益集团交代。此外,一些常规遏制手段也被频频采用,并呈现力度加大之势。人类发展史上规模最大的贸易摩擦由美国点燃战火,美国凭借其世界最大消费市场的优势地位,挥舞关税大棒迫使中国做出贸易让步和屈服的企图始终没有得逞。这场规模空前的贸易摩擦,从本质上说,是美国企图继续维护霸权地位,遏制别国正常发展权益的蛮横行径,反映的是美国对其制度和道路的悲观情绪。此外,对中国各种技术封锁、政治打压和舆论围攻更是其常用手段。但是这些发展的不利因素恰恰成为激起中国这样一个古老民族复兴的强大力量,中国这些年的发展之路正是在这些外部压力下所取得的,我们的道路自信和理论自信、制度自信和文化自信是我们不竭的精神力量。

第三,和平演变是西方颠覆中国政治制度的一贯手段。非军事手段自然是西方国家实现对华战略颠覆的优先选项。从新中国成立以来,西方国家及其代理人就企图用"糖衣炮弹"摧毁新生政权,即便改革开放之后与西方关系的缓和期,这种和平演变的战略也不曾改变。东欧剧变之后,他们一方面积极实施以意识形态渗透为核心的和平演变政策,另一方面通过政治干涉、经济制裁等手段挤压中国的发展空间,幻想以压图变,迫使中国实现政治转向,投靠西方阵营。其中,利用经济利益捆绑是进入 21 世纪以来西方国家对中国战略的特点之一。利用世界市场发展国内经济一直是国家发展战略中的重要一环。在西方看来,通过市场捆绑和经济一体化的方式不仅可以将中国纳入西方主导的世界经济、政治体系,而且还能在经济交往中实现对中国的同化和改变,进而使中国民众接受西方式的民主、自由思想,在"温水煮青蛙"的意识形态渗透中,最终实现对中国政治制度的颠覆。而西方国家利用中国"入关"以及后来"入世"的迫切愿望,在谈判中设置重重障碍,除要求中国多开放产品和服务市场之外,更要求中国文化市场对外敞开大门,以方便西方强势文化产业的对华意识形态输出。对于西方的伎俩,我们始终保持清醒,在坚守入世承诺的同时,国内产业快速发展,甚至面对西方强大文化产业的巨大压力之下,我们也始终坚持文化自信,在抵制西方文化输出的基础上成功打造出具有民族特色的有一定竞争力的文化产业。因此,我们国家在同西方的国家交往中始终保持警醒,既未因噎废食、故步自封游离于国际主流社会之外,也未不加辨别、不加取舍对西方敞开大门,关键在于坚守独立自主的中国特色社会主义道路的基础上学习一切有益的东西。

二、西方意识形态渗透无孔不入

意识形态渗透是西方对中国遏制战略的重要组成部分,颠覆中国的社会主义制度和共产党领导的人民政权,建立附属于西方国家的资本主义政权是其长期以来不变的目标。在西方日益感受中国发展壮大的背景下,其意识形态渗透也呈现变本加厉的态势,除了惯用的文化输出、政治抹黑等手段,甚至经济议题、科技发展等都被意识形态化,成为西方意识形态进攻的新动向,而互联网的开放性则成为其便于操纵的意识形态渗透平台。

（一）两种意识形态立场不可调和

作为观念上层建筑的意识形态本质上是社会意识的一部分,由社会存在所决定又对其有一定反作用,其中物质资料的生产方式决定了作为社会存在的物质基础的性质,也就是说,资本主义生产方式决定了资产阶级意识形态,与此相对应,以社会化大生产为基础的社会主义公有制则决定其马克思主义意识形态。根本对立的两种不同性质的经济基础决定两种意识形态之间的矛盾属性。因此,两种意识形态之间的斗争,说到底是对各自经济基础的维护。两种生产方式之间的不可调和性决定两种意识形态之间斗争的必然性。社会主义的本质是消灭剥削,消除两极分化,最终实现共同富裕。中国道路的示范效应被西方世界视为潜在威胁。资本主义维护的是资产阶级利益,公开宣称私有财产神圣不可侵犯,并用资本主义自由、民主掩盖由于财产关系的不平等造成的事实上的人与人之间的不自由、不民主,所谓自由则是有钱人的自由,民主则更是资产阶级的民主,保护私有财产的神圣不可侵犯,说到底保护的是资产阶级的利益不受侵犯。用一种形式上的平等去掩盖无处不在的不平等,却又把它说成是全人类的"普世价值",这就是资本主义意识形态的本质。拿破仑口中的"睡狮"以西方世界如此意外的方式醒来,无疑会让其心里感到巨大冲击,而作为观念上层建筑的资产阶级意识形态也必然会动员一切力量发动对其潜在威胁的进攻。

在中国抗击新冠肺炎疫情的关键时期,美国不仅没有及时履行基本的国际援助义务,反而不断攻击中国人民和中国政治制度。他们有的高谈"中国是美国头号地缘政治对手",有的借疫情公然挑拨中国与邻国之间的关系,有的更是将疫情的发生说成是人为制造的基因战争。《华尔街日报》将中国人嘲笑为"真正的亚洲病夫",美国财政部长激动地认为中国的疫情则是美国经济发展的契机,似乎一场利用疫情发动全面对华意识形态战争的机会已经到来,一场意识形态病毒传播的盛宴已经开局。之所以会出现这类践踏人类文明底线和基本道德良知的疯狂行为,根本上还在于部分西方政客害怕中国的全面崛起,害怕拥有14亿人口的大国在中国共产党的领导下所开创的中国特色社会主义制度的成功。西方国家部分政客头脑中的傲慢与偏见是根深蒂固的,这种顽固的资产阶级意识形态偏见也如同疫情的爆发一样,在抗击病毒的斗争中不断变异、显现、发作和传播。中国的民族复兴大业绝不会因为部分西方政客的聒噪而停止前进的脚步,在人类命运共同体思想得到世界人民更多认同的时代背景下,"意识形态偏见和冷战思维病毒注定是国际关系的祸患"①。

(二)西方意识形态渗透呈现多层次、全方位特征

当前,西方国家对中国的意识形态手段无所不用其极,总体来看,主要包括四个层面:其一,国家层面。政府对中国相关政治事件或敏感问题直接表明态度。一般能被西方政府关注的问题多是具有典型性、能够引起争议的事件或个人,只要是与我国主流立场不一致的事件或个人,都有可能被西方政府关注,并被用来作为抹黑中国政府的政治工具。西方议会也会通过各种所谓"法案",假借关心中国民主问题,干涉中国内政,施加无形压力,在国际上制造有关我国的负面舆论。国家层面是西方涉华意识形态渗透的核心,也是支配、牵引其他层面的意识形态实施的手段。其二,社会层面,主要是各种基金会、非政府组织。这些所谓的基金会和非政府组织扮演着西方政府"政治打手"的角色,在政府不便出面的地方,一般交由这些基金会和非政府组织行动。作为政府的附属政治组织,其资金多由政府或其他具有政

---

① 钟声:《意识形态偏见也是病毒》,《人民日报》,2020 年 2 月 11 日。

治背景的财团拨付,一般披着开发援助、调查研究和学术交流的外衣,本质却是正宗的政治组织。在香港暴力事件中,美国的各种基金会、非政府组织在幕后发挥了关键的政治黑手作用,能量巨大,需要特别关注。其三,媒体层面。西方媒体一直都以"第四权力"自居,只不过在涉华报道问题上主要以反面形象出现,很少能以客观中立的立场理性看待中国问题。多是戴着有色眼镜的、傲慢与偏见的主观臆断和选择性报道,选择的也多是负面新闻。这也反映出整个西方社会对中国崛起的主观态度,喜欢看有关中国的负面新闻,而媒体也喜欢迎合客户需求,在这种恶性循环中,中国的负面形象就在西方世界形成定势。其四,宗教层面。尽管古代就有西方传教士在中国传教,那时的传教行为更多在于信仰层面,而少有政治色彩,但今天西方宗教组织已深入中国普通民众生活。这些"精神鸦片"在麻痹人民群众的同时,也培植大量鼓吹西方价值观的宗教分子,这些都是否定我国马克思主义意识形态的潜在威胁。

(三)意识形态安全与政治安全、领土安全等问题相互交织

民族分裂、宗教极端和恐怖主义三股势力时刻威胁国家安全,在西方国家全面遏制中国和平崛起的背景下,这些问题又成为西方压制中国崛起的政治工具。中国西部边疆地区受地理环境的限制,经济发展较其他地区存在一定差距,加之由于历史原因多伴有民族问题与宗教问题,使得西部边疆地区的安全环境较为复杂,稍有不慎便会引起敏感的宗教问题与民族问题。而这些客观存在的问题恰恰变成西方国家干涉中国内政,抹黑中国宗教和民族政策的契机。事实上,没有多少西方人真正关心生活在这片土地上的人民,而能否利用发生在这些地区的事情成功诋毁和扭曲中国政府的形象、攻击中国的相关政策才是他们兴趣所在。近些年来,西方国家与分裂势力内外勾结,不放过任何攻击中国政府的机会,编造谎言、指鹿为马、混淆是非,再辅之以政府表态、议会法案、宗教外衣和媒体的煽风点火,着实蒙骗了

部分西方人士。与此同时,他们在香港煽动内乱,企图将香港从祖国分裂出去,又干扰台湾事务,阻挠祖国和平统一进程。西方国家的各种基金会和非政府组织在香港经营多年,已渗透至社会各个方面,将各种诋毁"一国两制"和中国政府的毒化思想广泛传播,在香港制造各种仇视祖国大陆的言行,并将香港社会中的所有问题归咎于"一国两制"和祖国大陆,人为制造两地矛盾。香港暴力事件中,西方国家通过资金支持、组织策划和后续保障等手段,将香港拖入严重混乱的境地,又通过其媒体将祸水泼向祖国大陆。香港分裂势力与台湾分裂势力相勾结,使国家安全局势更加复杂。

三、"中国故事"国际传播遭遇西方国际主流话语控制权

讲好"中国故事"是我国软实力提升的重要抓手,也是构建良好国际形象的基础条件。这一工作的成效直接关系我国国际影响力的实现,从而事关意识形态安全。当前,"中国故事"的讲述与西方话语垄断之间存在严重矛盾,寻找西方所控制的话语体系中的突破点,树立良好国际形象将是我国对外宣传工作中的重要任务。

第一,讲好"中国故事"是维护意识形态安全的手段。"中国故事"是构建良好国际形象的重要方式,而良好的国际形象有助于增进其他国家对中国的了解,从而有助于为意识形态安全营造较为有利的环境。所谓"中国故事",就是有关中国历史与现实的新闻、典故、传说和轶事,讲好"中国故事"的目的是让世界更好地了解中国的历史与现实,消除误解与误判,为中国的发展赢得更为有利的和平环境,也为世界各国的和平交往和繁荣稳定提供前提。讲好"中国故事"是文化传播的一部分,而文化传播不是文化交流,本质上是单向度的。文化传播能否成功主要在于其是否符合受众的实际需要,因此"中国故事"讲述成功的关键在于能够使中国特色社会主义道路的

成功经验和中国传统文化中的精髓与国外受众的精神需求产生共鸣,并为其所认同和接受。"中国故事"的讲述是在中国日益成长为有重要影响世界大国的背景下进行的,因此"中国故事"的讲述首先要及时回应世界对中国在国际变革中的角色定位的关切。中国的民族复兴大业深刻改变了世界格局,对于崛起后的中国如何进行角色定位,如何处理与发达国家以及其他国家的关系,这是世界各国普遍关注的重要问题。"中国故事"应该从历史与现实的双重视角客观地描述中国的发展理念和价值观。更多地以平凡的视角和生动的故事增强感染力。中国的历史与现实就是讲好"中国故事"的最好素材。迅速崛起的现代中国展现了中国特色社会主义发展之路的进取与活力,古老中国与现代中国的汇合散发出无与伦比的吸引力,这是讲好"中国故事"的信心与底气。

第二,国际主流话语权依然被西方控制。讲好"中国故事"本质是增进世界对中国的了解,让中国更好地融入世界,但是在西方国家看来,中国的崛起是一种威胁,一种挑战西方主导世界体系的潜在隐患。因此,如何消解中国的国际影响,封堵"中国故事"的国际传播路径就成为西方国家潜意识中的优先选项。处于零和博弈的冷战思维主导下的西方世界,依然牢牢把控国际话语主导权,这给中国的文化传播和国际中华文化认同的构建带来很大障碍。当今世界主要媒体,诸如美联社、路透社、"BBC""CNN",都是欧美国家新闻机构,新华社的规模虽然已为全球最大,但其影响力仍然落后于欧美同行。在国际新闻报道中,世界各国普遍转用这些欧美主流新闻机构的报道,而中国的新闻影响力明显不足。其一,我国对外宣传优秀人才匮乏,既有扎实的业务素质和坚定的政治立场,又有良好的外语水平和沟通能力的专业人才数量明显不足。在内宣外宣各自分离,网上网下独立发展的宣传格局下,新闻主体分散,缺乏有足够影响的世界级媒体。新闻机构的行政色彩较浓,新闻工作中常处于被动状态,尊重新闻规律、积极主动参与新闻市场竞争的动力不足。其二,我国对外宣传中的官方色彩明显,这对"中国故事"的认同和接受可能会有一定负面影响。由于意识形态存在根本性差异,加之西方媒体长久以来负面报道的影响,西方受众对带有中国官方背景的行为有潜在的排斥感,尽管在扭转对华形象方面,新闻从业者做了大量工作,但根深蒂固的观念一旦形成并不容易很快扭转。因此,让"中国故事"传播开来,需要认真研究如何突破西方话语垄断,重塑国际话语格局。

第三,突破西方话语控制,传播"中国故事"。对外宣传处于完全开放的新闻环境中,单向度的新闻传播很难取得预期效果。需要仔细研究受众心理特点,从内容质量着手,提升"中国故事"的吸引力与感染力。其一,需要做到"三贴近",即贴近中国实际,贴近国外真实需求,贴近受众的思维习惯。这就需要树立"讲故事而不是讲道理"的观念。喜欢听故事是人类的共性,故事有情节、有细节,对外讲述的是故事,而不是抽象、深刻的道理。若要在短时间内吸引西方普通民众的关注,需要在"中国故事"本身宏大叙事的基础上将其转化为更易接受的话语范式和话语表达。用自说自话的方式开展对外宣传,甚至将生硬的政治话语简单翻译之后直接向外传播,不仅不能收到预期效果,往往适得其反。"中国故事"既是历史的,也是现代的,是历史与现代的统一,这就需要对西方民众的信息需求做出科学区分和判断。有些人喜欢中国传统文化,就可以多推送一些以中国传统特色为主题的故事;有些人喜欢现代中国,就可以把中国急速变革的成功经验以故事的形式加以呈现。这其中特别需要从细节和普通人物着手,宏大的主题确实需要,但细节和小人物的故事更容易打动人、感染人。其二,需要淡化"中国故事"的官方色彩。在讲述"中国故事"的过程中,不妨更多由民间力量推动,以各种民间组织和基金会、研究会为主体,加强同西方世界的民间交流和学术交流,逐步淡化官方色彩,减少西方普通民众的抵触心理和固化思维的消解作用。对外形象的构建是个长期的历史过程,但损害起来却非常容易,只需要一个事件,甚至一次谣言就可实现。"中国故事"的讲述与西方话语垄断之间的矛盾将贯穿中国崛起的整个过程。

第三节　新时代维护我国政治安全的意识形态建设机遇

解决意识形态安全问题终究要靠自身的力量,党的十八大以来,我国意识形态安全理论快速发展,形成了新时代党的意识形态安全理论,同时,国家经济社会继续平稳发展,综合国力持续提升,"家底"也更加厚实。在此基础上,中国人民获得了更多与世界交流的机会,在亲眼所见、亲自比较之中更加坚定对中国特色社会主义道路的自信,对马克思主义意识形态的认同。

一、新时代催生了新的意识形态安全理论

新时代党的意识形态安全理论继承了马克思主义意识形态理论发展中的成功经验,并依据时代发展特点不断完善和创新,是马克思主义意识形态理论逻辑与中国特色社会主义意识形态实践逻辑相结合的思想成果。

(一)"时代是思想之母,实践是理论之源。"①任何一种伟大理论的诞生都必须契合时代的需要,都要以解决现实问题为前提

理论来源于实践,是对实践的高度概括和抽象,是从实践中提炼出来的用于指导实践需要的经验总结。实践是理论产生的来源与基础,没有凭空产生的理论,任何理论都带有时代的烙印和底色。实践需要理论的指导,人

---

① 《习近平谈治国理政》(第二卷),外文出版社,2017年,第34页。

们只有将来源于实践的感性认识抽象升华为理性认识,并在实践中不断完善和发展这种认识,才能将对客观世界的认识和对客观规律的把握推向深入,从而推动社会在更高层次发展。新时代党的意识形态安全理论作为一种科学的理性认识,来源以习近平同志为核心的党中央在意识形态安全领域的深入实践与科学总结,是中国共产党人在坚持和继承马克思主义意识形态理论的基础上,根据新时期意识形态安全工作的发展规律和内外环境变化做出的系统思考和理论升华,是指导新时代意识形态安全工作的根本指导思想。党的十八大以来,我国意识形态安全环境发生了深刻变化,中国和平崛起的步伐加快,深度促发"百年未有之大变局"的到来,由此导致西方国家视中国为西方主导现存世界秩序的"搅局者",从而对中国进行包括意识形态渗透在内的全面遏制。与此同时,社会主要矛盾的转变、全面深化改革导致的利益格局调整、网络社会的到来等因素也使我国的意识形态安全工作面临新的局面。这些变化是新的意识形态安全理论产生的实践来源,而新的意识形态安全理论作为在其基础上的理论总结与系统思考,则是指导新时代意识形态安全工作的科学指南,同时需要在客观环境不断变化的实践基础上进一步完善和发展。

(二)任何意识形态都需要通过对内容的调整和完善保持其生命力和吸引力

执政党若要长期保持执政地位的稳固,除了需要制定和完善一套被民众广泛认可和接受的意识形态,还需要根据客观环境的不断变化对其意识形态进行适度的调整,以适应客观实际,从而增强意识形态的说服力和感染力,进而赢得更多民众的支持。西方一些政党为了吸引选民,在政党意识形态策略中故意选择模糊处理的方式,以便使其意识形态不致过度依赖客观环境,从而为其进行政策的解释留有余地和空间,这也是其意识形态策略能够适应西方政党选举制度的外在表现。而无产阶级政党的意识形态是明确的,这在《共产党宣言》中就已经准确无误地表明,无产阶级政党的最终目标就是要推翻一切剥削制度,建立每个人都能自由全面发展的共产主义社会。在实现这一宏伟目标的道路上,无产阶级政党需要根据不同历史时期的具体特点,有针对性地采取斗争策略,适时调整其意识形态战略,决不能把本阶级的意识形态限定在封闭保守的框架内。

执政党内部最大的危险就在于不能通过意识形态的信仰作用将全体党员团结在一起,从而影响广大民众为整个阶级的利益而努力。事实上,意识形态"粘合剂"的作用并不是唯一一种团结广大党员的手段和方式,党的组织制度和成员间的共同利益也可以将党员团结在一起,然而通过这种方式所形成的"粘合剂"效用并不可靠,容易被外界的因素所干扰,只有将党的意识形态上升到信仰的高度,让广大党员以及最广泛的民众对社会主流意识形态深信不疑,为了共同的事业努力奋斗才能从精神上和心理上根本解决党的凝聚力问题。很多政党的垮台就是在这个问题上没有处理好。苏共垮台前的相当一个时期,只能依靠组织的强制力以及个人利益将1900多万苏共党员从组织上聚合成一个整体,从而取得形式上的团结。然而靠这种形式取得的表面上的统一却充满危机,其组织的战斗力和凝聚力并不牢靠。20世纪80年代苏共的社会主义和共产主义信仰已经出现分崩离析的迹象,在西方的意识形态进攻下,在政治经济手段的打击中最终走向垮台的境地。

(三)新时代党的意识形态安全理论体现了继承与发展的统一

习近平指出:"我们党之所以能够不断历经艰难困苦创造新的辉煌,很重要的一条就是我们党始终重视思想建党、理论强党。"[1]重视理论创新,强调意识形态宣传工作是我们党的优良传统。在新民主主义革命时期便善于利用各种有利时机进行宣传鼓动,争取意识形态话语权,从而为新民主主义

---

① 《习近平谈治国理政》(第二卷),外文出版社,2017年,第67页。

革命的胜利打下良好舆论基础。新民主主义革命斗争的实践中,以毛泽东同志为主要代表的中国共产党人坚持把马克思主义理论同中国革命客观现实相结合,坚决纠正"左""右"的错误倾向,特别注重依据客观环境的变化主动调整党的意识形态话语宣传方式,在坚持马克思主义的基本立场上创立了指导中国革命走向胜利的毛泽东思想。新中国成立后,党的工作重心发生了根本性改变,在开创中国现代化建设的道路上,我们党带领人民进行了艰辛的探索,这其中既有宝贵的经验,也有失败的教训。"文化大革命"结束以后,党的中心工作亟待转移到现代化建设上,但"两个凡是"错误思想仍然占据一些人的头脑,如果不能及时对"以阶级斗争为纲"的意识形态进行根本性调整,必将影响改革开放的顺利推进。为此,在党的十一届三中全会上,我们党及时纠正了错误路线,将经济建设作为党的中心工作,并在以后的改革开放的伟大实践中创造了邓小平理论、"三个代表"重要思想以及科学发展观与理论成果。这些重要理论成果无不体现党的意识形态工作的主动性和创造性。

党的十八大以来,以习近平同志为核心的党中央根据主客观环境的变化,高度重视意识形态的创新工作,不断探索意识形态工作规律,注重意识形态的延续性和顺承性,在继承我们党改革开放前后两个重要历史时期的意识形态核心思想的基础上,创造性地提出了一系列意识形态领域的新战略、新方针。总体国家安全观、"四个自信"和人类命运共同体思想等一系列重大理念创新,构建了逻辑严密、体系完整的习近平新时代中国特色社会主义思想,成为指导我国改革开放进入新时代之后的意识形态,巩固了我们党的执政地位,保障了党和人民的事业继续沿着中国特色社会主义道路的正确方向前进。

二、综合国力的提升是意识形态安全坚实的物质基础

综合国力是衡量一个国家的经济、政治、军事、文化、科技、教育和人力资源等实力的综合性指标。其中以经济、科技和军事为主要内涵的硬实力，是衡量一个国家传统实力强弱的主要标准，而经济实力则是硬实力的核心指标，直接决定了一个国家硬实力的强弱，也潜在影响科技与军事实力。物质生产是人类社会产生和发展的先决条件。生产力发展水平决定经济实力强弱，作为硬实力核心指标的经济实力，直接反映出一个国家的生产力发展水平和人民的物质生活水平。

军事是政治的延伸，是国家硬实力的重要组成部分，军事实力的强弱直接决定国家经济发展成果是否能够为人民享有，政治环境是否安全稳定。建设一支与我国国际地位相称，能够坚强维护国家发展利益的国防力量是我国的核心利益所在。我国面临着远超其他国家的复杂国际发展环境，同周边国家存在不少边界纠纷和海洋划界问题，同时还面临祖国统一问题。我国面临的传统威胁与非传统威胁相互交织，客观上对我国国防事业有较高要求。没有军事力量这个硬实力的保障，国家意识形态安全也就无从谈起。当今世界处于各种矛盾、冲突多发期和利益分化重组期，虽暂无世界性战争的威胁，但局部战争从未间断，加之国际恐怖势力、宗教极端势力和民族分裂势力的严重威胁，因此必须建设一支强大的人民军队。科技的发展引领着经济社会的发展，对社会生产力具有巨大的推动作用。马克思在《政治经济学批判》(1857—1858 年草稿)中第一次明确提出了"生产力中也包括科学"的著名论断，邓小平进一步明确表示，科学技术是第一生产力。习

近平指出:"历史经验表明,科技革命总是能够深刻改变世界发展格局。"①中国实现现代化,是人类历史上前所未有的大变革,必须牢牢把握这一难得的历史机遇,利用新科技革命的后发优势,不断创新,加速发展。

经济实力是综合国力的基础,是文化繁荣发展并对其他国家产生溢出效应的前提。西方国家发达的文化产业和强大的文化吸引力是建立在西方雄厚经济基础上的。因其经济和科技等方面的巨大成功,让其他国家的人民对其文化、制度和价值观产生了强烈认同感,进而会去主动了解并接纳发达国家的意识形态,加之西方国家完全掌控了国际舆论和世界话语体系的价值评判主导权,使得西方发达国家所宣扬的所谓"普世价值"在国际上有着巨大市场,这给发展中国家的传统价值观造成了强烈冲击。改革开放以来,我国坚持以经济建设为中心,前所未有地接近"两个一百年"奋斗目标和中华民族的伟大复兴。一个经济、政治、文化和社会全面繁荣的社会主义强国已经屹立于世界民族之林,这就为我国意识形态安全提供了坚实的物质支撑。

"只要国内外大势没有发生根本变化,坚持以经济建设为中心就不能也不应该改变。"②正是在这一方针的指引下,我国综合国力稳步提升,人民生活水平极大改善,老百姓实实在在的"获得感"才有了根基厚实的基底。中国人正以更加自信的姿态参与国际事务,以中国的智慧和力量为全人类的发展做出越来越大的贡献。与此同时,中国文化也随着我国综合国力的提升日益展现出其本身所具有的独特魅力,也让一贯对我国存在偏见的西方国家重新审视中国的历史与现代,中国的文化与制度。特别是当西方世界

---

① 《全国科技创新大会两院院士大会中国科协第九次全国代表大会在京召开》,《人民日报》,2016 年 5 月 31 日。

② 倪光辉、鞠鹏:《胸怀大局把握大势着眼大事 努力把宣传思想工作做得更好》,《人民日报》,2013 年 8 月 21 日。

面对新冠肺炎疫情手忙脚乱、无能为力之时，中国所展示出的制度优势，中国文化中所具有的民族凝聚力使其相形见绌、等而下之。而这些都构成了我国意识形态自信的强大底气。

三、改革开放为在制度对比中提升意识形态自信提供了机遇

改革开放既是国家实现发展的基本国策，也为提升维护新时代意识形态安全提供了历史机遇。闭关锁国曾让我国近代以来落后于世界发展潮流，沦至被动挨打的境地。改革开放40多年的发展成就充分表明对外开放的必要性与正确性。今天的世界，信息交流更加频繁、各种要素联系更加紧密，这是我们开展新时代意识形态工作的重要前提。有了改革开放中奠定的坚实基础，有了对理论、制度、道路和文化的强烈自信，我们更应打开国门，在与西方的全面比较中让更多人坚定对马克思主义意识形态的认同。

第一，意识形态自信是意识形态安全的前提。意识形态安全指的是意识形态处于不受威胁、稳定发展的安全状态，而意识形态是人们头脑中的观念价值体系，其安全状态要以人们的认同为前提，若要维护其安全状态，需要以对其的自信为前提。如果人们对所坚持的意识形态不自信，不认同其基本价值和基本立场，则会严重威胁意识形态安全。对意识形态的自信需要建立在其科学的理论体系和鲜明的以人民为中心的价值立场之上，这是真理性与价值性的统一。其一，我们所坚持的马克思主义意识形态是经历实践检验的严密的科学体系，也是处于与时俱进，不断完善之中的客观真理。作为马克思两个重大发现的剩余价值论和辩证唯物史观自诞生至今，其理论依然焕发出勃勃生机。西方国家一度以为，东欧剧变的发生标志着马克思主义的全面溃败，恰恰相反，中国特色社会主义的成功不仅使西方幻想彻底破灭，更为广大发展中国家实现现代化提供了一条有别于西方的崭

新道路。东欧模式的马克思主义只是马克思主义实践中的一种,并不是唯一正确的道路,即便这种模式在实践中遇到挫折,也不意味着马克思主义的失败。中国特色社会主义已经在实践中展现出强大的生命力,并通过民族复兴和社会主义现代化建设的伟大进程体现其科学性与系统性。其二,马克思主义意识形态体现的是无产阶级和广大人民群众的根本利益。其鲜明的人民立场和明确的无产阶级属性,使其完全有别于人类历史上一切剥削阶级的意识形态。其他一切阶级的意识形态维护的都是少数人的利益,而马克思主义意识形态维护的则是最广大人民群众的根本利益。正是基于这两方面的原因,才让我们更有底气坚定对马克思主义意识形态的自信。

第二,全面改革开放为意识形态自信提供了条件。在开放多元的当今世界,一切闭门造车、故步自封的思维和做法都是违背历史潮流的,意识形态安全工作概莫能外。意识形态存在于人们的头脑之中,需要以人为物质载体,而人又是处于客观世界之中的物质主体,其思维的多样性决定了意识形态的复杂性。当今世界经济一体化深入发展,人员的国际交流日渐频繁,没有一个国家能在远离国际主流社会,关起门来搞建设的前提下取得经济发展和社会进步。与此同时,以网络新媒体为代表的现代通信技术的发展让世界形成了普遍联系、信息共享的有机整体,人类社会从未像今天这样联系如此广泛和深入。在这种情况下意识形态工作必然要考虑各种影响因素。今天的中国不仅有新的意识形态安全理论的科学指导,也有综合国力提升奠定的坚实物质基础和党的自身建设锻造的坚强领导组织,这些都成为我们应对激烈的意识形态竞争的强大底气。40多年的改革开放给我们带来的不仅是综合国力的全面提升,更是人们精神文化生活的极大丰富和国际视野的更加开阔。而这些亲身经历和体验过中国由落后的农业国逐步成长为强大的工业国,由国际经济中微小的一分子壮大为世界第二大经济体的人们更加坚定了对马克思主义的信任、对中国特色社会主义道路的认可。

第三，在比较中提升意识形态自信，维护意识形态安全。中共中央办公厅、国务院办公厅印发的《关于深化新时代学校思想政治理论课改革创新的若干意见》中明确提出："组织思政课骨干教师赴国外调研，拓宽国际视野，在比较分析中坚定'四个自信'。"①这表明党中央已在战略高度，从顶层设计上将对外交流作为开展新时代意识形态工作的重要内容。"教育者本人一定是受教育的"②，思政课教师是我国意识形态工作的主体力量，坚定思政课教师的意识形态自信是青年学生意识形态自信的前提和条件。只有让充满自信的人去讲授思政课，才能充满热情地将这门事关意识形态和青年学生世界观形成的重要课程讲好，也才会有更多青年学生坚定对马克思主义意识形态的信心。思政课教师赴国外调研学习，一是能够学习其他国家，特别是西方发达国家在意识形态领域的成功经验和做法；二是能够在不同道路的比较中坚定"四个自信"。经过量的积累，我们已经到了质的飞跃阶段，更无惧和别国在意识形态领域的交锋与碰撞。

应该说，新时代人们在对外交流中坚定马克思主义意识形态自信，既是现实的需要，也已完全具备必要条件。对外开放交流只会让一些受西方媒体蛊惑的不明真相的普通民众更加坚定自己所走的道路，而一些人的思维依然停留在过去，并未随着国家的实力增长而变得更加自信，西方媒体所宣扬的所谓福利国家、全民医保等被一些国内媒体渲染后发酵为部分民众对我国制度的不满情绪。他们简单将福利措施等同于西方资本主义制度，认为西方的都是好的，而我们则相差很远，这显然没有看到现实背后的真正本质。马克思早已指出这些福利制度的真相，其本质是维持资本主义再生产和扩大再生产的需要，而这些高福利则是本国无产阶级剩余价值的一部分，

---

① 《中办国办印发〈意见〉深化新时代学校思想政治理论课改革创新》，《人民日报》，2019 年 8 月 15 日。

② 《马克思恩格斯文集》（第一卷），人民出版社，2009 年，第 500 页。

以及对国外的超额利润,事实上就是对国外无产阶级剩余价值的掠夺。随着国际竞争的加剧,特别是中国的产业崛起,这些西方发达国家的高福利制度已经出现难以为继的迹象,一些西方国家陷入经济危机已经充分表明了这一点。也就是说,西方社会的发达并不是来自西方制度和资本主义道路,而是来自对无产阶级和其他国家的剥削和掠夺。今天的国内普通民众已经越来越清楚地看到这一点,他们在国内习以为常的事情,到了国外却完全不是想象中的场景,新冠病毒肺炎疫情中西方国家医疗体系的濒临崩溃、澳大利亚大火中政府的无能为力、巴西点燃亚马孙雨林开垦土地背后的资本因素以及法国黄背心运动反映的深层社会矛盾等都已经让很多亲身经历的国内民众认清了现实,而随着对国外更深入的了解,他们也开始以理性的眼光和思维比较中外,继而更加坚定对我们选择的中国特色社会主义道路的自信,对马克思主义意识形态的认同。

第三章 新时代党的意识形态安全理论的基本内容

新时代党的意识形态安全理论是在继承马克思主义意识形态理论的基础上,深刻总结马克思主义意识形态理论演进及其中国化过程中的基本经验,在准确把握新时代意识形态安全环境的主客观变化规律的条件下,所形成的体系完整、内容丰富的科学指导体系。新时代党的意识形态安全理论追求国家政治安全和党的执政安全这一根本目标,致力于建设具有强大凝聚力和引领力的社会主义意识形态,提出了维护意识形态安全的战略任务、根本遵循、基本原则、新闻舆论方针以及具体实践路径,涵盖了维护意识形态安全的各个方面。

第一节 新时代意识形态安全的目标和任务

政治安全是新时代党的意识形态安全理论的价值追求。习近平明确提出了新时代意识形态安全的目标和任务。建设具有强大凝聚力和引领力的社会主义意识形态是新时代意识形态安全的战略目标,并以此为牵引牢牢掌握意识形态工作的领导权和话语权,实现宣传思想工作"两个巩固"任务,培育和践行社会主义核心价值观。

一、建设具有强大凝聚力和引领力的社会主义意识形态

马克思主义意识形态是社会主义意识形态的核心与灵魂,它既是党的意识形态,又是当代中国的国家意识形态。社会主义意识形态功能的发挥体现在其凝聚社会共识,引领社会思潮上,在中华民族伟大复兴的历史进程中,意识形态领域情况复杂。同时,国际意识形态话语主导权依旧由西方把控,他们在国际上全面遏制、打压中国,造成我国发展的不利局面。这亟须用具有强大凝聚力和引领力的社会主义意识形态汇聚精神力量,打破西方意识形态话语霸权的局面。

第一,实现中华民族伟大复兴需要具有强大凝聚力和引领力的社会主义意识形态。近代以来的惨痛历史教训使我们这个古老的民族无时无刻不在渴望着民族复兴的早日到来,但民族复兴之路艰险曲折,需要我们动员一切力量、凝聚一切共识才能达到。精神力量是无穷的,需要将社会主义意识形态的强大凝聚力和引领力充分发挥,用磅礴精神力量克服复兴之路上的重重险阻。当前,改革"攻坚期"和"深水区"涉及根本性利益调整,而打破固化的利益格局,释放社会活力,创造各种要素、资源自由流动的体制机制则是保持社会稳定性、创造性的关键。此时,更需要发挥意识形态的凝聚、引领功能,用深刻的道理和严密的逻辑把涉及所有人切身利益的改革的重大意义灌输到每个人的头脑中,逐步减少改革阻力,凝聚发展共识。然而并不是所有人都能拥护符合人们普遍利益的改革,特别是一些西方反华势力视中国的和平发展为威胁,企图剥夺中国人民的基本发展权。在他们看来,中

国的发展会抢占其他国家享有的各种资源,而世界的资源是有限的,中西方之间一定存在不可调和的尖锐矛盾。这是一种典型的存量博弈思维,在他们看来,中国始终处于全球产业的底层,永远沦为西方的附属,才最符合西方利益。此外,祖国统一大业尚未完成,2000多万台湾同胞面临"台独"错误思想的蛊惑,在统一大业寄希望于台湾人民的愿景日渐模糊的背景下,在西方势力公然插手台湾事务,明目张胆阻碍统一的情况下,我们更应该把具有强大凝聚力和引领力的社会主义意识形态用作凝聚全体中华儿女的精神力量来抵制分裂行为。

第二,应对意识形态领域复杂局面需要具有强大凝聚力和引领力的社会主义意识形态。建立强大凝聚力和引领力的社会主义意识形态的关键,是要用马克思主义意识形态的整合功能争取人们对国家意识形态的认同与接受。其一,坚决批判各种西方错误思潮。西方社会思潮在中国的传播有两种,一方面来自对外交流过程中的接触,另一方面是西方有意识、有目的的输出,特别是进入网络社会之后,这一行为更为普遍。西方宣扬的"普世价值""新自由主义"等思想,本质上是西方资产阶级意识形态的一部分,其功能是维护资本主义私有制,然而其在对外传播过程中被精心伪装,以致多数人不清楚其阶级本质和根本目的,"不知不觉成了西方资本主义意识形态的吹鼓手"[①]。西方的民主制度维护的是西方资产阶级的利益,即便抛开其阶级本色不谈,没有人能说这种制度就是放之四海皆准的绝对真理,是根治一切社会问题的灵丹妙药。其二,用马克思主义意识形态争取人们对中国特色社会主义道路的认同,对党的执政地位的认可。社会中存在的各种非马克思、甚至反马克思主义意识形态严重影响人们对作为国家意识形态的马克思主义意识形态的认同及对我们所走道路的肯定,继而威胁党的领导

---

① 《习近平谈治国理政》(第二卷),外文出版社,2017年,第327页。

地位。因此需要同业已存在的各种非主流意识形态做坚决斗争,在斗争中宣传普及马克思主义意识形态,用这种科学理论体系的客观真理性在实践中澄清认识、取得认同。

第三,需要用强大的社会主义意识形态反制西方国家话语垄断。综观世界意识形态话语格局,西方媒体的话语影响显然占有全球性垄断优势。究其原因无非三个方面:其一,西方媒体有发达的资本主义经济做后盾,其全球视野和全球报道能力使其他媒体尚无法竞争,同时西方资本主义国家渗透至全球各个角落的强大影响力又使得派生于其基础上的西方媒体更具现实说服力;其二,西方媒体拥有数百年的专业发展史,其专业影响力深刻影响全球媒体,而他们所标榜的"客观""中立"等原则几乎已成为世界媒体的通行标准,他们的先发优势已经固化在人们的头脑中,不易挑战;其三,非西方媒体暂时不具备同西方媒体全面竞争的所有条件,这导致一家独大的话语格局在短期内无法被撼动。事实上,无论西方媒体怎样宣传其"客观""中立"的新闻原则,其维护西方资产阶级利益的意识形态本质却是无法否认的。任何新闻都是由人来报道的,而人却有价值偏向,这导致任何新闻报道都具有意识形态属性,那些鼓吹"客观""中立"的媒体本身就不客观,这是媒体客观性的悖论。尽管当前打破西方意识形态话语垄断尚需时日,但随着我国综合实力的增长,我们对维护自身利益的意识形态话语权的需求愈发迫切,也愈发具备实现这种愿景的基础。我们所进行的具有中国特色的社会主义事业已经在实践中取得巨大成功,这为打破西方意识形态话语垄断积累了更多条件。

二、牢牢掌握意识形态工作的领导权和话语权

意识形态作为维护阶级利益的重要工具,其作用的发挥必须运用一定

话语表达来实现,其言说方式、言说内容和言说载体等方面都会对意识形态的最终效果产生影响,这其中能否掌控说话表达的权力则是意识形态安全的重要条件。意识形态话语权包括两个层面:一是在意识形态领域有自由的表达权;二是能够将意识形态自由、有效地传播出去。应该说,在网络新媒体兴起之前,我国意识形态话语权不存在很大问题,在党管媒体的原则下,报纸、电台和电视等媒介都处在党的直接领导下,都为马克思主义意识形态的传播服务。然而自网络新媒体普及后,新技术的变革导致意识形态领域的斗争日趋激烈,马克思主义意识形态的传播受到很大挑战。

(一)掌握意识形态话语权的关键在于能否将马克思主义意识形态有效传播出去,人民群众能否认同、接受和自觉维护这种意识形态

当然,影响人民群众接受马克思主义意识形态的因素有很多,但从传播的角度分析,掌握传播的主动权却是获得认同的基本前提。因此,习近平才特别强调:"推动党的声音直接进入各类使用者终端,努力占领新的舆论场。"①当前,信息渠道愈加多元,传统媒体面临巨大转型压力,其中作为我国意识形态宣传主阵地的报纸、电视等传统媒体受到的冲击最大。作为新兴事物,互联网的出现深刻改变着人们的生活方式和思维方式,也为我国赶超发达国家提供了重要机遇,能否抓住这个机遇事关民族复兴的伟大事业的发展。此外,互联网在提高生产效率、加快信息传播速度,特别是网络监督等方面发挥着独特作用。因此,在网络使用中出现的问题需要在法律的框架内,综合运用各种手段解决,谨防从一个极端走向另一个极端的错误做法。对网络空间的治理,一方面维护了人民群众合法使用网络的权利,另一方面也打击了西方国家及其国内代理人利用网络进行意识形态进攻的企

---

① 《习近平在中共中央政治局第十二次集体学习时强调推动媒体融合向纵深发展巩固全党全国人民共同思想基础》,《人民日报》,2019年1月25日。

图,为马克思主义意识形态的传播开辟了网络道路。

意识形态工作的重点是青年人群,而传统媒体现在几乎很少再受青年人关注,话语权的被动旁落使主流意识形态宣传效果受到很大影响。"掌控网络意识形态主导权就是守护国家的主权和政权"①,而要掌握网络社会中的意识形态话语权就要首先研究网络新媒体的传播规律、网络传播内容、传播方式和方法,用人民群众,特别是青年人熟悉、喜欢的语言风格进行网络宣传。如果固守传统"灌输"式的刻板方式,不仅不会收到预期成效,反而可能事与愿违。当前需要特别警惕西方国家的"颜色革命"阴谋,尤其是要做好新时代青年网络思想政治教育工作,以维护社会稳定和政治安全,从而确保全面建成小康社会和"两个一百年"奋斗目标的实现。要探索网络社会中信息的传播规律,加大舆论引导力度,实现主流意识形态的精准传播,推进依法治网,尽快"建立网络综合治理体系"②,"让主流媒体借助移动传播,牢牢占据舆论引导、思想引领、文化传承和服务人民的传播制高点"③。网络空间的主流意识形态真空则会造成意识形态安全的重大隐患。西方国家就是通过不设防的网络空间传播各种"颜色革命"所需的思想弹药,在人们的头脑中注入各种西方自由主义价值观,并伪装成"自由""民主"的化身,从而占领道德高地,成为价值判别标准。但是加强网络主流意识形态的引导和法治管理并不是要搞网络闭路,这既无效果,更无可能。互联网本质上是开放的,任何采用高压甚至物理断网手段实现网络管控的行为都不可能取得预期成效。互联网只是载体,而人的思想只存在于人的头脑中,网络只会加速思想的传播,并不会杜绝其传播,没有网络也会有其他传播方式。但不开放

---

① 《习近平关于总体国家安全观论述摘编》,人民出版社,2018年,第117页。
② 《习近平在省部级主要领导干部坚持底线思维着力防范化解重大风险专题研讨班开班式上发表重要讲话》,《人民日报》,2019年1月22日。
③ 《中共中央关于深化文化体制改革推动社会主义文化大发展大繁荣若干重大问题的决定》,《人民日报》,2011年10月26日。

互联的网络所造成的后果是严重的。恐惧源于未知,而未知又源于封闭。只有在开放空间中让主流意识形态同各种非主流意识形态进行斗争,在斗争中取得认同,在斗争中壮大主流意识形态的力量才能从根本上维护意识形态安全。

(二)主流媒体首先要扩大主流价值观影响力,积极向全媒体转型

"党和政府主办的媒体是党和政府的宣传阵地,必须姓党,必须抓在党的手里。"①主流媒体必须与党中央保持一致,成为宣传党的政策主张的载体。一段时期以来,由于受市场经济因素的影响,党和政府主办的媒体也开始追求经济效益,增加了很多商业色彩。主流媒体加入商业内容不会给媒体性质造成太大影响,但其中所隐含的负面影响不可小觑。作为党的喉舌,主流媒体的公信力和权威性是其灵魂,如果失去公信力,其发出声音的可信度将受到很大影响,过多的商业色彩给这些主流媒体的权威性造成了严重损害。如果主流媒体受到商业化影响,一味追求经济效益,那么主流价值观又该由谁来传播呢?事实上,主流媒体商业化的严重后果在于其会失去人民群众的信任,造成权威性的损害。过多的广告会让人民群众认为只要花钱,就能在这些曾经高高在上、遥不可及的媒体上发出自己的声音,不管是商业声音还是其他声音,甚至一些公益性质的节目里也被植入大量广告,变相成为某些商业利益集团的牟利工具,那么我们可以进一步推测,如果这种情况继续发展,主流媒体也将有可能成为某些政治利益集团牟利的工具,从而违背为党和人民发声的使命。

主流媒体宣传效果弱化,其中一个重要原因是手法单一,内容陈旧,不能根据时代发展与时俱进地进行宣传创新。多年来,主流媒体已经习惯于机械"传声筒"式的宣传手法,在没有其他信息渠道竞争的情况下,宣传内容

---

① 《习近平关于全面建成小康社会论述摘编》,人民出版社,2016年,第125页。

直达受众,且无须担心意识形态传播的效果。但是进入网络媒体社会之后,出现了以微信、微博为代表的新媒体的竞争,主流媒体的陈旧宣传手法显然已不能适应媒体间激烈竞争的需要。一些主流媒体从业者依旧固守机械思维,不想、不能或不会转换宣传手法,他们不能主动地进行宣传创新,依然固守封闭僵化的宣传思路,消极怠工。创新有风险,走封闭僵化的老路至少没有任何风险,但是对于党的意识形态工作来说,如果不能适应时代需要进行宣传创新,不能推动党的政策主张和马克思主义意识形态为人民群众所认同、认可并衷心拥护,将会造成不可挽回的意识形态困境。另外,内容陈旧也是主流媒体存在的问题。党的政策主张和执政理念一直在根据客观环境的变化不断调整,而主流媒体没有很好地将这些不断变化的理论以一种人民群众喜闻乐见的、更易于接受的内容形式加以传播,内容创新没有跟上时代需要,导致人民群众,特别是青年人不爱看、不想看,却更愿意从网络新媒体中自由获取自己感兴趣的内容。此外,主流媒体之间由于体制机制的问题也没有实现优质内容的共享,各家守着固化的利益圈子,缺少大局意识。从宏观角度看,网络空间的开放性给主流媒体的介入创造了积极条件,主流媒体必须要利用自身的优势积极实现转型,打造全媒体传播平台,实现传统与网络的有机融合,充分发挥主流媒体在网络空间中的价值引领作用。

意识形态话语权的掌握需要平台和环境的保障,但归根结底还是要提高意识形态工作者的业务素养。党管意识形态的原则在执行过程中有时也会因为人的能力问题而达不到预期成效。主流媒体和宣传部门机械地执行着宣传任务,大张旗鼓的表面下却不能取得多少实际效果,形成了意识形态工作"两张皮"的结果。一方面国家在意识形态工作方面投入巨大,无论是在正面宣传的投入上,还是理论界研究的支持上都投入很多;另一方面人民群众似乎没有受到这种宣传的影响,依然故我地按照自己的传统价值观行事。这说明意识形态工作没有真正沉下去,没有做到使人民群众入脑、入心。如果从事意识形态工作的人员自己对马克思主义意识形态都没有信心,那又如何让人民群众相信这套信仰体系呢?

(三)意识形态话语权的争夺,关键还是要用马克思主义意识形态解释现实,增强现实说服力

随着我国综合国力的提升和社会主义影响力的不断扩大,以及西方国家资产阶级本性的逐渐暴露,这一正一反的力量对比正好给我国意识形态话语权的提升带来最强有力的支持,从而不断增强主流意识形态的现实说服力。意识形态工作者应该越来越有自信做好这项工作。一方面结合我国的发展成就,积极正面地宣传社会主义道路的正确性,不断增强马克思主义意识形态的吸引力;另一方面主动揭露西方国家资产阶级意识形态的虚伪性,进攻是最好的防守,应该转变意识形态领域被动挨打的防守姿态,利用互联网的开放性主动出击,在世界范围内展现中国特色社会主义的强烈自信。掌握话语权的核心不在于谁能发出声音,在互联网时代这已经不是关键问题,而在于发出声音之后有没有人信。不搞意识形态输出,不代表不能揭露西方国家虚伪的资产阶级意识形态本质,更不代表马克思主义意识形态不能充满理论自信。正如100多年前马克思主义在同各种思想的斗争中最终壮大了无产阶级队伍一样,只有坚持意识形态自信才能扩大意识形态影响。正像马克思所说:"理论只要彻底,就能说服人"[1],马克思主义意识形态是彻底的理论,我们必须要有马克思主义意识形态的理论自信。

三、实现宣传思想工作"两个巩固"任务

实现宣传思想工作的意识形态建设目标,就是要"巩固马克思主义在意

---

[1] 《马克思恩格斯选集》(第一卷),人民出版社,2012年,第10页。

识形态领域的指导地位,巩固全党全国人民团结奋斗的共同思想基础"①。"两个巩固"内在逻辑紧密,但又各有侧重。

(一)马克思主义在意识形态领域的指导地位由我国的国家性质决定

习近平强调:"背离或放弃马克思主义,我们党就会失去灵魂、迷失方向。"②我国是中国共产党领导的社会主义国家,作为无产阶级先锋队组织的中国共产党自成立之日起就将马克思主义作为党的旗帜,而党的纲领就是带领中国人民,在马克思主义旗帜的引领下,建立无产阶级专政的人民共和国。马克思主义是指导无产阶级革命的行动指南,没有马克思主义的指导,党便会失去精神力量和行动方向。中国共产党的成立使中国革命事业焕然一新,100多年的光辉历史使人们真切感受到,中国共产党的成立对中华民族摆脱西方列强奴役和压迫,实现中华民族伟大复兴有重大历史意义。近代以来,各种政治力量粉墨登场,各种解决方案也纷纷亮相,但在残酷的现实面前,所有努力都付之一炬,没有任何力量、任何方案能够拯救危难之中的中华民族,直至中国共产党的成立,一切才发生了根本改变。究其原因,各种政治力量的天然软弱性使其绝不可能成为带领中华民族走出泥潭的坚定力量,唯有中国共产党,既拥有马克思主义的科学理论指导,又具有中国无产阶级特有的革命彻底性和批判性。因此,只有用不断发展和完善的马克思主义指导不断变化的实践活动,才能真正巩固马克思主义在意识形态领域的指导地位。

(二)马克思主义是全国人民共同奋斗的思想基础

一个国家和民族如果没有共同的思想基础则会变成一盘散沙,毫无凝聚力和战斗力,什么规划都将成为纸上谈兵。共同思想基础的内核在于共

---

① 《习近平谈治国理政》,人民出版社,2014年,第153页。
② 习近平:《在庆祝中国共产党成立95周年大会上的讲话》,人民出版社,2016年,第9页。

同的世界观和价值观,而马克思主义世界观鲜明的无产阶级和人民群众的价值取向使其自然成为全国人民共同奋斗的思想基础。马克思主义是世界观与价值观的统一。马克思主义是科学的理论体系,是无产阶级认识世界和改造世界的有力思想武器。价值观体现在无产阶级的价值立场上,马克思主义所有的价值指向和实践旨归都是为了实现和维护无产阶级和最广大人民群众的根本利益。

统治阶级的思想是每个国家占有统治地位的思想,在我国,无产阶级是领导阶级,党是阶级的先锋队,其指导思想自然成为我国意识形态领域的指导思想。马克思主义从诞生之日起便成为指导世界无产阶级运动的主导性理论体系。"马克思的全部天才正是在于他回答了人类先进思想已经提出的种种问题。"①在继承英国古典政治经济学、德国古典哲学和英法空想社会主义的基础上,马克思和恩格斯批判性地发展了这些理论体系,在此基础上创立了历史唯物主义和剩余价值学说,揭示出资本主义制度下人们受到剥削和奴役的真正原因,指明了人类社会的发展规律。这些天才的发现是无产阶级最宝贵的精神财富,是世界工人运动最有力的思想武器。习近平新时代中国特色社会主义思想作为马克思主义中国化的最新理论成果,是当代全国人民共同奋斗的思想基础,是新时代指导我国意识形态安全建设的根本方针。

(三)用"两个巩固"引领新时代宣传思想工作

做好新时代宣传思想工作,实现"两个巩固"战略任务,其核心就是用中国化的马克思主义,即习近平新时代中国特色社会主义思想指导社会主义现代化建设和改革。这一思想与马列主义、毛泽东思想、邓小平理论、"三个代表"重要思想、科学发展观既一脉相承,又与时俱进,体现了马克思主义科

---

① 《列宁选集》(第二卷),人民出版社,2012 年,第 309 页。

学的理论品质与实践品质。同时,它坚持以人民为中心的价值取向,充分反映了党的十八大以来社会主义改革的成果和人民群众根本利益的要求。因此,用习近平新时代中国特色社会主义思想凝聚全国人民的精神力量,既符合马克思主义的理论逻辑,又具有中国特色社会主义的实践逻辑。"两个巩固"是增强和提升主流意识形态吸引力和凝聚力,激励和调动人民群众投身社会主义建设和改革事业积极性的重要任务。面对日益复杂的利益分化格局,在改革的攻坚期和关键期,亟须运用意识形态的宣传协调功能,向不同利益取向的人们说明社会主义建设和改革的总体利益及个人利益之间的内在逻辑,指出不同群体、个人的利益在国家和社会全面发展基础上的利益一致性,以减小改革的阻力。

四、培育和践行社会主义核心价值观

习近平指出:"历史和现实都表明,核心价值观是一个国家的重要稳定器,能否构建具有强大感召力的核心价值观,关系社会和谐稳定,关系国家长治久安。"[1]中国特色社会主义进入新时代,需要积极培育和践行社会主义核心价值观,以此增进对马克思主义意识形态的认同。

（一）核心价值观客观存在于每个社会之中

在长期的社会实践中,人们会形成一定的社会心理状态和价值取向,这些心理状态和价值取向刚开始处于自发状态,后来在长期的共同生活和生产实践中逐渐被大多数人所接受,并经群体中的精英分子系统化地总结概括,从而成为一个群体共同的价值规范,形成完整的价值体系,阶级社会形成后,就成为整个阶级的价值规范,而取得政治权力的阶级的价值观也随即

---

① 《习近平关于全面建成小康社会论述摘编》,中央文献出版社,2016年,第111页。

成为整个国家的价值观。资本主义国家的价值观体现的是资产阶级的价值取向,无产阶级的价值观则体现的是无产阶级的价值取向,在社会主义国家就以代表无产阶级根本利益的国家价值体系的形象出现,其中最核心、最具主导性的价值观也被称之为社会主义核心价值观。核心价值观所展现出的阶级、政党和国家的核心价值取向,是核心价值体系中的主导力量,也是判断社会和政治团体成熟与否的重要标志。社会主义核心价值观是中国特色社会主义意识形态的核心内容。一个社会若要保持相对稳定的发展,在开放多元的社会环境中,必须要有一种居于主导地位,起着核心作用的价值观,而核心价值观在整个社会的价值体系中就发挥着影响和引导其他价值观的功能。

习近平强调:"核心价值观是一个民族赖以维系的精神纽带,是一个国家共同的思想道德基础。"①它是决定一个民族的文化性质和方向的深层要素,是一个国家进步的精神力量,也是执政党占领道德高地,增强意识形态吸引力和凝聚力的需要。社会主义核心价值观贯穿于社会生活的方方面面。人们在市场经济环境中,习惯用实用主义和物质追求作为自身行动的导向,而忽视更高层次的精神追求,以至于金钱成为人们判断价值和是非曲直的衡量标准。在这种利益多元化、物质主义至上的环境中,人们迫切需要一种全社会普遍认可的主流价值观,并使之成为评判是非对错的价值标尺,从而抵消人文精神的缺失所造成的负面效应。

(二)社会主义核心价值观要以马克思主义为指导,并持开放包容的态度

融入人们生活之中的核心价值观,能够使人们在实践中感知、领悟和体会它,从而内化为人们的精神追求,外化为人们的自觉行动,起到润物细无

---

① 习近平:《在文艺工作座谈会上的讲话》,《人民日报》,2015 年 10 月 15 日。

声的效果,进而发挥价值观的引领作用。通过学校教育实践,各种形式的文化生活,举办爱国主义教育活动,能够增强人们对党和国家的认同感、归属感,这也是加强马克思主义意识形态和价值观内在吸引力和认同度的重要途径。唯有坚持马克思主义在社会主义核心价值观中的指导地位,才能体现这种价值观的社会主义本质。如果离开了马克思主义的指导,社会主义核心价值观与非社会主义价值观就无法辨别。如果社会主义核心价值观不是在马克思主义指导下,就会失去其内在价值规定性和社会主义导向性。

马克思主义意识形态规制能够引导社会主义核心价值观的发展方向,而社会主义核心价值观则是有效维护意识形态安全的重要手段。社会主义核心价值观的培育和凝练源自人们的社会生活实践,反映的是人们的主流价值取向,这从一个方面体现出社会主流意识形态的安全与否。当前我国社会主义核心价值观是在马克思主义的指导下,代表社会发展方向的无产阶级的价值观,是符合历史发展趋势和人民根本利益的,必将得到人民的拥护和支持。社会主义核心价值观在培育和践行过程中必须加强自身先进性和价值导向建设,注重在社会实践中的价值整合和引领功能的发挥。这种对非主流价值观的整合,能够有效降低意识形态功能发挥过程中各种负面因素的影响,能够为我国各项事业的平稳有效运行提供可靠的思想保障。

与此同时,培育和弘扬社会主义核心价值观,要立足中国优秀传统文化,不断扩大中国文化的国际影响力。从某种程度上来说,也正是因为中国文化中特有的精神追求和价值纽带把中国人团结在一起,从而形成统一的多民族国家,即使在多灾多难的近代,我们也维系了国家的总体统一和文化的完整。一个国家核心价值观的生命力决定于它的民族性和时代性,民族性就是要体现本民族的历史传承,时代性就是要展现当代人类文明发展的最新成果。社会主义核心价值观的形成可以看成是传统文化创新和转化的特殊范例。我们不是以中国传统文化简单对照的方式来形成社会主义核心价值观,而是立足社会主义制度的本质和实践,通过理解传统文化思想和道德观念的核心精神,从而形成国家、社会、个人三者统一的社会主义核心价值观。

(三)培育和践行社会主义核心价值观需要将其核心精神贯穿到社会主义现代化建设的各个环节中

在人们的日常生活中,在文化事业的各个领域中,特别需要注重核心价值观的引导和贯穿,把核心精神、核心价值渗透到这些领域的各个环节中,注重实践养成,使之内化为人们的价值倾向,外化为人们的行为举止。在学校教育中,更要注重将社会主义核心价值观贯穿到课堂教学的各个环节,以及不同的课程之中,这也就是学术界正在研究的思政课程与课程思政问题。学生思想政治素养的提升,不能仅仅依靠思想政治理论课,更需要发挥学校在教书育人方面的整体优势和效用。

一段时间以来,炒作明星绯闻,偷窥名人隐私,低俗网络直播,以及没有底线的娱乐综艺节目大量充斥荧屏和网络。参与者在获取黑色、灰色利益的同时,也扰乱了网络空间,传导了错误和扭曲的价值观,污染了社会风气。社会主义革命和建设的伟大实践告诉我们,如果没有社会主义核心价值观作为引导,就会出现思想上的迷茫和混乱,如果放任各种社会思潮的恣意泛滥,各种价值观念的矛盾激荡,主动放弃意识形态领导权,就会直接干扰中国社会主义事业的顺利推进和民族复兴的伟大事业。以上种种表明,一些人逐渐远离了高尚的精神文化追求,出现了精神上的困惑和价值观危机,精神文化追求淡化。面对精神文化和人文素养的种种缺失,我们需要用社会主义核心价值观引领人民群众的精神文化追求,寻求差异和包容多样性中的契合点,提高社会思想聚合能力,从而为社会主义现代化建设打下坚实的思想基础。

第二节　新时代意识形态安全的根本遵循

根本遵循是我们党在长期的意识形态安全工作中总结出的具有重要价值的成功经验和指导意义的重要做法,是我们党必须长期坚持和不断发展的思想结晶。以习近平同志为核心的党中央十分重视意识形态安全工作中的方向性、原则性问题,对坚持党在意识形态安全工作中的领导地位,坚持马克思主义信仰教育不松懈有过多次论述,进行了全面工作部署,并将坚持马克思主义在意识形态领域的指导地位作为国家根本制度确立下来。

一、坚持马克思主义在意识形态领域指导地位不动摇

党的十九届四中全会《决定》将坚持马克思主义在意识形态领域指导地位上升为国家的根本制度,表明了以习近平同志为核心的党中央将马克思主义的意识形态指导地位从国家根本制度的高度予以确认。习近平曾指出:"宣传思想工作就是要巩固马克思主义在意识形态领域的指导地位。"[1]马克思主义在意识形态领域的领导地位是我们党在长期的革命斗争和社会主义现代化建设实践中做出的历史的必然选择,是保证改革沿着正确路径前进的必然要求。

（一）马克思主义是不断完善和发展的科学体系

正如它从德国古典哲学、英国古典政治经济学和英法空想社会主义中吸收合理成分一样,自它诞生之日起就具有开放的品质,能够吸收各种理论

---

① 《习近平谈治国理政》,人民出版社,2014年,第153页。

和文化中的积极成分,又同这些文化结合产生新的本土化思想体系,用于全人类的解放事业。一段时期以来,"马克思主义过时论"甚嚣尘上,这不仅动摇了马克思主义意识形态的根基,也给人们的思想观念带来混乱。马克思主义没有过时,它是科学,依然能够解释现实。马克思主义的生命力来源于其理论体系的科学性和彻底性。作为世界无产阶级的科学理论,马克思主义至今仍是人们理解和批判现实的有力武器。特别是当资本主义国家遇到经济危机时,马克思主义的现实解释力一次次得到彰显,其理论影响力也随着解释力的彰显而不断扩大。生产资料的私人占有同生产社会化之间的矛盾解决不了,资本主义社会必将走向灭亡。尽管资本主义国家通过借鉴社会主义国家的积极因素获得了生产关系的暂时缓解,但并未根除社会的基本矛盾,这也就决定了资本主导下的自我毁灭式的生产方式导致的经济危机每隔若干年便会爆发一次,而当前就处于资本主义泡沫崩溃导致的全球经济低谷期。

马克思主义自诞生之日起就不是一种封闭的理论教条,而是在实践中不断检验和完善的理论体系,其又同各国不同国情相结合创造性地诞生了各具特色的各国化的马克思主义理论。马克思主义是科学,并不是说马克思主义的每一句话都是放之四海皆准的教条。作为一种诞生于100多年前的理论体系,其所承载的历史责任就是批判早、中期的资本主义,资本主义根本矛盾没有,也不会变化。如果有了变化,其根本属性也就发生了改变,那么这种制度也就不能称之为资本主义。但是资本主义在发展过程中并非一成不变,也会根据客观环境变化不断完善,吸收包括无产阶级学说和主张在内的其他一切有益于自身生存的理念和观点,在不触及根本原则的基础上,资本主义本身始终处于生产关系的自我调整、自我发展之中,这就决定了作为资本主义批判武器的马克思主义也处于自我完善之中,否则将难以适应世界的变化趋势。马克思主义的这种与时俱进的理论品质正是其强大生命力的有力体现。

（二）马克思主义是无产阶级的理论武器，并以人民为自己的物质武器

马克思主义就是为了指导世界无产阶级运动而产生的，在它诞生之日便已公然宣称："共产党人可以把自己的理论概括为一句话:消灭私有制。"①通过消灭导致人剥削人的私有制，而消灭人被奴役、被压迫的总根源，这是马克思主义的根本价值取向。"哲学把无产阶级当做自己的物质武器，同样，无产阶级也把哲学当做自己的精神武器。"②马克思主义是世界无产阶级认识现实，同资产阶级斗争的有力思想武器。

人民群众才是历史的真正创造者，我们坚持马克思主义，就是要始终以人民为中心，也只有坚持了人民立场，我们才能说它具有价值性，是价值性和真理性的统一。同时，马克思主义已经诞生 100 多年，一些具体表述不可能完全对应以后的社会现实，但是其方法论并未过时，始终是人民群众看待客观世界、寻求解决方案的有力思想武器，特别是其对资本主义制度的批判，并未随着时代的发展而褪色，反而随着每次经济危机的爆发而使理论本身受到更多人的关注。处在资本主义压迫下和资本主义意识形态统治下的无产阶级，如果没有马克思主义这一锐利的思想武器，将不得不在黑暗中继续摸索更长时间。无产阶级经济地位的低下决定了接受教育的机会更少，而资本主义意识形态把无产阶级被奴役、被压迫的状态描述为一种正常的社会现象，工人阶级较低的经济地位则被归结为自己不努力的结果，如果任由这种资本主义意识形态的统治，无法产生无产阶级自己的意识形态，那么无产阶级将永远处于被压迫的地位，永世不得翻身。马克思主义作为世界无产阶级的意识形态，给世界上被压迫的人民的解放带来了希望。

---

① 《马克思恩格斯选集》(第一卷)，人民出版社，2012 年，第 414 页。
② 同上，第 16 页。

（三）坚持马克思主义在意识形态领域的指导地位是中国特色社会主义的基本要求

任何国家,不管存在多少思想文化理论,其根本性的指导思想只能有一个。在共产党领导的社会主义国家,坚持马克思主义在意识形态领域的领导地位是一个不变的根本原则。党对文化建设事业的领导不是用马克思主义取代中国优秀传统文化,与此相反,正是在党的领导下,运用马克思主义的正确理论指导中国革命、建设和改革事业,才为中国优秀传统文化的彻底复兴提供最大可能性。

进入新时代,马克思主义的生命力和影响力的彰显也需要根据时代发展完成话语范式的转换。马克思主义具有鲜明的革命性和斗争性,是批判的武器,也是无产阶级夺取政权的理论支撑。其话语体系和表达方式范围于同西方资本主义斗争的实际需要,而充满尖锐的阶级斗争话语。然而中国共产党已经实现由革命党向执政党的转变,这一深刻的历史变革也对马克思主义话语体系的转变提出了客观要求。由斗争型话语体系转变成执政型话语体系,由以夺取政治权力为主要目的到争取全社会的支持进而共同进行社会主义建设,这种转换是客观需要的,也是迫切的。因此,马克思主义中国化不仅是理论体系的与时俱进,也是其话语体系实现转换的迫切要求,需要将马克思主义同中国文化相结合,把马克思主义用于指导和加强文化建设。

当前"意识形态领域斗争依然复杂,国家安全面临新情况"①,西方国家利用世界话语体系的主导地位,运用互联网等新媒体的开放性与传播的便捷性,不断渗透、兜售西方意识形态和西方价值观,逐步消解马克思主义意识形态凝聚的价值共识。同时,多元化的利益主体并不满足文化建设领域

---

① 《中国共产党第十九次全国代表大会文件汇编》,人民出版社,2017年,第8页。

中的马克思主义领导现实,企图通过各种手段和途径宣扬各种非马克思主义意识形态。在严峻的现实面前,我们必须"加强党对意识形态工作的领导"①,"落实意识形态工作责任制,加强阵地建设和管理"②。要充分调动广大文艺工作者的创作热情,重视文艺人才培养,坚持社会主义核心价值观的创作导向,牢固坚持马克思主义在文化建设和意识形态领域的根本性指导地位。

二、坚持党对意识形态工作的绝对领导

习近平强调:"党的领导是做好党和国家各项工作的根本保证,是我国政治稳定、经济发展、民族团结、社会稳定的根本点。"③这是中国最大的国情。新时代党的意识形态安全理论坚持以国家政治安全和党的执政安全为价值追求,致力于中国特色社会主义制度优势的发挥。"中国特色社会主义最本质的特征是中国共产党领导"④,政治安全的核心就是坚持和维护党的领导地位毫不动摇,而要稳固党的领导必须充分发挥意识形态的保障作用,维护马克思主义意识形态在我国思想领域的主导地位不动摇。然而这种意识形态的主导地位尽管同党的执政地位一起建立,但不是天然具有权威性,更不能自动获得人民群众的广泛认可和衷心拥护,若要取得人民群众对马克思主义意识形态的权威认可,除了始终做到全心全意为人民服务,改革发展成果由人民共享之外,还必须加强党的自身建设,让人民群众看到一个坚强有力的,能够带领人民群众实现伟大梦想的先锋队组织。

---

① 《中国共产党第十九次全国代表大会文件汇编》,人民出版社,2017年,第4页。
② 同上,第34页。
③ 《习近平关于社会主义政治建设论述摘编》,中央文献出版社,2017年,第30~31页。
④ 《中国共产党第十九次全国代表大会文件汇编》,人民出版社,2017年,第16页。

（一）"中国共产党的合法性源自于历史,是人心向背决定的,是人民的选择"①

近代以来,面对列强的入侵,各种政治势力纷纷带着自己的政治主张粉墨登场,意图救民族于水火,但一方面国内外反动势力过于强大,另一方面这些政治力量都带着天然的历史局限性,致使民族复兴的希望一次次破灭,最终力挽狂澜的历史责任落在了中国共产党的肩上。推翻"三座大山",解放全中国,建立一个和历代王朝不同的社会主义新中国,是党在新民主主义革命时期的首要任务。这不再是旧式的封建王朝的延续和变更,而是社会形态的根本性改变。高举马克思主义大旗,走与中国革命实践结合的道路是中国革命和建设从胜利走向新的胜利的正确选择。

中国共产党从领导中国革命取得胜利的党转变为执掌全国政权并将长期执政的党,意味着党的目标和任务出现根本性转变,从而对党自身建设提出了更高的要求。中国共产党成立近百年来始终以人民利益为宗旨,以民族复兴为己任,团结带领中国人民取得新民主主义革命和社会主义革命的胜利,并在40多年的改革开放过程中将中国的综合国力推向了一个新的高度。近百年的历史表明,我们党是一个始终不忘初心、牢记使命的党,也是一个具有强大纠错能力的党,每次处于历史转折的十字路口时总能力挽狂澜、化险为夷。当前,国内外的复杂环境前所未有,更需要推进党的建设新的伟大工程。党的十九大报告中指出:"党内存在的思想不纯、组织不纯、作风不纯等突出问题尚未得到根本解决。"②因此,全面从严治党,必须要以党的政治建设为统领,把党的思想建设、组织建设和作风建设真正抓出实效,才能巩固党的领导核心地位,维护国家政治安全。

---

① 李伟红、姜洁:《王岐山会见出席"2015 中国共产党与世界对话会"外方代表》,《人民日报》,2015 年 9 月 10 日。
② 《中国共产党第十九次全国代表大会文件汇编》,人民出版社,2017 年,第 49 页。

(二)党的领导是马克思主义意识形态沿着正确政治方向发展的根本保障

"旗帜鲜明讲政治是我们党作为马克思主义政党的根本要求。"①政治建设的根本在于坚持党的集中统一领导,保证政令畅通,在当前表现为"两个维护"能否真正贯彻落实。坚持党的集中统一领导是无产阶级政党的鲜明特征。从世界无产阶级政党诞生之日起,就面临着资产阶级的不断攻击和打压,无产阶级政党只有不断提升凝聚力和战斗力才有可能在激烈的斗争中取得胜利。中国共产党从成立之日起,除了面临世界无产阶级政党所共同面临的挑战外,还具有其他国家所不具有的更为艰巨的历史使命,在这种恶劣严酷的斗争环境中,中国共产党只有从政治建设入手,着力打造更坚强、更团结的战斗集体,才能肩负起领导中国人民推翻"三座大山"的历史重任。新中国成立后,特别是改革开放以来,中国共产党在领导社会主义建设和改革过程中不断超越自我,与时俱进地不断完善党的自身建设,形成了具有强大引领力的社会主义领导核心。党的十八大以来,中国共产党始终坚持政治建党的首要地位,通过一系列学习实践活动使党的政治生态环境明显改善,从而保证了党组织能够协调、统一、高效地推进各项事业发展。

习近平强调:"一个人组织上入党是一时的事,思想上入党是一生的事。"②思想上一旦松懈,其他方面也将一溃千里。改革开放和社会主义市场经济的发展不可避免地影响到某些人的价值取向和行为选择,面对经济利益诱惑和社会中人们物质生活的巨大落差,一些党员干部逐渐迷失自我,最终滑向腐败的泥潭,沦为人民的罪人;还有一些人从开始就没有坚定的共产主义信仰,入党动机不纯,只是想利用党员身份谋取某些个人利益。这些没

---

① 《中国共产党第十九次全国代表大会文件汇编》,人民出版社,2017年,第50页。
② 习近平:《做焦裕禄式的县委书记》,中央文献出版社,2015年,第63页。

有坚定革命理想的投机分子在党内的存在,时刻影响着党组织领导核心作用的发挥,成为随时可能爆炸的潜在隐患。坚定理想信念的获得需要加强党的思想建设的有效性,空泛的理论宣讲起不到任何效果,必须要触及人的灵魂才可能取得实效。一方面需要推动党的思想体系的不断完善和发展,让理论更好地解释现实,不断增强理论的现实解释力;另一方面要从体制机制入手,不断推进党的各项事业的制度化和规范化建设,形成完善的政党治理体系。中国共产党人能否坚持对人民的承诺,对党的忠诚,对共产主义事业的信仰,事关社会主义事业的兴衰成败,而守住思想这个"总开关"至为关键。

(三)在党的组织建设中,干部队伍建设是关键

"政治路线确定之后,干部就是决定的因素。"①新时代对党员干部能力建设提出了更高的要求,必须要在坚持党管干部原则的基础上把德才兼备、以德为先,五湖四海和任人唯贤的选人、用人标准贯彻到实际工作中。党员干部是社会主义事业建设的中坚力量,起着带头示范作用。德才兼备、以德为先的用人标准提出适应了不断变化的社会主义市场经济的环境。以德为先就是心里始终把人民的利益放在首位,真正做到全心全意为人民服务,做事公道、正派,不谋私利。在市场经济环境下,权力必然受到各种诱惑,手握权力的党员干部能否做到权为民所用,心为民所系将直接影响人民群众对党的整体印象,进而影响其对社会主义道路和马克思主义意识形态的认同度。此外,还要加强党的基层组织建设。应该说,党的基层组织涣散、弱化问题由来已久。一些基层党员素质偏低,基层组织活动缺少经费支持,基层党组织生活的开展无法正常保障,特别是一些非公有制企业和社会组织中党组织形同虚设,这些都需要从制度方面从严治理,基层党组织不仅要有量

---

① 《毛泽东选集》(第二卷),人民出版社,1991 年,第 526 页。

的扩大,更要有质的提升,没有任何凝聚力的党组织毫无存在的意义。对于不合格的基层组织除了有针对性地激励帮助外,还应该采取强硬手段清理不合格党员,消除影响党的基层引领力发挥的潜在隐患。

"打铁必须自身硬"①,只有党的作风过硬才能赢得民心,取得人民群众的认可和拥护。因为失去民心而导致的政权垮台古今中外不胜枚举。苏共垮台,一个重要原因就是失去了人民群众的支持和拥护,"到了戈尔巴乔夫时期,官僚主义者已不再以追逐自己的享乐为满足,他们逐渐把所拥有的特权固化并扩大,甚至通过立法企图长期侵占并嫡传后代"②,苏共已经退化为彻头彻尾的利益集团,这样的组织的垮台是必然的。中国共产党除了全心全意为人民服务之外,没有任何自身的利益,党员都来自人民群众,又同人民群众一起生活、一起工作,党的各项事业的发展都必须坚持以人民为中心,只有争取到人民群众的支持,党才有生命力;失去了人民的支持,必然面临垮台的危险。党的作风好坏要由党员来体现,人民群众看到的是具体的个人,也会以对个人的评价延展到对整个组织的评价。党的十八大以来,反腐风暴空前剧烈,取得的成果有目共睹,尽管这种运动式的反腐必须转化成制度反腐,久久为功,才能取得持续效果,但在一定期限内加大反腐力度,扭转人民群众对党的信任是十分必要的,也唯有如此才能赢得人民群众对党的信任,刘马克思主义意识形态的认可。

三、坚持马克思主义信仰教育不松懈

习近平强调:"对马克思主义的信仰……是共产党人经受住各种考验的

---

① 《中国共产党第十九次全国代表大会文件汇编》,人民出版社,2017 年,第 49 页。
② 李慎明:《苏联亡党亡国 20 年祭》,社会科学文献出版社,2013 年,第 100 页。

精神支柱。"①信仰是一种精神,是坚信自身选择崇高性的执念,信仰是一种力量,是支撑人们不畏险阻,最终到达胜利彼岸的精神动力。一种思想或者学说要在实践中展现力量,将其上升到信仰的高度是保持其影响力和稳定性的重要手段。马克思主义是世界观与方法论的统一,要想夯实马克思主义意识形态的思想根基,就必须坚持马克思主义信仰教育不放松。

(一)坚持对马克思主义的信仰是维护意识形态安全的有效手段

信仰具有鲜明的感性色彩,但这种感性色彩来自长期社会实践中的理性判断,是感性认识与理性认识的统一。感性认识固然重要,但从本质上看,一种信仰能够长期占据人们的头脑,最终还是要以理性为基础。感性认识具有肤浅、易变和片面的特点,需要上升到理性的层次才能更加深刻地持续产生社会影响。马克思主义是理性的产物,是系统化、理论化的科学体系,是经过实践反复检验的客观真理,是指引世界无产阶级革命和建设的精神力量。

中国革命和建设在实践中的巨大成就正是在马克思主义的指引下所创造的。作为我国国家意识形态的核心,马克思主义具有鲜明的理性特征和科学属性。新时代党的意识形态安全理论的体系中,对马克思主义的信仰占据突出位置。将马克思主义信仰教育抓好、抓实,是保障意识形态安全的重要思想屏障。从新民主主义革命到今天正在进行的中国特色社会主义改革事业,没有马克思主义信仰作为精神支柱,决不会取得如此巨大的成就。马克思主义既是科学,也是信仰,是两者的有机统一。加强马克思主义信仰教育,不是简单进行灌输就能取得效果,关键在于能否理解和自觉运用马克思主义基本原理解释世界,进而指导实践。马克思主义是科学,既然是科学就无畏实践的检验。事实上,自马克思主义诞生100多年来,正是在与各种

---

① 习近平:《在纪念朱德同志诞辰130周年座谈会上的讲话》,人民出版社,2016年,第6页。

非马克思主义、反马克思主义的斗争的实践中逐步成长、成熟起来的。时至今日,马克思主义依旧是我们认识世界、改造世界的锐利武器。

(二)信仰的缺失将导致意识形态话语体系的崩塌

一个政权的失败和垮台往往先从思想领域的崩溃开始。没有坚定的信仰,人们很容易迷失在物欲横流的现实世界中。信仰的力量是巨大的,它超越了物质所能给予的世俗羁绊,从而上升到一种更高层次的精神境界。马克思主义认为,物质决定意识,物质是根本,而意识受其支配。但是这种支配作用的发生往往不是直接的、机械的,而是曲折的、不同步的,有时超越、有时滞后。因此不能简单认为只要经济发展搞好了,意识形态安全问题自然迎刃而解。正是由于意识的这种发展特点,才引起人们对意识形态信仰属性的关注。也就是说,由于意识的发展具有某种正向或反向的惯性,而信仰本身属于社会意识的一种,若要将马克思主义意识形态渗入人们的头脑,就需要将这种意识形态转化为人们对马克思主义的信仰,并使其与中国特色社会主义改革实践相向而行,这便是利用了社会意识的惯性,保障了马克思主义意识形态在人们头脑之中落地生根,进而从根本上维护马克思主义意识形态的安全。

人们没有信仰,无论进行怎样的意识形态宣传,其结果都是无效的,都将陷入自说自话的尴尬境地。对马克思主义和共产主义的信仰是我们战胜艰难险阻的精神力量,可以说,没有信仰的指引,中国革命和建设的伟大事业早已被各种反动势力扼杀在摇篮之中。随着改革开放的持续深入,人们的物质生活已经得到极大改善,但精神生活并未随之同步前行,甚至还有倒退的倾向。对此,习近平一针见血地指出:"一些党员、干部出这样那样的问题,说到底是信仰迷茫、精神迷失。"①面对市场经济的影响,一些人,特别是

①《习近平谈治国理政》,外文出版社,2014年,第15页。

党员干部的理想发生了动摇,没有坚守住底线,将手中人民赋予的权力变成了谋取个人私利的工具。台上高谈信仰,台下以权谋私的"两面人"形象已经严重影响了马克思主义意识形态在人民群众中的号召力和引领力的发挥,给意识形态安全带来了极大危害。

苏联解体固然有复杂的原因,但对马克思主义信仰的崩溃是造成这一局面的重要思想原因。从赫鲁晓夫时期开始,特别是勃列日涅夫时期,苏联领导集团已经蜕变成严重脱离人民群众的特殊利益集团。马克思主义信仰在这些人头脑中已经异化成虚无缥缈的口号和开会时照本宣科的冰冷内容,再无指引苏联伟大革命和建设时期精神支柱的信仰力量。这些脱离群众的利益集团,以及各级宣传部门,一面高呼马克思主义的伟大和社会主义的先进性,一面享受着来自西方发达资本主义国家的特供商品。他们将子女送到资本主义国家留学,并以进入这些国家的驻外使馆工作为荣,在两大阵营的较量中,用自己的实际行动诠释了资本主义制度的"优越性"。领导集团既然都已将马克思主义信仰抛弃,那么全社会的信仰基础崩塌也就不足为奇。信仰崩塌产生的信仰真空迅速被资本主义和封建主义思想所填满,在苏联改革遇到困难时,这些非马克思主义和反马克思主义的意识形态则迅速集结成助推苏联解体的强大思想力量,最终瓦解了苏共政权存在的信仰基础。在面对政党倒台、国家解体的重大历史时刻,几乎没有多少人试图挽回局面,人们冷眼旁观这个政党的垮台,就像置身事外的人一样,甚至期待这一进程的加速到来。苏联信仰崩塌带来的历史教训无疑是深刻的。

(三)在复杂意识形态环境下,更需要加强对马克思主义的信仰教育

今天的中国面临着远比苏联更为复杂的意识形态安全局面,更需要在信仰教育方面开拓创新,抓出实效。

首先,必须要将党员领导干部的信仰教育摆在突出位置。党员干部的信仰出了问题,将会影响人民群众对马克思主义意识形态的认同。如果每

个党员领导干部都能以身作则,工作中坚持以人民为中心,自然会获得人民群众的广泛认可,从而稳固马克思主义信仰的社会基础。在社会主义探索时期,正是因为党员干部,特别是主要领导干部有着巨大示范力量,即使在探索的路途上遇到了波折和困难,也始终没有丧失人民群众对马克思主义的信仰、对党的信任。

其次,要特别注重青年人的信仰教育。新时代的青年普遍成长于物质生活优越的环境中,天然具有互联网思维,思想活跃,权利意识强,期望得到别人的尊重与理解。要防范西方"颜色革命"在青年人中的影响,就必须把青年人的马克思主义信仰教育工作抓出成效。青年人的群体特点决定了信仰教育的独特性。青年群体思想不够成熟,缺乏事物判断辨别能力,容易受到外界新思潮的影响,特别是一些极具煽动和蛊惑性的思想,容易在青年群体中产生集体非理性倾向。西方国家一直将青年群体作为其意识形态渗透的重点人群,不断利用一切可以利用的现代化手段向青年人鼓吹西方社会美好的一面,刻意淡化其制度的根本缺陷,并不断抹黑、丑化中国的制度和道路,给这些缺乏辨别能力的青年人造成了一种西方国家远胜中国,资本主义优于社会主义的虚假认识。发生在香港的青年暴力游行活动就已经充分说明西方国家的意识形态输出一刻不曾停止。

因此,适应新时代的马克思主义信仰教育必须要创新手段和内容,充分调动信仰主体的主观能动性。一是要与时俱进地进行内容创新。现阶段信仰教育内容的创新,就是要将习近平新时代中国特色社会主义思想融入马克思主义信仰教育之中,使信仰教育的内容更加符合时代发展需要,从而增强信仰教育的针对性与感染力。二是要实现教育手段的多样化,避免"填鸭"式教育。灌输手段是信仰教育的基本手段,但机械式灌输在信仰教育中的效果已越发不明显,不但不能取得任何效果,反而会增加人们的逆反心理,从而让意识形态工作陷于被动。因此,信仰教育必须要通过平等对话赢得人们的尊重,利用春风化雨般的情感沟通以理服人,润物无声般地让价值引导工作取得成效。需要将学校教育与实践养成相结合,将现实教育与网络教育相结合,展现出信仰教育的系统性与多样性。三是需要充分发挥人民群众的主观能动性。将传统信仰教育中的单向信息流转变为双向互动的沟通交流,及时疏导和调节由于信息不对称导致的交流梗阻,从而形成双向回馈,良性互动的信仰教育新局面。

第三节　新时代意识形态安全建设的方针原则

新时代意识形态安全建设的基本原则是做好新时代意识形态安全建设的基本要求和重要指引,构成了新时代党的意识形态安全理论的重要内容。习近平在多个重要场合就如何做好这一工作提出了具体要求,归纳起来主要包括四个方面。

一、"政治方向摆在第一位"

党管媒体是我国新闻舆论工作的基本要求,是维护意识形态安全的基础。新闻舆论工作始终是为我国社会主义事业服务的,必须要同党的政治路线和政治立场保持高度一致,时刻维护党的权威和坚定政治信仰。

（一）正确的政治方向是党的新闻舆论工作沿着正确道路前行的保障

在党的新闻舆论工作座谈会上,习近平明确了党的新闻舆论工作的职责和使命,提出,要承担起这个职责和使命,就"必须把正确的政治方向摆在第一位"。在新时代党的意识形态安全理论中,政治安全建设的地位尤为突出,而意识形态安全建设是服务于政治安全这一中心任务的。政治安全的本质是政权安全,政权是统治阶级为实现阶级利益而组织起来的政治机构及其所拥有的政治权力,政治安全从根本上说就是统治阶级的政治机构和所拥有的权力处于不受威胁的状态。影响政治安全的因素有很多,其中意识形态安全是政治安全的灵魂和核心,它通过凝聚社会共识、提升政治认同来论证政权的政治合法性,从而为政权的持续稳定统治提供思想保障。而意识形态是由本阶级的理论家和精英分子将用来维护阶级利益的思想观念和价值学说系统化、理论化,从而成为指导阶级进行权力争夺和政治统治的思想观念体系,意识形态自诞生之日起就肩负着维护政权取得之后的政治稳定和政治安全的责任。意识形态的鲜明阶级属性和维护本阶级利益的基本功能使其对本阶级具有强大凝聚力和号召力。

然而在实际政治生活中,当阶级统治建立起来之后,作为统治阶级意识形态的执政党意识形态需要发挥团结社会力量,凝聚社会共识的基本功能,以达到维护政权安全和政治稳定的根本目的。因此,意识形态维护阶级利益的方式随着阶级地位的不同而相应变化。在我国,无产阶级是统治阶级,尽管剥削阶级作为一个阶级已被消灭,但阶级斗争在某些特殊情况下依然存在,这已不是社会主流,作为阶级组织的中国共产党已经实现由领导全国人民夺取政权的政党转变为执掌全国政权并将长期执政的政党,马克思主义意识形态话语体系的核心内容也已经由阶级斗争转化成为社会主义建设和改革提供支撑的话语范式,作为无产阶级意识形态的马克思主义意识形态也已通过适应时代变化,不断调整策略,整合社会力量的方式保障无产阶级利益的稳定实现。

(二)突出政治建设,就是要实现好、维护好政治权力的稳定和良好的运行秩序,就是要突出抓好意识形态安全建设,保障好政治权力运行的思想舆论环境

改革的关键期,也是各种矛盾凸显期,加之国际经济环境恶化导致的贸

易保护主义和单边主义盛行,给我国政治安全带来前所未有的挑战。为此,习近平强调:"既要高度警惕'黑天鹅'事件,也要防范'灰犀牛'事件。"①既要有能力防范化解重大突发性安全事件,也要注重防微杜渐,防范可能存在的各种安全隐患。其中,始终维护政治安全,确保政权的安全稳定是重中之重。在当前国内外的总体环境下,需要特别关注和防范"颜色革命"对我国政治安全的潜在影响。近年来,西方国家打着"民主""自由"的旗号公然介入别国内政,帮助亲西方反对派推翻现政权,从而建立亲西方政权。从东欧到北非、阿拉伯地区,已有多国政权被推翻。2014 年,这股西方背后推动的浪潮吹向我国香港地区,从而爆发了所谓"占中"游行。偃旗息鼓后,近来又借助所谓"反修例"活动企图在我国香港地区搞"颜色革命",造成十分严重的政治影响,给我们敲响了政治安全的警钟。近年来,香港的一些"港独"势力串联"台独"势力与"达赖集团""东突分裂势力"相勾结,在西方反华基金会和幕后反华政府的支持下,在国际舞台尽情表演,虽暂时不致对我国政治安全产生直接危害,但给我国的国际形象和中国话语的国际传播带来的消解作用是长期的,其负面效应不可小觑,需要高度重视。

(三)从本质上说,"颜色革命"不是真正的革命,而是彻头彻尾由西方国家策划和导演的打击异己政权的政治颠覆

其一,它具有明显的动乱性质。真正的革命是要改变不合理的或反动的生产关系,从而为生产力的发展开辟道路,目的是为占人口大多数的人民群众谋取利益和幸福。而"颜色革命"则是西方政权支持下的小部分投机分子,为了自身或小部分利益团体的利益,出卖国家利益,投靠西方势力从而利用现政权的某些政策失误所导致的人民群众的不满而制造的动乱,目的

---

① 《习近平在省部级主要领导干部坚持底线思维着力防范化解重大风险专题研讨班开班式上发表重要讲话强调提高防控能力着力防范化解重大风险 保持经济持续健康发展社会大局稳定》,《人民日报》,2019 年 1 月 22 日。

是谋取个人或小部分人的利益。利用网络鼓动大量年轻人走向街头游行示威，并将画面广泛传播，从而给现政权施加压力迫使其下台是其惯用手法。

其二，它具有明显的反人类特性。发生"颜色革命"的国家或地区，原政权不受西方控制，一般属于传统反西方阵营，这就使其成为西方国家的眼中钉、肉中刺，找机会推翻这些政权就成为西方国家对外关系中的重要一环。支持这些国家的反对派利用国内矛盾发动网络舆论，煽动年轻人游行示威，故意制造流血冲突以吸引国际社会关注，最终达到西方国家代理人上台的目的。只要是西方不满意的政权，就打着"民主""自由"的旗号将其暴力推翻，只要是西方代理人执政的国家，即便国内民主政治状况糟糕透顶，也无须担心政权稳定问题，这明显是"丛林法则"的现代演绎，是国际关系中弱肉强食的真实表现。由此可见，所谓"颜色革命"的本质根本不是革命，而是由西方国家一手导演，由国内反对派使用现代媒体技术利用社会中的不满情绪而发动的，以谋取小团体利益而制造的动乱。西方舆论将其描述为"革命"，这是在故意混淆革命的含义，企图在制造对革命的意识形态话语混乱中抢夺意识形态话语权。

二、树立"大宣传"理念

"大宣传"理念契合新时代宣传思想工作的实际需要，符合新闻舆论的内在规律，是在不断变化的社会舆论环境中做好思想工作的必然要求，是统筹做好意识形态安全建设的重要方针。

（一）树立"大宣传"理念是应对意识形态安全复杂环境的基本要求

习近平指出，要"动员各条战线各个部门一起来做，把宣传思想工作同各个领域的行政管理、行业管理、社会管理更加紧密地结合起来"①。能否有效掌握意识形态领域的话语权和领导权事关意识形态安全和发展改革的环境稳定。一段时期以来,一些地方和部门对党管意识形态的原则执行不力,党委主要领导同志不想、不敢和不会开展意识形态工作,造成舆论宣传阵地严重丢失的问题。意识形态领域,党的意识形态不去占领,其他非党甚至是反党的意识形态就会去占领,就会与主流意识形态争夺思想阵地,从而造成主流意识形态安全工作的被动局面。宣传思想部门在意识形态安全建设工作中负有特殊使命,必须按照习近平强调的守土有责、守土负责和守土尽责的宣传工作总体要求切实负起责任。在"大宣传"建设理念下,除各级党委和宣传思想部门外,各个部门、党组织和普通党员都应该肩负起舆论宣传和意识形态安全的责任感和使命感,自觉维护主流意识形态安全,主动肩负起同损害、威胁主流意识形态安全的行为坚决斗争的责任。

习近平强调:"失语就要挨骂。"②当前的舆论宣传环境同以前相比变化极大,新技术革命在带来信息传播便利化的同时,也在削弱传统意识形态宣传领域中的成功经验和传播手段的有效性。因此,各条战线、各个部门和党员干部都需要坚持正确的舆论导向,积极传播正能量,自觉抵制各种负面思想和行为,主动配合和支持宣传思想战线的工作需要,形成意识形态安全工作"一盘棋"的良好局面。面对复杂的宣传思想工作局面,仅仅依靠一个部门或个别战线就能取得成效的时代已经渐行渐远,任何一个小的事件或虚假信息都可能凭借快捷、实时的信息传播渠道快速蔓延,不受监控和引导,从而造成无法估量的负面影响。目前,"四个全面"战略布局和"五位一体"的总体布局已经确立,社会主义建设和改革事业的体系架构已经搭建起来,

① 《习近平谈治国理政》,外文出版社,2014年,156页。
② 习近平:《在全国党校工作会议上的讲话》,人民出版社,2016年,第20页。

而作为其中一个关键环节,意识形态宣传工作必须融入整体工作和布局之中,要充分发挥意识形态工作的思想保障和精神激励作用,特别是面对网络新媒体带来的新挑战,把"大宣传"理念融入党的宣传思想工作的全过程显得尤为迫切。

(二)阐释中国特色社会主义道路的根本内涵,扩大中国道路的影响力是"大宣传"的核心任务

只要是理性之人,就不得不承认中国特色社会主义所取得的巨大成就,不得不承认当今世界上还存在一条有别于西方传统发展道路的新的发展之路,不得不承认中国特色社会主义是有别于苏联、东欧社会主义模式的新的社会主义道路。然而一些西方国家总是戴着有色眼镜看待中国的发展,带着骨子里的傲慢与偏见将中国的发展视为对自身的潜在威胁。造成这种局面的原因,一方面来自西方媒体一贯的敌视宣传,使得西方普通民众不了解中国这些年的发展成就,思维依旧停留在改革开放之前的欠发达的印象之中。一些西方媒体出于意识形态的偏见,故意妖魔化中国的发展或中国人的生活习惯,把中国的发展说成是对世界的威胁,是对其他国家的侵略,是通过"盗窃"知识产权等卑劣手段获取的经济发展,把中国的一些生活方式和生活习惯描述成"原始""落后""不人道"的,与现代文明格格不入,极尽丑化之能事,使得原本想了解中国的西方人士顿时兴趣索然。另一方面,在更深层次上,这是出于资本主义私有制自我保护本能的反应。资本主义和社会主义所代表的两种截然相反的价值取向是造成意识形态领域激烈斗争的根本原因。资本主义国家在经济发达、社会福利有保障的情况下,其制度自然具有广泛吸引力,但其生产方式中的基本矛盾是不可调和的,每隔若干年便会爆发一次,造成发达国家之间,发达国家与发展中国家之间矛盾重重,贸易保护主义兴起,贸易摩擦此起彼伏的状况,而当前就正好处于资本主义世界发展的矛盾爆发期。随着社会主义中国的快速发展,一种威胁到

新时代党的意识形态安全理论创新研究

资本主义生存的社会主义模式已经在实践中具有广泛吸引力,这种危机感在西方资本主义国家中广泛存在,使他们不敢、不愿承认中国模式的合理性。此外,以前西方普通民众中普遍存在的优越感,在面对中国的强势崛起时荡然无存,特别是当前西方国家应对新冠肺炎疫情时的糟糕表现,让他们产生了巨大的心理失衡感,因而更不愿意主动承认中国的成功。

对此,意识形态工作就需要把讲好中国故事作为对外宣传的重点,特别是讲好中国如何通过改革开放40多年实现了发达国家数百年的发展历程的故事,讲清楚世界上存在一种有别于西方模式的全新的发展道路。及时澄清西方社会对我国发展的误解和模糊认识。运用西方熟悉的话语体系传播我国积极正面的形象,展示人民群众积极向上的精神风貌。注重提升普通民众的宣传意识,使其转变成塑造中国新风貌,传播中国新形象的窗口和使者。尤其需要注意的是,要把国外对中国的良好印象引导到对中国发展道路、发展模式的认同上来,在潜移默化中弱化和消除西方国家在意识形态领域对我国的敌视和对立态度,从而为我国国际环境的改善提供支持。此外,还应该敢于在意识形态领域与各种反华势力做坚决的斗争,以事实为依据积极宣传我们的主张,坚定立场,坚决维护我国意识形态安全和应有的发展权益。

(三)"大宣传"格局要求各条战线提升意识形态安全能力,特别是领导干部的意识形态安全驾驭能力

习近平在党的十九大报告中强调,新时代要"增强驾驭风险本领,健全各方面风险防控机制,善于处理各种复杂矛盾"①。而党员干部意识形态能力弱是制约当前意识形态安全建设取得预期效果的重要因素。面对复杂的意识形态局面,有些党员干部缺乏有效应对的基本能力,不善于同新媒体打

---

① 《中国共产党第十九次全国代表大会文件汇编》,人民出版社,2017年,第55页。

交道,有些甚至主观上都分不清哪些属于意识形态斗争问题,哪些属于一般思想认识问题,哪些属于学术研究问题。提升党员干部意识形态能力成为马克思主义意识形态建设过程中不容回避的现实问题。有些党员领导干部思想素质低下,主观上就没有正确对待意识形态安全工作,采取敷衍、推脱的工作态度,认为只要经济搞上去,就能够仕途顺利;认为意识形态安全领域只要不出大事,就没有关注的必要。因为意识形态安全工作不像经济工作,不容易量化,不好考核,对提拔工作没有太大帮助,只要在自己任期内,在自己辖区内不出事,就不用投入过多精力。还有些党员干部能力素质低下,知道意识形态安全工作重要,却不知道怎么解决意识形态安全工作中存在的问题,不会运用新技术手段,无法把握意识形态工作的运行规律,时常弄巧成拙,事与愿违。

"掌握意识形态工作领导权和主动权,必须使宣传思想工作队伍强起来。"[1]党员干部,特别是领导干部如果没有过硬的意识形态能力,后果将非常严重。苏共的垮台就给我们上了血淋淋的一课。党员干部手脚不干净,大搞权力腐败;脑子不清醒,主动放弃意识形态领域中的马克思主义指导地位,其结果只能是国家解体,政权垮台。工作中既不能走意识形态工作泛化的老路,也不能走意识形态工作无用论的邪路。党员干部作为党领导人民进行现代化建设和改革的骨干力量,其一举一动都对工作全局具有导向和示范引领作用。"意识形态能力是中国共产党的软实力"[2],这种软实力不是理论的抽象,而是在实践中通过一个个活生生的人的具体行为得以彰显和传播出来的。因此,在具体工作中需要锻造高度敏感的意识形态鉴别、学

---

① 中共中央文献研究室编:《十八大以来重要文献选编》(中),中央文献出版社,2016 年,第302 页。

② 黄相怀:《做一个思想清醒的人——提升党员干部意识形态能力》,人民出版社,2018 年,第6 页。

习、思考、创新和表达能力,善于学习和掌握新时代意识形态运行规律,只有这样才能无惧挑战,从容应对意识形态安全领域出现的各种问题。

三、建设性与批判性相统一

高校是意识形态斗争的重要阵地,思想政治理论课承担着对大学生进行系统的马克思主义意识形态教育的职责,其时效性直接影响意识形态安全,历来受到党和国家的高度重视。习近平在学校思想政治理论课教师座谈会上强调,推动思想政治理论课改革创新,需要做到"八个相统一",针对意识形态安全问题,他提出:"要坚持建设性和批判性相统一,传导主流意识形态,直面各种错误观点和思潮。"①

(一)批判是建设的前提,只有通过批判才能澄清认识,从而为建设创造条件,而建设是批判的延续和发展,批判的目的是为正面宣传创造更大空间,为建设的顺利进行提供条件,因而两者之间是统一的、一致的

毛泽东强调:"马克思主义必须在斗争中才能发展。"②也就是说,对错误思想和观点的批判是促使马克思主义更好发展的一种手段和方式。马克思主义意识形态处于总体安全状态,但是一些"非马"甚至"反马"的错误思潮已严重挑战马克思主义意识形态的领导地位。因此,必须严厉批判这些错误思想和错误行为,将那些干扰和威胁马克思主义意识形态主导地位的意识形态从人们的思想观念中消除。批判具有宣传和教育的特殊功能,在批判过程中,人们能够认识到错误思想的危害,澄清模糊认识。建设需要以批判为前提,没有批判中形成的思想共识,人们不会轻易相信一种新的思想和

---

① 《习近平主持召开学校思想政治理论课教师座谈会强调 用新时代中国特色社会主义思想铸魂育人 贯彻党的教育方针落实立德树人根本任务》,《人民日报》,2019年3月19日。
② 《毛泽东文集》(第七卷),人民出版社,1999年,第230页。

价值观。建设是批判的自然延续,让人们形成对马克思主义意识形态的信任和坚守才是批判所要达到的根本目的。在某种程度上,马克思主义意识形态理论发展史就是一部意识形态批判史,没有批判开辟的道路,马克思主义意识形态也就不具备和平发展的客观环境,批判和建设都是实现意识形态安全的手段,两者目的一致,侧重点又各有不同。

(二)旗帜鲜明地批判错误思想,是党的十八大以来意识形态安全工作的鲜明特征

习近平在党的十九大报告中总结过去五年的工作和历史性变革时指出,过去五年"思想文化建设取得重大进展。……马克思主义在意识形态领域的指导地位更加鲜明"①,这表明党的十八大以来,意识形态安全工作的成效是显著的,也积极探索出了做好新形势下意识形态安全工作的有效路径,深化了马克思主义意识形态理论。

总体来看,意识形态安全依然面临很大压力,新情况、新问题层出不穷,一些旧的矛盾在新形势下更加突出。因此,如果不能及时制止和解决这些矛盾和问题,遏制意识形态安全工作中的突出问题,将会严重危及党的执政地位和中国特色社会主义道路的前行。当前,改革已经进入深水区和攻坚期,人民日益增长的美好生活需要和不平衡不充分的发展之间的矛盾已经成为社会主要矛盾。习近平指出:"不发展有不发展的问题,发展起来有发展起来的问题。"②一些原来的次要矛盾随着社会的发展会逐渐转化为主要矛盾,从而衍生出许多新的问题。

在社会主义市场经济条件下,经济更加多元,就业方式更加灵活,导致利益主体多元格局的进一步发展,这种客观的社会存在必然反映在社会意

---

① 习近平:《决胜全面建成小康社会 夺取新时代中国特色社会主义伟大胜利——在中国共产党第十九次全国代表大会上的报告》,人民出版社,2017 年,第 4 页。
② 《习近平谈治国理政》(第二卷),外文出版社,2017 年,第 82 页。

识中,从而给马克思主义意识形态建设目标带来更多困难。全面对外开放在增加国际交流、促进经济社会发展的同时,也让西方国家的资产阶级思想乘虚而入,在西方各方面优势并未改变的世界格局下,西方意识形态在中国的传播具有很强的渗透力和迷惑性。同时,西方利用网络新媒体的传播便利,凭借其技术、文化和经济优势,在中国大肆渗透,企图制造新时期的"和平演变"。在这种危急关头,以习近平同志为核心的党中央敢于"亮剑",高扬马克思主义意识形态旗帜,针对重点人群加强思想教育工作,深入研究互联网条件下的意识形态传播规律,及时制止西方社会思潮对马克思主义意识形态的侵蚀和消解,坚持以人民为中心的意识形态安全理念,用文化自信、总体国家安全观和人类命运共同体等意识形态话语构建具有中国特色的话语体系,同时反击西方对意识形态话语的垄断。

(三)在建设和批判的统一中"聚民心"

"聚民心"就是要将人民群众的认识统一到对马克思主义意识形态的认同和接受上来,要用马克思主义中国化的最新理论成果武装头脑,澄清认识,从而聚合中华民族伟大复兴的时代力量。习近平提出的"三个地带"思想为思想舆论批判斗争的顺利开展提供了理论基础,本书此前也做过分析。红色地带是我们的主阵地,需要坚持正面宣传的舆论方针,要旗帜鲜明地坚持马克思主义意识形态的领导地位,积极主动地将马克思主义意识形态通过正面宣传的手段传播给广大受众群体,从而占领和巩固意识形态主阵地。与此同时,我们应该看到,正面宣传与批判斗争并不矛盾,在牢固坚持正面宣传的基础上要敢于批判一切威胁马克思主义意识形态安全的错误思想。我们也应看到,当前意识形态安全环境复杂,这对批判斗争的层次和水平提出了更高的要求,需要根据意识形态发展规律探索契合时代需要的新方法、新手段,尤其是网络信息社会的到来使意识形态安全环境更加复杂多变。意识形态宣传中的黑色地带如果处置不当,不但会危及主阵地的安全,而且会干扰范围宽广的灰色地带的建设走向,极有可能最终走向意识形态领域全面失守的危险境地。灰色地带没有明显的政治偏向和意识形态倾向,但其一旦被某种意识形态左右则会形成百川汇合的精神力量,因此其走向极为关键,需要我们仔细研究引导策略,将其往红色地带牵引,争取用马克思主义意识形态占领这一阵地。因此,意识形态领域需要坚持建设性与批判性相统一,而意识形态安全工作的复杂性与艰巨性又决定了这种统一是长期的。

四、守正与创新相结合

任何思想的产生都离不开深厚的历史积淀,都不可能脱离具体的社会实践。新时代党的意识形态安全理论继承了马克思主义意识形态理论与实践的基本经验,并依据新时代的主客观环境变化不断创新完善,体现出守正与创新的有机统一。习近平多次就守正创新问题表明态度,在给《光明日报》创刊70周年以及中国外文局成立70周年的贺信中指出,"坚持守正创新……把广大知识分子紧紧团结在党中央周围"①,"坚持守正创新,加快融合发展,不断提升国际传播能力和水平"②。坚持守正与创新的统一既是新时代思想文化发展的重要指导思想,也是做好意识形态安全工作的基本原则。

(一)守正是新时代意识形态安全工作创新的基础

守正就是要坚定正确的政治方向,坚持以人民为中心的价值立场。一种事物要保持稳定的存在状态,就必须坚守其最本质的属性和特征,坚持其最核心的理念和原则,这是使其区别于其他事物的本质属性。只要量的积

---

① 《习近平致信祝贺光明日报创刊70周年强调 坚持与真理同行与时代同步 把广大知识分子紧紧团结在党中央周围》,《人民日报》,2019年6月17日。

② 《习近平致信祝贺中国外文局成立70周年强调 不断提升国际传播能力和水平 更好向世界介绍新时代的中国》,《人民日报》,2019年9月5日。

累未达到质的变化程度,事物的性质就是稳定的、存续的,这给我们的启示是:无论如何创新,都要坚守事物的本质规定性,否则事物就会因性质的改变演化成其他事物。我们信仰的是马克思主义,在意识形态领域坚持马克思主义意识形态的领导地位,其理论需要根据客观环境的变化不断发展和完善,但在其发展过程中需要坚守马克思主义的基本观点、方法论和世界观,否则就可能将创新引入歧途。

新时代党的意识形态安全理论坚持马克思主义意识形态的理论观点和实践方法,继承马克思主义意识形态中国化以来的基本经验和成功做法,与其既一脉相承又与时俱进。习近平指出:"在长期实践中,我们党的宣传思想工作积累了十分丰富的经验。这些经验来之不易、弥足珍贵,是做好今后工作的重要遵循。"①从历史来看,将意识形态安全视为安身立命之本是共产党人取得革命胜利,顺利开展社会主义建设和改革的经验总结。马克思主义意识形态发展过程中,其基本理论和基本内容随着时代发展不断充实,其实践经验也需要不断总结、继承和发展。

(二)创新是马克思主义意识形态永葆活力的动力之源

任何一种意识形态如果固守僵化封闭的教条和保守局限的思维,看不清时代变革的发展趋势,便会丧失对现实的解释力,从而弱化意识形态阶级基础的共同思想的凝聚力功能,此时的意识形态就因陷入封闭教条的境地而被本阶级所抛弃。意识形态的基本功能之一就是为本阶级夺取或维护政权提供辩护和解释,客观环境处于不断变化和发展中,从而决定意识形态也应相应调适,以服务于其根本目标。一种意识形态的生命力不仅决定于其理论的合理性和传承的完整性,还应积极吸纳一切有益于意识形态安全目标实现的思想文明成果,包括优秀思想、历史文化、时代发展中出现的社会

①《习近平谈治国理政》,外文出版社,2014年,第155页。

思想和人类文明中的优秀成果等,这些思想成果需要被吸纳进马克思主义意识形态领导下的意识形态结构体系之中,成为这一体系的有益补充。

当前,意识形态安全环境呈现复杂化倾向。经济、社会的多元趋势深入发展,西方的意识形态挤压空前激烈,网络社会的到来又使这些问题更加严重。民族复兴之路并不平坦,只有在继承马克思主义意识形态建设成功经验的基础上积极推动其时代发展,才能为中国特色社会主义的顺利前行和中华民族伟大复兴提供可靠的精神动力和价值指导。"五大发展理念"其中之一就是创新,它不仅是指导经济社会发展的基本理念,也是提升意识形态安全水平、增强马克思主义意识形态吸引力和凝聚力的题中之义。以习近平同志为核心的党中央科学把握新时期意识形态的发展规律,准确判定意识形态安全环境的客观变化,对新时代意识形态安全工作的战略任务、基本方略和实现路径等方面做出了总体谋划和详尽部署,将意识形态安全纳入总体国家安全框架加以统筹,在实践中不断探索新的理念和方法,体现了马克思主义意识形态与实践发展需要的动态统一。

(三)守正与创新统一于新时代意识形态安全工作实践之中

习近平指出:"不忘本来才能开辟未来,善于继承才能更好创新。"①对马克思主义意识形态的坚守和继承是保证意识形态创新发展沿着正确方向前行的基本前提,而创新则是对马克思主义意识形态的最好坚守和继承,只有使其不断发展完善才具有对现实世界的强大解释力,也才能更多汇聚力量、凝聚共识,从而获得更多人的认同和接受。习近平强调:"宣传思想工作创新,重点要抓好理念创新、手段创新、基层工作创新。"②党的十八大以来,我国意识形态安全建设坚持以人民为中心的价值理念,贯彻"两个三十年互不

---

① 《习近平谈治国理政》,外文出版社,2014年,第164页。
② 同上,第155页。

否定"的正确历史观,保持了意识形态的历史传承性和理论延续性。在实践领域,特别强调构建中国特色哲学社会科学的重大意义,完善网络综合治理体系建设,健全内外宣传的意识形态话语表达,落实意识形态安全责任制,使意识形态安全局面焕然一新。新时代意识形态安全工作突出理念创新和话语范式创新,将文化自信、总体国家安全观和人类命运共同体思想等创新观念应用于意识形态安全建设,在同一切错误思潮坚决斗争的过程中不断拓展马克思主义意识形态的认同空间。与此同时,更加注重内外宣传的协调统一,在与西方把控的国际意识形态话语体系的交锋中改善我国意识形态安全环境。近些年,我国意识形态安全的内外环境持续向好,这为中国特色社会主义事业的顺利推进提供了必要的思想文化环境和内外舆论环境。

第四节　新时代维护意识形态安全的实践路径

理论是认识世界、解释世界的工具,最终都要在指导实践、改造世界的过程中展现其重要价值,这就是马克思所说的,"问题在于改变世界"①。新时代党的意识形态安全理论不仅提出维护意识形态安全的目标任务、根本遵循等理论体系,更就如何落实和践行这些理论总结了明确的指示和具体措施,也就使得新时代意识形态安全工作具有更强的可操作性。

一、推动习近平新时代中国特色社会主义思想深入人心

党的十九大报告在"牢牢掌握意识形态工作领导权"这一部分的表述中

---

① 《马克思恩格斯选集》(第一卷),人民出版社,2012 年,第 136 页。

明确提出:"要加强理论武装,推动习近平新时代中国特色社会主义思想深入人心。"①学习贯彻这一重大理论是中国特色社会主义道路顺利前行的根本保障。因此,维护意识形态安全的首要任务就是推动习近平新时代中国特色社会主义思想的深入贯彻和学习。

第一,新的时代呼唤新的理论。"一切划时代的体系的真正的内容都是由于产生这些体系的那个时期的需要而形成起来的。"②新中国成立 70 多年,特别是改革开放 40 多年来,中国的发展成就举世瞩目,综合国力空前提升,全面小康即将实现,社会的主要矛盾也已经发生了根本性转变。中国的崛起是人类发展史上的重大事件,深刻影响世界格局的调整和走势。如何解决不平衡不充分的发展问题,满足人民群众对美好生活的向往和追求,如何在中国日益走近世界舞台中央的背景下,更好地协调和适应与西方国家及其他国家的关系,实现人类命运共同体这一宏伟建设目标就成为进入新时代之后马克思主义中国化的重要问题。以习近平同志为核心的党中央高举马克思主义伟大旗帜,继承党在革命、建设和改革过程中的成功经验,以不断变换的国内外客观现实为依据,对事关中国特色社会主义建设和改革各方面的理论方针给予了契合时代需要的理论回答,形成了系统完整的理论体系。这一重要思想源于中国特色社会主义改革和建设实践,准确把握时代发展脉搏和世界格局变化趋势,是我们做好新时代各项工作的理论指导。

第二,"理论创新每前进一步,理论武装就要跟进一步"③。理论应时代需要而产生,理论的价值体现在对实践的指导上,同时,理论也需要在实践

---

① 习近平:《决胜全面建成小康社会 夺取新时代中国特色社会主义伟大胜利——在中国共产党第十九次全国代表大会上的报告》,人民出版社,2017 年,第 41 页。
② 《马克思恩格斯全集》(第 3 卷),人民出版社,1960 年,第 544 页。
③ 习近平:《在"不忘初心、牢记使命"主题教育工作会议上的讲话》,人民出版社,2019 年,第 2 页。

中检验并不断发展和完善。"理论一经掌握群众,也会变成物质力量"①,理论的指导价值需要在实践中完成,但理论并不是天然存在于人们的头脑中,而是通过不断学习和实践感知和掌握,进而转变为物质力量。一方面,要坚持不懈开展理论宣传教育。一种理论若要深入人心离不开宣传教育,而通过宣传教育将党的政策主张传播至人民群众头脑中,并使之深入内化是我们党的优良传统和基本经验。党的十八大以来,党中央决策部署了一系列理论学习和宣传活动,效果十分显著。在这些学习实践中也要广泛开展宣传教育活动,采取形式多样的宣传方法,通过理论宣讲、舆论引导、文化熏陶和制度保障等措施,使这一重要思想理论内化于心、外化于行。另一方面,要调动人民群众自觉学习的积极性。中国特色社会主义事业是我们共同的事业,人民群众的广泛参与是保障这一伟大事业顺利前行的基本前提。习近平新时代中国特色社会主义思想坚持以人民为中心的价值取向,始终代表人民群众的根本利益。要让这一重要思想理论深入人心就需要充分调动人民群众的学习积极性,认真领会和理解其精髓和内涵。

第三,"不忘初心、牢记使命"主题教育是推动习近平新时代中国特色社会主义思想深入人心的重大举措。中国共产党的初心就是为人民谋幸福,为民族谋复兴,除了一心一意为人民服务外,党没有任何私利。中国共产党是马克思主义政党,党从成立之初就把马克思主义写在自己的旗帜上。马克思主义代表无产阶级和最广大人民群众的根本利益,以解放一切被剥削、被压迫的人民群众为宗旨,在其诞生以来的 100 多年里,正是以解放一切被压迫阶级和民族为旗帜,马克思主义才得以在全世界取得广泛影响力,也正是由于其鲜明的无产阶级立场和科学的理论体系,才得以被广大无产阶级和一切被压迫、被奴役的民族当作解放和批判的思想武器。如果失去初心,

---

① 《马克思恩格斯文集》(第一卷),人民出版社,2009 年,第 11 页。

不能代表人民群众的根本利益,马克思主义也就失去其存在的群众基础和理论价值。

开展"不忘初心、牢记使命"主题教育就是要让党员干部始终牢记为人民服务的根本宗旨,牢记中国共产党作为马克思主义政党的价值取向。习近平新时代中国特色社会主义思想作为当代中国的马克思主义,始终代表和体现当代中国人民的利益要求和价值期待。党内存在的"四风问题"、脱离群众问题等潜在隐患削弱了党赖以存在的阶级基础,也必将影响到中华民族伟大复兴和中国特色社会主义伟大事业建设目标的实现。因此,开展主题教育活动能够改变一段时间以来部分党员干部中存在的脱离群众的歪风邪气,保持党组织的先进性,加强党同人民群众的血肉联系。唯有如此,党的主张才能得到人民群众的理解与支持,而作为党的指导思想的马克思主义意识形态才能取得安全稳固的地位。

二、用中国梦汇聚中华民族伟大复兴的精神之力

中国梦寄托了近代以来中华民族实现民族复兴的伟大梦想,其实现过程需要每一位中华儿女的共同努力,将个人的价值实现同国家、民族的兴旺富强统一起来。从这种意义来看,中国梦丰富了马克思主义意识形态的内涵,在中华民族伟大复兴的历史进程中,需要发挥中国梦在激励民族精神、实现共同理想的精神动力功能。党的十九大报告指出:"必须推进马克思主义中国化时代化大众化,建设具有强大凝聚力和引领力的社会主义意识形态。"①中国梦将严肃、审慎的政治话语用更具生活化的话语表达,能够增强

---

①　习近平:《决胜全面建成小康社会　夺取新时代中国特色社会主义伟大胜利——在中国共产党第十九次全国代表大会上的报告》,人民出版社,2017年,第41页。

其意识形态的感召力和亲和力,更能凸显其维护意识形态安全,凝聚民族精神的重要作用。

第一,中国梦作为意识形态话语,体现了感性与理性的统一。马克思主义意识形态是无产阶级的政治精英将维护和实现无产阶级利益的思想理论学说进行高度概括和系统构建的严密理论体系,其本身的学理性和严谨性凸显其科学性与真理性。但是对于普通百姓来说,一种更为生活化和具体化的意识形态话语显然更易理解和接受,而中国梦的提出将原本抽象的政治意识形态用日常生活话语的形式展现出来,用平实的语言和真挚情感把个人的梦想同民族复兴的梦想联系起来,能够在感性的情感中实现其理性目标。中国梦是团结和凝聚最广大人民群众的精神之力,是新时代马克思主义意识形态的重要内容。中国梦不是虚无缥缈的幻想,它具有严谨的现实逻辑与历史逻辑。中华民族5000多年的辉煌历史是我们坚持文化自信的强大力量,近代以来我们受到的屈辱和痛苦与灿烂的文明史形成了强烈的反差。实现民族复兴,是近代以来每一位中华儿女的共同心愿,在经历近代以来艰辛的探索和无数次的失败教训之后,带领中华民族摆脱帝国主义的压迫,推翻腐朽的封建制度,走向新民主主义革命和社会主义革命的成功成为中国共产党人的历史使命。今天的中国在中国共产党的坚强领导下,在中国特色社会主义道路上奋力前行,已经前所未有地接近实现中华民族伟大复兴的宏伟目标,中国梦所具有的理性底蕴通过感性表达有效地展现了其意识形态功能。

第二,中国梦的核心内涵是实现中华民族的伟大复兴,是个人梦、民族梦和国家梦的统一。从字面理解,中国梦指的是国家的梦,但中国梦内涵丰富,不仅包括国家富强的梦,还包括民族复兴和人民幸福的梦,三者之间是有机统一的。人民是构成民族和国家的主体,人民生活幸福是民族复兴、国家富强的价值旨归,如果在民族和国家的发展中,人民群众得不到生活水平的提升,没有实实在在的获得感,这种发展将毫无意义,也必然不可持续。国家富强是民族复兴和人民幸福的前提和保障,没有强大的国家做后盾,没有雄厚的经济、科技和军事实力,人民的幸福生活和民族的复兴大业只能是空中楼阁。历史和现实反复证明,强大的综合国力是个人价值和民族利益实现的基本保障。民族复兴构成了国家富强的基本色调,更是个人价值实现的基本条件。个人价值的实现离不开时代的机遇和历史的选择,把握时代脉搏、顺应历史潮流是个人与时代产生同频共振的基本要求。从根本上说,国家富强、民族复兴是个人的价值汇聚起来的必然结果。中国梦是人民的梦,也是国家和民族的梦。每一位中华儿女都有自己的梦想,而中国梦将个人的利益表达和利益要求串联起来,将中间的交集汇合成民族复兴的"最大公约数",在个人梦想实现之时必然会推动民族复兴伟大事业的加速到来。中国梦不仅承载起个人对美好生活的价值期待,更是国家富强和民族复兴的政治话语表达。因此,中国梦承载的意识形态价值内涵丰富,它将个人、民族和国家三者之间的关系统一到中华民族伟大复兴的总目标上,在实践中巩固了意识形态的认同基础。

第三,"中国梦是人民的梦,必须同中国人民对美好生活的向往结合起来才能取得成功"[1]。中国梦的实现必须充分调动人民群众的积极性和创造性。习近平强调:"伟大梦想不是等得来、喊得来的,而是拼出来、干出来的。"[2]每个人实实在在的获得感需要靠实实在在的努力奋斗获得,而每个人奋斗的结果就是中华民族伟大复兴时刻的早日到来。美好生活的实现离不开正确道路的指引。"方向决定道路,道路决定命运。"[3]我们坚持道路自信,就是要坚定对中国特色社会主义道路的信心,在正确的目标指引下,在党的

---

① 《习近平谈治国理政》(第二卷),外文出版社,2017 年,第 30 页。
② 习近平:《在庆祝改革开放 40 周年大会上的讲话》,人民出版社,2018 年,第 42 页。
③ 《习近平关于全面深化改革论述摘编》,中央文献出版社,2014 年,第 14 页。

坚定领导下,人民群众同心同德、努力拼搏,才能将中国梦从梦想转变为现实。新时代党的意识形态安全理论是一种以人民为中心的安全理论,以人民为中心就要把实现和维护人民群众的根本利益放在首位,将人民群众对美好生活的向往作为党的奋斗目标。中国共产党创立和发展的阶级基础就是为无产阶级和最广大人民群众谋利益,在解放和发展生产力的基础上实现人的自由全面发展,消灭一切剥削制度导致的两极分化,最终让人民群众过上梦想中的幸福生活,而中国梦鲜明体现了马克思主义意识形态这一人民属性。可以这样说,马克思主义作为人民群众的思想武器,在其创立和发展过程中始终将工人阶级和人民群众对美好生活的向往作为理论的价值取向,在实现伟大梦想的过程中锻炼人民群众熟练掌握马克思主义这一理论武器改造世界的能力。因此,用中国梦将每位中华儿女实干兴邦的拼搏精神同民族复兴的伟大事业联系起来,其本身所具有的意识形态功能将使马克思主义的阶级基础更加巩固。

三、加快构建中国特色哲学社会科学体系

习近平强调:"世界上没有纯而又纯的哲学社会科学。"[1]哲学社会科学的价值立场决定其具有鲜明的意识形态属性。总体来看,我国当前的哲学社会科学影响力远不及西方国家。由学术话语衍生出的意识形态话语使我们看到这种不占优势的哲学社会科学体系对意识形态安全具有的潜在负面影响。

第一,意识形态属性普遍存在于哲学社会科学领域。除了语言、逻辑等

极少数学科外,"哲学社会科学中的绝大部分学科都具有鲜明的意识形态属性"①,而那些标榜学科"价值中立"的观点,其本身也不可避免地带有一定意识形态色彩。我国的一些社会学科由于发展时间较晚,在其建立过程中积极借鉴和参考西方国家相关成熟理论与思想已是学科发展中的常态。然而其中某些内容的意识形态属性不得不引起我们的警惕和思考。西方社会科学理论根植于西方资本主义经济基础,是对其经济、社会和文化等方面的经验总结和理论升华。正如马克思所强调的:"从市民社会出发阐明意识的所有各种不同的理论产物和形式。"②作为西方资本主义高速发展时期的经历者,马克思对西方资本主义社会有着深刻的认识和批判。他之所以强调经济基础对上层建筑的决定作用,正是因为看到了两者之间的辩证关系。作为上层建筑重要组成部分的人文社会科学思想,从其本源来看就具有鲜明的资本主义意识形态属性,其基本价值取向是为资本主义经济基础服务,为资产阶级利益服务。中美贸易争端中,一些标榜"价值中立"的学术机构、民间组织,甚至西方知名大学已不再掩饰其资产阶级利益工具的角色,猛然撕去其道貌岸然的虚伪面纱,露出昭然若揭的阶级本性,各种言行让人瞠目结舌,充分暴露其强烈的意识形态偏见。因此,在积极借鉴西方相关学科理论的同时,需提高警惕,不断辨识附着在相关思想中的价值取向。既不能因噎废食、盲目排外,错失我国相关学科的发展良机,更不能囫囵吞枣,不加分辨地全盘接受,从而给我国意识形态安全建设带来潜在隐患。

第二,当前我国哲学社会科学整体实力不强影响我国意识形态安全。从国内来看,马克思主义在哲学社会科学中的指导地位有所弱化。马克思主义坚持阶级分析方法的基本立场,当前我们的主要任务是建设中国特色

---

① 中共中央文献研究室:《十六大以来重要文献选编》(中),中央文献出版社,2006 年,第182 页。

② 《马克思恩格斯文集》(第一卷),人民出版社,2009 年,第544 页。

社会主义,坚持以经济建设为中心,在社会主义初级阶段基本国情不变的情况下,党的基本路线必须坚持不动摇。但是国内也客观存在一些仇视甚至破坏社会主义建设的敌对分子,一些危害人民群众生命财产安全的不法分子,西方国家与中国更是存在意识形态领域的长期斗争,从这一层面来说,阶级斗争并未在中国消失,甚至在某些特定领域还相当尖锐,并时刻威胁马克思主义意识形态的领导地位。在以经济建设为中心的背景下,中国哲学社会科学的意识形态属性也有一定弱化,市场经济中的功利主义、实用主义等不良倾向也在不同程度上渗透至哲学社会科学领域,对哲学社会科学的阶级立场的认识也出现模糊。而一些更具利益倾向的价值观对哲学社会科学的侵蚀挤占了本已弱化的马克思主义学术阵地,整个学科的弱势又直接削弱了马克思主义对哲学社会科学的指导。从国际来看,西方国家以学术话语削弱我国马克思主义意识形态话语的企图始终没有改变。"意识形态终结""非意识形态化"等观点始终是西方学术界对华意识形态渗透的重要方面。他们将马克思主义称之为意识形态,并将意识形态描述成极为负面的形象,而将西方资产阶级学说称之为人类"永恒真理",是一种超越任何意识形态偏见的"普世价值"。这种学术包装具有很大欺骗性,一些国内学者由于没有坚定的马克思主义立场,在西方学术话语的蛊惑中极易掉入西方话语陷阱,从而沦为西方意识形态的旗鼓手。西方国家尤其擅长制造新的学术词汇,并以价值普适和学术中立的说辞向包括中国在内的其他国家推销其资产阶级意识形态,从而在世界范围内建造稳固的资产阶级意识形态营垒。在当前我国哲学社会科学实力尚不足以抗衡西方的背景下,马克思主义意识形态的领导地位面临内外双重压力。

第三,构建中国特色哲学社会科学体系,牢牢掌握意识形态话语权。首先,要正确处理学术与政治之间的关系。尽管与自然科学不尽相同,但哲学社会科学作为一种科学也有其特定学术规律与研究逻辑,同样必须坚持求真务实的严谨态度,讲求对人类社会未知规律的探索与求证。因此必须坚持科学的态度和严谨的逻辑过程,不能把学术问题泛意识形态化。同时也要构建具有鲜明无产阶级立场,坚持以人民为中心的哲学社会科学体系,否则其发展必将偏离社会主义方向。其次,要正确处理民族性与世界性之间的关系。中国特色哲学社会科学必须把"中国特色"摆在突出位置,中国文化源远流长,其中的哲学思想博大精深,除了深刻影响中国人的思维方式和行为处世之道之外,也广泛影响东亚文明甚至世界文明的发展。中国文化中的独特智慧和文化传统构成了中华民族的独特标识,因此在人类文明多元发展的世界格局下,中华文明理应向世人贡献更大的智慧和力量。人类文明的发展成果理应属于全人类共同享有,不能因为一些优秀成果出自西方就对其采取全盘否定的态度,而是要对其进行仔细甄别,在批判的基础上加以借鉴,借以丰富我国的哲学社会科学体系。最后,要争取处理继承性与创新性之间的关系。构建中国特色哲学社会科学并不是要推翻既有体系"另起炉灶",而是要对其中优秀成分加以保留和继承。中国现有哲学社会科学并不是凭空产生,其构成有历史的传承性,一方面源自对优秀传统文化的保留和继承;另一方面来自对马克思主义哲学社会科学及其中国化之后的时代发展,此外,也批判借鉴了西方哲学社会科学中的优秀成果。这些方面汇聚起来奠定了中国特色哲学社会科学体系的基础。同时,继承不等于机械照搬,我们也要根据时代发展需要,在马克思主义的指导下,不断增强问题意识,自觉运用马克思主义及其中国化的最新成果解决不断变化的客观世界中存在的各种问题,以此提升中国特色哲学社会科学的话语权与影响力。

四、完善网络综合治理体系 创建主流舆论引导格局

习近平强调:"互联网是当前宣传思想工作的主阵地。这个阵地我们不

去占领,人家就会去占领。"①党的十九届四中全会通过的《决定》中指出,要"建立健全网络综合治理体系……营造清朗的网络空间"②。网络社会不以人们的意志为转移的到来,极大地改变了意识形态管控和治理格局。互联网中的信息处于完全开放的时空中,解除了地域和时间的束缚,也让传统政治权力对信息的筛查和管控进一步弱化,这使得网络空间中个体信息传播者的话语权空前提升。因此,完善网络综合治理体系建设,加强对互联网意识形态的科学引导和管控能力成为当前意识形态安全工作的重点。

第一,网络综合治理出现新情况,主流意识形态引导格局面临新挑战。首先,资本的逐利本性正在腐化马克思主义意识形态的网络领导地位。当前庞大的互联网人群仍然聚集在以资本为纽带的商业网站周围,商业网站遵循资本逻辑,在其运行过程中,必将以盈利为首要目的,而其社会责任则被有意无意忽视,其中马克思主义意识形态的互联网传播也必将受到严重负面影响。更为严重的是,资本的逐利性在迎合互联网人群需求的过程中的商业导向受到需求端的牵引,"投其所好"式的信息传导则形成"信息茧房"负面效应,而人的需求千差万别,甚至还包括很多低俗需求,这与马克思主义意识形态所倡导的主流价值观存在严重矛盾。其次,个别突发事件容易诱发网络舆情。一些社会热点的关注度较高,在互联网场域中极易造成错误信息的爆炸式传播,如果遇到正面舆论引导不利、信息披露不及时、不充分的情况,则容易让一些别有用心之人将舆论引导至对国家体制、机制等方面的恶意攻击上,从而造成意识形态领域的混乱。在此次抗击新冠肺炎疫情的斗争中,一些对国家和社会心怀不满的人利用互联网恶意传播谣言,肆意攻击党和政府,企图将舆论引致对党的执政地位的攻击上,严重威胁我

---

① 《习近平谈治国理政》(第二卷),外文出版社,2017年,第325页。
② 《中共中央关于坚持和完善中国特色社会主义制度 推进国家治理体系和治理能力现代化若干重大问题的决定》,《人民日报》,2019年11月6日。

国的政治安全。抗击疫情的斗争也是一场网络意识形态的斗争,在这场激烈的舆论斗争中,主流媒体信息披露及时、充分,权威专家解读细致、全面,从而将网络危机转变为一场科学普及和舆论斗争,不仅让人民群众学习到医疗知识,同时也得到互联网意识形态斗争的锻炼和教育。最后,网络民粹主义盛行,网络舆情的引导难度增大。网络民粹主义标榜草根立场,仇视一切权威和精英,非理性的二元思维结构使其主张和行为呈现极端化、情绪化倾向。网络中弥漫的大量"吐槽""喷子"式的话语暴力行为严重威胁互联网生态环境,网络民粹主义所到之处,充满极端、非理性的情绪宣泄,在这种失衡的网络生态下,马克思主义意识形态的互联网传播也必将遭受损害。

第二,网络意识形态安全隐患有其深层原因。首先,互联网执法困难。当前我国互联网法律体系已初步建立,尽管尚存在不够细化、不够完整等问题,但滞后于日新月异的互联网事业发展脚步确有其客观原因,现实中的关键问题在于互联网执法相对困难,执法成本高,效率低。诸如互联网诈骗等犯罪行为,涉及地域广泛,虚拟与现实相交错,取证十分困难。牵扯到意识形态安全问题的执法难度更高,如何界定、如何取证、如何追责、如何依据等涉及面广,执法难度大。其次,网络技术手段有待提升。与西方发达国家,特别是美国相比,我国互联网基础科技方面的落后是不争的事实,并非表面繁荣所能掩盖。在网络安全、信息传输和世界舆论引导等方面与发达国家尚存不小差距,这深刻影响了我国的互联网国际竞争力,尽管在技术应用层面我国与发达国家的差距不算太大,但仔细分析,一些具有世界级影响力的互联网企业,如"Facebook""Twittor""YouTube"等产品被世界各国互联网用户广泛使用的互联网巨头,我国尚不具备与之竞争的实力。而这些互联网产品在信息传播的背后又附加潜在价值观的传导,在多次涉及中国国际形象的网络事件中,这些国外企业实施的信息管控和价值选择已经充分暴露了我国互联网国际话语权偏弱的短板,严重影响了我国的主流意识形态安全。而网络人才的缺乏则成为制约我国网络信息产业国际竞争的关键。最后，互联网阵地不坚固，网络议题设置能力欠缺。主流媒体内容对广大网民的吸引力不够，是造成阵地不够坚固的主要原因，人的信息需求各不相同，关注点也不一样，满足这些千差万别的内容需求确实难度较大，这也给主流媒体内容为先的建设原则带来新的课题，特别是进入融媒时代，如何实现网上网下信息共享，内外宣传联动发展则是主流媒体的时代任务。只有建立稳固的互联网阵地，才能为主流意识形态的传播和发展提供坚实平台，也才能改变互联网时代我国议题设置能力欠缺，始终处于信息被动的不利局面。

第三，强化网络意识形态治理体系建设。首先，加强平台建设，内容为先，提升主流媒体的网络舆论引导力。西方发达国家特别注重信息传播带来的巨大价值，他们认为："未来的世界只有通过对网络的控制，利用文化的优势发布自己的信息，信息的主导能够到达金钱或者暴力无法达到的目的。"[①]在融媒发展背景下，主流媒体必须实现线上线下内容同步建设，需要仔细区分不同群体的网络习惯和网络需求，从而采取有针对性的内容策略。习近平指出："网民大多数是普通群众，来自四面八方，各自经历不同，观点和想法肯定是五花八门的。"[②]当前我国网民的主体为青年群体，青年人的关注点和信息偏好与机械、僵化的宣教内容之间具有天然矛盾。网络时代内容选择多元、便捷，没有吸引力的内容则是无效内容，而失去阵地和平台则意味着马克思主义意识形态失去互联网的传播渠道。其次，"落实互联网企业信息管理主体责任"[③]。互联网企业是我国网络发展的中坚力量，用户众多、影响广泛，也是代表我国参与世界互联网竞争的主体力量，其实力如何

---

① ［美］阿尔温·托夫勒：《权力的转移》，刘江、陈方明、张毅军译，中共中央党校出版社，1991年，第32~33页。

② 《习近平谈治国理政》（第二卷），外文出版社，2017年，第336页。

③ 《中共中央关于坚持和完善中国特色社会主义制度 推进国家治理体系和治理能力现代化若干重大问题的决定》，《人民日报》，2019年11月6日。

则体现我国网络综合竞争力的强弱。而互联网企业又是和网民接触最直接、最了解用户需求的主体,对网民的价值选择和舆论导向有举足轻重的影响。因此,互联网企业需要肩负信息管理的主体责任,对危害国家安全的网络行为坚决依法处理。最后,网络舆情监督机制需要进一步理顺和完善。网络舆情回应速度慢、引导不及时则会成为互联网意识形态安全的重大隐患。官方权威信息披露不及时、不充分则会造成无端猜疑,致使谣言四起、信息混乱,从而给别有用心之人发动舆论战提供便利。提升互联网治理能力必须将互联网舆情监督机制建设作为建设重点,增强舆论引导力,加强议题设置力,夯实突发事件应变力,唯此才能为营造清朗网络空间,为马克思主义意识形态的传播创造条件。

五、健全意识形态安全工作责任制

习近平指出:"各级党委要负起政治责任和领导责任,加强对宣传思想领域重大问题的分析研判和重大战略性任务的统筹指导。"①中国特色社会主义事业能否顺利推进关键在党的领导,在实践中就体现在党员领导干部这个关键少数能否坚实负起领导责任。历史反复证明,党员领导干部,特别是主要领导干部勇于承担责任是决定工作成败的关键。

第一,党员领导干部是做好意识形态安全工作的关键少数。首先,坚持党的领导是近代以来中华民族无数次救国图存实践之后得出的历史结论,中国特色社会主义建设和改革的实践也反复证明,没有党的坚强领导,社会主义改革和发展就无法顺利推行。党的领导是全面领导,其中各级党委(党组)分别在不同层级发挥领导核心作用。因此,做好意识形态安全工作就必

---

① 《习近平谈治国理政》,外文出版社,2014 年,第 156 页。

须严格落实领导干部责任制,充分发挥各级党委(党组),特别是主要领导同志的领导核心作用。其次,党管意识形态,主要领导主抓意识形态安全工作是我们党一直以来的优良传统,在实践中成效显著。毛泽东指出:"思想和政治又是统帅,是灵魂。"①毛泽东十分重视思想建党的重大意义,无论是在新民主主义革命时期还是在社会主义改造、建设时期,他对意识形态工作的重视始终如一,并亲力亲为,从思想上保障了社会主义事业的前进方向。改革开放以后,党的主要工作重心转移到经济建设上,但邓小平并未忽视思想战线,他强调:"各级党委,首先是党委主要负责同志,要密切注视和深入研究思想战线的形势和问题。"②江泽民、胡锦涛也对意识形态安全问题多有指示。今天我们遇到的意识形态安全问题纷繁复杂,在改革的关键期,我们需要积极吸纳意识形态安全建设的基本经验,坚持和完善党管意识形态的优良传统。

第二,责任制实施不力造成此项工作的安全隐患。首先,在一切以经济发展为中心的背景下,干部绩效考核主要与地方经济增长挂钩,经济发展快、经济总量大,任职干部的升迁机会就会显著增加。在这种考核机制下,人们往往忽视难以量化的意识形态安全工作,特别是进入网络时代,意识形态安全管辖主体难以把控,职责难以划分,地方领导更容易推脱对自身升迁并未有多大帮助的意识形态安全工作,只要能保持总体稳定,就不会花费过多精力来抓。其次,党管意识形态并不意味着只有党委管意识形态安全工作,与其他部门和个人都无关。一些与意识形态安全工作重点人群,特别是与青年学生密切相关的高校教师、政治辅导员中的部分人也没有树立意识形态责任意识。由于工作的特殊性,这些岗位同样需要负担起维护意识形

---

① 《毛泽东文集》(第七卷),人民出版社,1999 年,第 351 页。
② 《邓小平文选》(第三卷),人民出版社,1993 年,第 48 页。

态安全的政治责任。意识形态工作不仅是思政教师的责任,在"课程思想"等新理念推广的背景下,其他岗位教师更需要肩负起相应责任,树立意识形态安全意识。最后,意识形态安全工作落实方法和手段机械生硬,效果不佳。意识形态解决的是人的问题,需要尊重人的认识规律,发挥人的主观能动性。当前遇到意识形态安全问题"封堵"和"避而不谈"是两种常见处理方式。思想观念存在于人的头脑中,封堵解决不了任何问题,避而不谈更是自欺欺人的错误态度。遇到突发事件,特别是网络舆情产生后,由于职责划分不明确,个别党员干部不敢承担责任,不知如何处理突发事件,也常常错过最佳处理节点,造成更为广泛的负面影响。同时,责任追究制度不到位,人们也就没有更大动力总结经验,思考如何改进和完善意识形态安全工作。

第三,严格落实意识形态安全工作责任制。首先,党员干部,尤其是主要干部必须加强理论武装,增强对政治议题的把控能力,正确区分学术问题和政治问题。对事实的判断应基于是否涉及政治安全问题,是否危机党的执政安全。在不触及这些根本性政治问题的基础上,应该坚持"百花齐放、百家争鸣"的思想文化方针。习近平曾针对网络文化发展指出:"形成良好网上舆论氛围,不是说只能有一个声音、一个调子,而是说不能搬弄是非、颠倒黑白、造谣生事、违法犯罪,不能超越了宪法法律界限。"①也就是说,必须坚持马克思主义意识形态指导与思想文化领域"百花齐放、百家争鸣"相统一。思想文化领域既不能放任自流、不管不问,也不能只有一种声音、一个论调,而是要将两者结合,保持两者之间的合理边界。其次,落实意识形态安全工作责任制需要有完善的体制机制保障。党的十八以来,中共中央先后下发有关意识形态工作责任制的多项文件,地方各级政府、部门也根据具体情况制定了相关实施细则,一套完整的意识形态工作体制正在逐步建立

① 《习近平谈治国理政》(第二卷),外文出版社,2017年,第337页。

和完善之中,改变了一段时间以来意识形态安全工作中出现的制度落后于实践需要,特别是不能适应网络社会快速发展变化需要的被动局面。最后,要建立意识形态责任追究制度。意识形态安全工作不容易出量化成果,但其一旦出问题则很有可能借助互联网传播发展成网络舆情。这种特殊的工作性质要求党员干部必须具备高度的意识形态敏锐性,严格落实意识形态安全工作岗位责任制。"一把手"必须带头抓、直接抓、具体抓,切实当好意识形态安全工作"第一责任人"。对于意识形态安全工作中的失职、渎职行为必须给予责任追究,对于在其位不谋其政的人员必须实施相应惩戒措施,否则必将给此项工作造成新的隐患。

六、创新内外话语表达方式

高超的语言艺术,富有感染力的话语表达方式是增强意识形态认同的必要条件。恩格斯指出:"仅凭空洞的说教,哪怕是很高明的权威的说教,都不能使人产生这种信念。"①习近平十分注重意识形态理念创新,注重发挥时代话语的内在力量,除了在语言具体表述方式上更富民族性、时代性和生动性,在意识形态话语内容上也更加注重创新发展。他提出的"以人民为中心""总体国家安全观""文化自信""人类命运共同体"等新理念,都具有广泛提升马克思主义意识形态认同的功能。此外,对外宣传方式和内容的创新成果丰硕,"中国故事"传播虽遇西方传统话语格局的压制,但中国智慧、中国方案和中国力量随着中国的崛起已受到世界广泛关注,正体现出广泛的时代价值。

第一,新时代对意识形态话语创新提出更高要求。首先,社会主要矛盾

---

① 《马克思恩格斯全集》(第42卷),人民出版社,1979年,第277页。

已经发生转变。社会主要矛盾决定其他性质的矛盾,人民对美好生活需求的增长深刻改变和影响包括意识形态工作在内的其他方面。意识形态的理论创新和话语转换必须立足这一基本国情,需要关注不平衡、不充分的发展与意识形态工作之间的内在关联,增强分析问题、解决问题的能力,提高意识形态对现实的解释力,回应时代发展需要,根据客观现实的变化调整话语方式,从而扩大其认同度。掌握理论并非易事,特别是对于一些理论素养不高的群体来说,要理解并熟练运用这一思想理论工具则更加困难。因此,在加强理论武装的过程中,需要创新意识形态话语内容和方式,用人民群众更易接受和理解的话语表达,接受并熟练掌握这一理论工具。最后,新时代意识形态斗争日益尖锐。中华民族5000多年的文明传承从来就不是一帆风顺的,历经磨难、饱经风霜的发展经历磨炼出中华民族隐忍、坚毅、乐观和自信的民族性格。在中华民族伟大复兴的时代征程中,西方国家在"存量思维"的驱动下,将中国的崛起视为最大威胁,千方百计遏制中国的发展。党的十八大之后,中国崛起势不可挡,意识形态领域的斗争也达到高潮。在这种尖锐的斗争格局下,我国意识形态安全工作的压力空前增加。为应对斗争的需要,必须适应不断变化的时代环境,不断调整意识形态的斗争策略和话语方式,实现意识形态话语的时代变革。

第二,分类叙事,创新表达是新时代的语言风格。党的十八大以来,党的意识形态话语内容和表达方式上的创新体现出鲜明的时代风格。首先,用政治话语凝聚改革共识。政治话语是意识形态话语的主体,在整个话语体系中具有支配作用。它是统治阶级在价值传播上的外化表达,是保障统治阶级利益实现的话语工具。政治话语具有高度抽象性与严谨性,是对阶级利益的高度概括与实践总结。政治话语来源于政治生活,在国家话语体系中发挥主导和引领作用。政治话语规制和决定着学术话语和大众话语的内容和发展方向。新时代政治话语集中体现和代表人民群众的根本利益,其严谨的话语表达、丰富的话语内容对于动员群众、凝聚共识、汇聚力量起到重要作用。其次,用学术话语提升文化软实力。习近平强调:"哲学社会科学的特色、风格、气派,是发展到一定阶段的产物,是成熟的标志,是实力的象征。"①党的十八大之后,我国哲学社会科学的投入持续增加,目前我国的研究队伍规模、学术成果数量和国家资金投入都居世界前列。学术话语实力是国家文化软实力的重要组成部分,从世界范围来看,发达国家无一不是学术成果众多,学术影响广泛的国家。没有量的提升也就谈不上质的升华,我国学术成果数量的增加已经为质的飞跃提供了必要的积累,也就为国家软实力的全面崛起打下了良好的基础。最后,创新大众话语,提升话语感召力。党的十八大之后,习近平特别注重大众化话语传播在增强意识形态认同过程中的基础作用。其语言风格通俗易懂,善于运用人民群众喜闻乐见的话语形式表达内涵深刻的理论观点。大量诗词、成语、俗语、谚语甚至网络用语出现在习近平的讲话中,使抽象严肃的政治话语变得通俗易懂,拉近了与人民群众的距离。在反腐败过程中,坚持"老虎""苍蝇"一起打;在谈到农民增收时,他提出:"小康不小康,关键看老乡";在 坚持"四个自信"时,他认为:"鞋子合不合脚,自己穿了才知道。"通过这些通俗、生动、形象的语言艺术,国家的大政方针和治国理念更容易被人民群众所理解和接受。

第三,讲好"中国故事",争取国际共识,彰显新时代意识形态话语自信。首先,更多精力被用于国际传播能力建设。习近平强调:"提高国家文化软实力,要努力传播当代中国价值观念。"②我们提升国家传播能力,不是为了推行霸权,更不是为了输出革命,而是为了让其他国家更深入了解中国的价值理念,特别是中国最新的治国理政核心内涵,以增进人类沟通,消除潜在

---

① 《习近平谈治国理政》(第二卷),外文出版社,2017 年,第 338 页。
② 《习近平谈治国理政》,外文出版社,2014 年,第 161 页。

的误解和隔阂,从而为人类社会的和谐共生以及人类命运共同体的构建创造条件。中国的发展离不开世界,同样世界也不可能将中国孤立门外,在全球化深入发展的今天,没有一个国家能够关起门来搞建设。在中国的进出口贸易额高居世界第一,人员、信息、政治和文化等交流日益紧密的今天,更需要向世界传播中国的价值理念,加强中西全方位交流和理解,以维护公平合理的国际秩序。其次,积极探索国际议题的设置。议题创设能力是意识形态话语权大小的重要体现。党的十八大以来,我国提出"一带一路"倡议、倡导建立亚洲基础设施投资银行、举办上海进口商品博览会等,通过这些不同内容、不同形式的中国方案,拉近了与其他国家的关系,增加了中国在世界舞台的话语权和国际影响力,也让世界对中国价值、中国智慧的理解更加深刻。最后,加强对外话语传播研究。习近平十分注重中国话语的国际传播研究,指出:"要善于提炼标识性概念。"①标识性概念是对外传播能力建设的重要方面,一些影响深远的重要概念,诸如"文明的冲突""软实力"等,都是由西方发达国家的学者所创,这同样是意识形态话语影响力的重要体现。增强我国意识形态话语的国际影响力,必须要以对外话语传播创新为立足点,提炼、阐释具有中国智慧和中国元素,并易于为世界理解和接受的话语内容、话语形式和话语体系,因此必须以开放包容的心态,积极借鉴西方发达国家的话语创新经验,积极推动中国文化走出国门,走向世界。

七、批判历史虚无主义错误思潮

历史虚无主义扰乱了人们的思想,严重危害党的意识形态安全,削弱党执政的群众基础。反对历史虚无主义是一场思想领域的严肃政治斗争,是

---

①　习近平:《在哲学社会科学工作座谈会上的讲话》,人民出版,2016年,第24页。

党坚持正确历史观、巩固意识形态安全、维护国家政治安全和党的执政地位稳固的必然选择。习近平指出,历史虚无主义"就是要搞乱人心,煽动推翻中国共产党的领导和我国社会主义制度"①,因此必须指出历史虚无主义的严重危害,时刻警惕其给我国意识形态安全带来的负面影响,但同时也要将斗争限定在合理范围,避免泛化。

第一,改革开放前后两个30年不可割裂。习近平提出了"两个不能否认"重要观点。前后两个历史时期时间上前后相继,逻辑上内在一致,"两个不能否定"之所以重要,不仅是因为其事关如何正确看待改革开放前后两个30年之间的关系,还事关如何评价党的主要领导人的历史地位,如果不能澄清错误认识,树立正确历史观,就有可能陷入历史虚无主义的陷阱,从而扰乱人们的思想,削弱党的执政基础。两个30年是不可分割的,更不是前后对立的。新中国是在"一穷二白"的基础上建立的,几乎没有多少工业基础。一个落后的农业国,经历多年战争,在满目疮痍的条件下建设社会主义国家,除了翻身当家作主人的万丈豪情,没有任何基础和经验。在这种极端困难的条件下,我们仍然初步建立起了以重工业为核心的现代工业体系,巩固了国防,又兴修遍及全国的水利工程,保障了农业的发展,同时,轻工业和科教文卫事业的发展满足了人民群众的基本生活、教育和医疗等需求。客观地说,在新中国成立初期,在面临西方国家全面封锁,以及中苏关系破裂导致的外部发展环境恶化条件下,我们依然取得了重要的发展成就,而这些建设成果为改革开放之后的发展奠定了坚实基础,至今我国部门齐全的工业体系和农村大量的水利设置依旧展现着其超越时代的巨大价值。但是"摸着石头过河"不可能总是一帆风顺的,探索中的失误是客观存在的,既不能

---

① 中共中央文献研究室编:《十八大以来重要文献选编》(上),中央文献出版社,2014年,第113页。

否认,也不能夸大,特别是对领袖的评价必须坚持辩证唯物主义立场。习近平指出:"不能因为他们伟大就把他们像神那样顶礼膜拜,不容许提出并纠正他们的失误和错误;也不能因为他们有失误和错误就全盘否定,抹杀他们的历史功绩,陷入虚无主义的泥潭。"①改革开放之后的历史也不能用改革开放前的历史加以否认。社会主义市场经济的建立伴随着分配体制改革,允许除按劳分配之外的其他分配方式存在,收入分配差距扩大,地区间发展不平衡,特别是在社会主义市场经济体制建立过程中,由于法治建设不完善,体制机制有漏洞,导致了大量灰色,甚至黑色收入的存在。群众的不满表现在思想领域,就体现为对改革开放之前的相对均衡分配历史时期的怀念,对当下社会的抱怨,进而将怨气抛向我们党以及党的领导人。

第二,历史虚无主义的最大危害是扰乱人们的头脑,弱化党的群众基础。历史虚无主义人为将两个时期对立起来,丑化、抹黑党的领导人,篡改党史国史,让党在人民群众中的执政形象黯然失色。这已经不仅仅是如何正确看待历史的问题,而是严肃的政治斗争问题。历史虚无主义抽掉了我们党安身立命的群众基础,抹黑的是党的执政形象,损害的是党的精神旗帜和信仰体系。当前,还有一些对我国政治体制心存不满的人,故意制造马克思主义和传统文化之间的矛盾,从而攻击作为我国国家意识形态的马克思主义的指导地位。这些错误思潮混淆历史事实,动摇党的思想根基与马克思主义意识形态的指导地位,危害的是对"四个自信"的坚守。历史与现实反复告诫我们,执掌政权的无产阶级政党必须严肃对待历史问题,坚持辩证唯物主义历史观,在面对资本主义国家环伺的外部环境和国内复杂思想环境时,敢于面对探索过程中的失误,既不夸大,也不回避,把稳意识形态话语

---

① 习近平:《在纪念毛泽东同志诞辰 120 周年座谈会上的讲话》,《人民日报》,2013 年 12 月 26 日。

权,决不可丢失思想阵地,从而给潜在的敌人留有想象空间。

第三,正确的历史观是抵制历史虚无主义的思想武器。习近平指出:"我们党对自己包括领袖人物的失误和错误历来采取郑重的态度,一是敢于承认,二是正确分析,三是坚决纠正,从而使失误和错误连同党的成功经验一起成为宝贵的历史教材。"①中国共产党之所以从一个成立之初只有几十人的政党发展成为拥有超过 9000 万党员的,领导 14 亿人民进行社会主义现代化建设的全球最大政党,其所具有的自我革命、自我纠错的能力是这个近百年的政党始终充满生机活力的重要原因。我们党勇于承认探索中的失误和错误,并善于从探索的失误中总结经验。在对待发展中存在的问题,对待领袖人物所犯错误时,能够分清主流和支流,采取一分为二的辩证思维,坚持两点论和重点论的统一。正如恩格斯所说:"伟大的阶级,正如伟大的民族一样,无论从哪方面学习都不如从自己所犯错误的后果中学习来得快。"②坚持真理,修正错误是无产阶级政党的基本品格,任何政党及其领袖都不可能不犯错误,关键是如何及时纠正错误,并从错误中得到经验教训,避免以后再犯错误。如果对所犯错误采取回避态度,不仅不能解决问题,反而会给历史虚无主义的滋生创造空间。

---

① 中共中央文献研究室编:《十八大以来重要文献选编》(上),中央文献出版社,2014 年,第 694 页。

② 《马克思恩格斯文集》(第一卷),人民出版社,2009 年,第 379 页。

第四章　新时代党的意识形态安全理论的基本特征

　　新时代党的意识形态安全理论将政治安全作为根本追求,并以此为价值基石展开整个思想体系的逻辑构建。如何运用新理念、新思维实现对意识形态安全的维护与巩固。做好新时代意识形态安全工作,必须要进行全面的理念创新,以此引领意识形态安全工作的实践需要。所谓"理念创新,就是要保持思想的敏锐性和开放度,打破传统思维定势,努力以思想认识新飞跃打开工作新局面"①。党的十八大以来,以习近平同志为核心的党中央坚持推动意识形态安全理念创新,不断突破意识形态安全的传统思维,提出了"人民中心观""总体国家安全观""文化自信"以及"人类命运共同体"等新理念、新表达,其话语逻辑之中蕴含丰富的维护意识形态安全思想,在顺应时代潮流的创新语境中、不断加强意识形态安全工作,增强了马克思主义意识形态的社会认同度,维护了国家政治安全,体现出新时代党的意识形态安全理论的鲜明时代特征。

---

　　① 《习近平关于全面深化改革论述摘编》,中央文献出版社,2014年,第84页。

第一节 政治性是新时代党的意识形态安全理论的根本特征

始终坚定维护国家政治安全,对外维护国家主权独立,对内维护党的执政安全,这是新时代党的意识形态安全理论的鲜明特色,也是其根本特征。正是因为抓住了这一中国特色社会主义建设的关键问题,才为中国特色社会主义道路的顺利前行提供了坚实政治保障。

一、意识形态安全的关键是马克思主义意识形态的一元认同

马克思主义认为世界是一元的,最终都统一于物质,而受物质决定的意识自然也是一元的。意识的表现形式可以有多种,但最根本、最底层的是人们对整个物质世界的看法,也就是人们的世界观。世界观具有相对稳定性,这种对世界的根本性看法不可能同时存在多种,因此人们的世界观具有一元属性。自人类进入文明社会以来,意识形态便同阶级联系紧密,且呈现一元属性,不存在超阶级的意识形态,封建社会中封建主义意识形态占据统治地位,而资本主义国家的意识形态更是只允许资本主义意识形态的存在,决不允许其他意识形态挑战其地位。在我国,马克思主义意识形态作为一种世界观,能否进入人们的头脑,成为指导人们行为方式的价值取向,就成为这种意识形态是否安全的关键。

国家意识形态受制于执政党的意识形态,中国共产党的意识形态决定了我国的国家意识形态要以马克思主义为根本指导。新中国的成立为马克思主义在国家意识形态的高度发挥作用开辟了道路,至此,无产阶级意识形

态所体现和代表的人民利益可以通过国家政权予以保障和维护。马克思主义的理论价值首先就体现在其阶级立场上。马克思主义以消灭一切剥削制度为宗旨,以实现人的真正彻底解放为目标,代表了千百年来人类社会发展的美好愿景,体现的是无产阶级和最广大人民群众的根本利益。自人类进入阶级社会以来,私有制的存在导致小部分人可以凭借对财产的支配权奴役、压榨占人口大多数的底层人民。这种经济地位的低下带来的直接后果除了生活困苦之外,更严重的是无法从思想上创造阶级觉醒的历史条件,无论是奴隶阶级、农民阶级还是被资本家剥削的工人阶级都很难自发形成独立的阶级意识。马克思主义的诞生使世界无产阶级运动进入新纪元,其鲜明的无产阶级立场、对资本主义制度鞭辟入里的理论分析和对人类社会发展规律的科学揭示使其成为指导世界无产阶级运动的锐利思想武器。

马克思主义的精神实质是其世界观与方法论,正如恩格斯晚年在指导美国工人运动时所说:"我们的理论是发展着的理论,而不是必须背得烂熟并机械地加以重复的教条。"①马克思主义需要同各国的实际情况相结合才能在这一理论的指导下取得革命性成功。马克思主义中国化的过程就是矛盾的普遍性和特殊性相结合的具体体现。马克思主义是真理,但没有穷尽真理,其理论本身是真理性与发展性的统一。马克思主义意识形态自然也处于不断深化之中,但是无论如何发展,其历史任务不会变。有了无产阶级国家作为自己的物质后盾,在国家意识形态的旗帜下,新中国成立70多年来的基本经验就是一定要坚持中国共产党的领导。而马克思主义意识形态的一元认同,则决定我国主流意识形态是否处于安全地位,进而影响中国特色社会主义的前进方向和时代航标。在这方面,苏联解体、东欧剧变的历史悲剧一再被提及,警钟长鸣。正是由于苏联改革过程中没有坚持马克思主义

①　《马克思恩格斯文集》(第十卷),人民出版社,2009年,第562页。

的一元指导地位,搞了所谓"多元化",从而造成思想领域的极大混乱,最终成为引发严重后果的思想导火索。当前,马克思主义在意识形态领域的指导地位愈加稳固,但是这并不代表人们对所有问题都有合乎实际的理性判断,由此便会给国内一些非马克思甚至反马克思主义意识形态留有生存空间。有人就故意将中国革命、建设和改革的发展历程主观割裂,人为制造前后"矛盾"的假象,企图造成人们思想领域的混乱。习近平明确指出:"不能用改革开放后的历史时期否定改革开放前的历史时期,也不能用改革开放前的历史时期否定改革开放后的历史时期。"①显然,前后两个时期具有内在逻辑的一致性,统一于社会主义建设和改革的实践之中。割裂这两个时期,或者制造两者之间的矛盾会给马克思主义意识形态的话语一致性带来挑战,进而弱化其社会认同度,最终掉入历史虚无主义的泥潭。

当前,社会中存在一种错误表述,认为我们党已经由革命党转变为执政党,此观点是非常片面的。一方面,只看到执政党的定位会淡化中国共产党的阶级属性,销蚀党的阶级基础。中国特色社会主义政党制度在根本上有别于西方政党制度,如果用西方政党理论分析中国的问题便会不自觉地掉入西方意识形态话语体系之中。另一方面,改革也是促进生产力发展的重要手段,本质上就是一种革命。推进改革需要坚持革命精神,需要用马克思主义团结力量、凝聚共识。否认党的革命党身份显然会让人对革命一词产生负面理解,对中国过去的革命道路产生怀疑,这必将削弱马克思主义意识形态话语的影响力。

意识形态的一元认同需要与多元的思想文化相统一。利益主体越发多元、利益实现方式不尽相同的客观现实带来的思想文化的多元化有其存在

---

① 中共中央文献研究室编:《十八大以来重要文献选编》(上),中央文献出版社,2014 年,第112 页。

的必然性。我们坚持"双百"方针就是鼓励各种思想相互碰撞、相互争鸣,从而激发社会活力和创造力。没有多样化,马克思主义意识形态便会失去指导对象,其理论也就变成了空话。但是这种多元应该是有序的多元,而不是杂乱无章、相互倾轧的多元。马克思主义是社会多元思想中的一元,是决定性的一元、关键性的一元,是居于统摄地位的一元。马克思主义不是僵化的教条,更不是封闭的不容置疑的宗教,积极吸纳和借鉴其他思想文化中的有益成分是其保持理论生命力的优秀品质。正如人们所熟知的,马克思主义借鉴了其他思想的精华,并在此基础上加以改造,从而为其成功创立奠定了重要理论基础。自其诞生之日起,与时俱进、不断完善和发展的基因便已根植。一百多年来,马克思主义信仰者在坚持其精神实质的基础上不断推动理论的深入发展,使其理论生命力不断勃发。

二、意识形态安全的着力点是筑牢习近平新时代中国特色 社会主义思想的根基

马克思主义意识形态的生命力在于其理论的完整性、体系性、创新性和时代性,需要及时回应时代发展的现实之问,因此需要将最新理论成果根植在党的意识形态之中并不断巩固和发展。新时代马克思主义意识形态的核心内容就是习近平新时代中国特色社会主义思想。维护新时代意识形态的安全就要学习、掌握这一重要思想的内容,并具体落实在党和国家建设的各个方面,唯有如此,这一思想理论才能体现国家意识形态的保障价值,也才能让马克思主义意识形态成为人民群众普遍认同和主动接受的主流意识形态,并自觉外化为自身行动指南。

马克思主义中国化的最新理论成果所具有的意识形态说服力从根本上说来自理论本身的合理性,这体现在四个方面:其一,结构的系统性。这一

重要思想明确了中国特色社会主义现代化和民族复兴总任务,指出社会主要矛盾的转化,必须坚持以人民为中心地强调"四个自信",明确了中国特色社会主义建设的 14 条基本方略,从而论述了新时代中国特色社会主义的建设布局,格局宏大、视域宽广。其二,历史的继承性。它与党的历代领导人的思想结晶一脉相承,又是依据时代变化所做出的理论发展。其三,内容的创新性。这一重要思想所要解决的是新时代条件下建设和发展什么样的以及如何建设和发展中国特色社会主义的根本问题,面对的都是以前从未遇到的新情况、新挑战,需要创新内容和创新思维。其四,理论的时代性。伟大时代孕育伟大思想,"百年未有之大变局"既给我们的建设事业带来挑战,又创造了解决问题的新机遇、新条件,是全党全国人民团结奋斗的共同精神基础。

任何组织或团体在发展过程中都需要一种精神或思想将其团结起来,这些建立在共同精神基础上的个体组合才能够迸发出强大组织力量,进而在实践中显现集体的战斗力和团结力,没有共同精神基础的组织或团体犹如一盘散沙,遇到任何风吹草动便会分崩离析、四分五裂,组织的凝聚力和战斗力便无从谈起,组织的既定目标也就遥不可及。这种共同的精神基础在阶级社会中体现为阶级的意识形态,而对国家来说则是国家意识形态。习近平新时代中国特色社会主义思想成为全党和全国人民团结奋斗的共同精神基础有其历史与现实的必然性。首先,这由其在中国特色社会主义建设和改革过程中的重要作用所决定。在中国这样一个 14 亿人口的大国进行社会主义现代化建设,需要发挥这一重要思想的精神凝聚作用,中国特色社会主义长期代表的是人民群众的根本利益,"以人民为中心"则是这一重要思想鲜明的理论底色,也是其理论生命力的真正来源。其次,这由世界局势和我国的基本国情决定。每个时代都有其核心主题,新的时代需要新的理论,马克思主义正是在其诞生 100 多年来的不断完善和传承发展中展现其时代价值。当前,需要有一种团结全党和全国各族人民的具有强大生命力和解释力的理论作为共同的精神基础,唯有如此才能万众一心,才能保障马克思主义意识形态的安全,也才能维护党的执政安全。没有马克思主义意识形态守护的社会主义国家是不安全的,而没有顺应时代发展需要的具有强大解释力的意识形态,不能掌握意识形态话语权,则马克思主义意识形态也是不安全的。

因此,从根本上说,牢牢掌握话语权是维护意识形态安全的前提。"话语权包括提问权、论断权、解释权和批判权等。"①要实现对马克思主义意识形态话语权的牢牢掌控,必须要根据时代发展潮流,实现对意识形态话语的时代主题转换。一种意识形态的生命力,体现在其理论对现实的解释力上,客观世界处于不断发展变化之中,特别是处于中华民族伟大复兴和社会主义现代化建设关键期的中国与"百年未有之大变局"的相遇,更能激发出无限的可能性,这就要求意识形态必须适应不断变化的世界做到立足国情又放眼世界,从而将马克思主义意识形态的解释力推至新的高度。

马克思、恩格斯鼓励"全世界无产者,联合起来"②,建立全世界的无产阶级专政。但是他们的设想建立在生产力高度发达、阶级矛盾极为尖锐的基础上,这些条件暂时还不成熟,特别是他们去世之后,科技革命的产生和资本主义世界生产关系在一定范围内的调整,暂时缓和了阶级矛盾,以致他们预想结果的到来还需时日。同时,民族国家仍然是当今世界的最高利益主体,而实现中华民族伟大复兴则是民族利益的根本体现。因此,马克思主义意识形态在当今中国的历史任务需要服务于这个时代主题,需要进行话语范式的主题转换,从马克思主义意识形态擅长的阶级斗争话语转变成建设

---

① 侯惠勤:《意识形态话语权初探》,《马克思主义研究》,2014年第12期。
② 《马克思恩格斯选集》(第一卷),人民出版社,2012年,第393页。

话语。事实上,马克思主义意识形态由政党意识形态转化为国家意识形态,就必须团结一切可以团结的力量。在中国,政党利益与国家利益是高度统一的,这就为其成功转化创造了极为有利的条件。然而国家意识形态形式上是一种最大公约数,习近平新时代中国特色社会主义思想契合时代需要,就是当代国家意识形态的最大公约数。它以民族复兴为内核,实现了马克思主义意识形态的时代话语转换,为其国家意识形态基础的巩固创造了条件。

三、意识形态安全理论的核心要义是发挥中国特色社会主义的制度优势

制度优势是一个国家的最大优势,是国家性质的根本体现。中国特色社会主义制度体现了以人民为中心的价值取向。党的十九届四中全会《决定》全面概括了我国的制度优势,指出其是维护人民当家作主地位和增强国家强大竞争力,最终实现中华民族伟大复兴的根本保障。新时代党的意识形态安全理论致力于发挥中国特色社会主义的制度优势,通过价值指导和动力机制使我国的制度核心竞争力得以充分展现。

中国特色社会主义制度是在马克思主义意识形态指导下创立的,有着多方面显著优势。马克思主义意识形态展现了国家的基本属性,而国家的性质则决定了国家制度设计的总体价值偏向。中国共产党始终高举马克思主义伟大旗帜,以解放被压迫和剥削的中国人民,实现民族独立富强为己任。在近代以来的所有政治道路探索均以失败告终的绝望时刻,中国人民把目光投向了俄国,试图从俄国革命的成功经验中找寻属于中国的成功之路,最终我们找到了指导革命走向胜利的马克思主义,取得了新民主主义革命的胜利。新中国成立之后,我国依照基本国情,在马克思主义指导下,建

立了体现人民当家作主地位、代表人民根本利益的人民代表大会制度,从而确立了国家的根本制度,建立了极具中国特色的国家政治制度体系。在经济方面,我们建立了以按劳分配为原则的社会主义公有制,在充分调动人民生产积极性的基础上实现了社会主义平等。同时,文化制度、法律制度等其他制度也遵照同样原则建立起来。改革开放之后,生产关系不断调整和变化,从而推动着国家制度的调整和人民当家作主地位更加巩固。全国人民在党的领导下,在中国特色社会主义制度的保障下,正以空前的热情投入民族复兴的伟大事业之中。

中国特色社会主义制度展现出的独特优势是维护意识形态安全的重要基础。习近平强调:"鞋子合不合脚,自己穿了才知道。"中国特色社会主义制度到底适不适合中国国情需要人民群众的认同和赞许,需要在实践中检验和判断。中国特色社会主义制度体系是在马克思主义意识形态指导下建立的,而马克思主义追求社会公正,体现和维护的是人民的根本利益。而制度是理论的实践表现和具体形式,是马克思主义意识形态的现实抓手,是人民群众感知和评价马克思主义意识形态的基本依据。中国革命的胜利使人民群众成为国家主人真正成为可能,特别是社会主义改造完成后,人民群众建设国家的热情被充分调动,很短时间之内,国家在"一穷二白"的基础上初步建立了完整的工业体系,在保障国家安全的同时,人民群众的生活也在逐步改善。时至今日,面对激烈的贸易摩擦和凶险的新冠肺炎疫情,这套完整的工业体系仍然是我们战胜一切艰难险阻的强大自信。改革开放之后,随着生产力的发展,国家综合实力稳步提升,人民群众的生活更加殷实,人民当家作主制度更加巩固。正是在中国特色社会主义制度的保障下,中国道路才走的更加坚实、自信,国家的发展进步成果才能让人民群众普遍享有,国家的发展是人民当家作主的物质保障。中国特色社会主义制度的核心,在于将党的领导、人民当家作主和依法治国相统一。有了党的领导中国特色社会主义事业也就有了坚强领导核心,也才能把14亿人团结凝聚起来,向着共同的民族复兴目标奋斗;有了人民当家作主的制度,才能把14亿人的积极性充分调动起来;有了依法治国,中国的各项事业才能在正确的轨道上前行。这些独特的制度优势体现了对人民群众根本利益的维护,对国家崛起之路的保障,从而增强了人们对马克思主义意识形态的认同。

维护意识形态安全为社会主义制度优势的发挥提供了思想保障。党的十九届四中全会《决定》中,马克思主义在意识形态领域的指导地位已经被确定为国家的基本制度,这更加巩固了马克思主义作为国家意识形态的基础。意识形态的一项基本功能就是要为其政权基础做合理性辩护,马克思主义意识形态指导建立了中国特色社会主义制度,自然要为维护这一制度,发挥这一制度的根本优势保驾护航。当前,西方对我国进行意识形态攻击和渗透,其中一个重要方面就是攻击我国的社会主义制度。他们鼓吹西方三权分立的政党制度,企图取代我国共产党领导的多党合作和政治协商制度;鼓吹西方议会民主制,企图取代我国的人民代表大会制度;鼓吹私有制,企图取代中国特色社会主义公有制,从而把我国国有企业装入私人腰包。从根本上来说,我国的制度优势恰恰是西方国家的制度劣势。以英美为代表的商业民族将"自由"作为立国之本,主张建立"小政府,大社会"的国家模式,将政府视为"恶"的存在,想尽一切办法限制政府权力的发挥。在政治逻辑和历史逻辑上,这些观点符合英美国家的历史传统和文化特点,在实践中也确实让英语系国家长期保持领先地位。但是问题就出在有些人把具有特殊性的东西说成是普遍规律,把西方国家基于独特历史渊源的价值观说成是全人类的"普世价值",把其制度模式说成是全世界唯一正确的标准答案,鼓吹之人不是"食洋不化"就是别有用心。事实上,在抗击新冠肺炎疫情的过程中,以英美为代表的西方国家政府效率的低下是造成本国疫情严重的重要原因,不能说他们的制度完全破产,但至少能够说明他们的制度并非无懈可击,而中国共产党坚持以人民为中心,所展现的高效与政治担当让西方国家相形见绌。维护我国意识形态安全,就必须同鼓吹西方"普世价值"的行为坚决斗争,必须牢牢掌握意识形态工作的领导权和话语权。而新时代党的意识形态安全理论的价值要义也正是维护中国特色社会主义制度,维护民族复兴的保障体系。

第二节　人民性是新时代党的意识形态安全理论的价值底色

为了谁、依靠谁,这是新时代党的意识形态安全理论所要面对的首要问题。以习近平同志为核心的党中央十分注重意识形态安全工作中的人民中心立场,在工作实践中体现了鲜明的人民性价值底色。在意识形态安全工作中,坚持以人民为中心首先就是要以人民利益为中心,需要时刻把实现和维护好人民利益作为意识形态安全工作的出发点和落脚点。

"利益要通过意识形态来实现自己。意识形态是利益的抽象化体现。"[1]统治阶级把本阶级的利益描述成所有阶级共有的利益,同时建立一整套为这种利益的实现而辩护和论证的话语体系和思想体系,固化了阶级利益的实现机制,从而实现了阶级利益实现方式的长久、稳定运行。

一、人民幸福是意识形态安全的根本条件

"人民有信仰,民族有希望,国家有力量。"[2]在我国,人民是国家的主人,

---

[1] 卢永欣:《语言维度的意识形态分析》,社会科学文献出版社,2013年,第99页。
[2] 《习近平谈治国理政》(第二卷),外文出版社,2017年,第323页。

实现和维护好人民的根本利益,不断增强人民幸福感则是维护马克思主义意识形态安全,增强其吸引力的根本举措。在实践中,意识形态安全工作遵循着"实现人民利益——维护马克思主义意识形态安全——实现更高层次的人民利益"的基本逻辑,而实现人民利益则是这一逻辑循环的理论起点。以人民为中心的意识形态安全理论,需要充分调动人民群众的积极性和参与性。人民的利益,包括经济利益、政治利益、社会利益和生态利益等多个方面,以人民为中心必须要以人民利益为中心,体现为把对马克思主义意识形态的全面认同内化于心、外化于行。意识形态安全工作需要人民群众的积极参与,依靠人民的主体地位才能更好地维护意识形态安全,从而为中华民族伟大复兴的中国梦的实现提供更强大的精神力量。

(一)坚实的物质利益保障是人民幸福的基础

人民群众只有在实实在在的物质利益基础上,在拥有美好生活的前提下,才会认同一种意识形态。新中国成立之后,特别是改革开放40多年来,我国经济发展的成就令世人瞩目,人民群众的生活水平更是连年提升,全面建成小康社会的宏伟目标已经实现,困扰了中国数千年的贫困问题即将被彻底解决,这是整个人类史上从来没有过的伟大成就。中国共产党从成立之日起就把实现中华民族的伟大复兴,实现中国人民的幸福生活作为自己的奋斗目标,披肝沥胆、矢志不渝。在革命、建设和改革的历史进程中,我们的党始终为了人民、依靠人民,把所有发展成果由全体人民共同享有,在这种共同的奋斗过程中,人民群众对党领导下的社会道路更加认同,对马克思主义意识形态更加认可。

我们党在长期的革命斗争中十分注重物质利益在革命成功过程中的作用。早在土地革命时期,中国共产党就在各根据地实行土地改革。"打土豪、分田地",极大地调动了农民群众参加革命,保卫胜利果实的积极性,为新民主主义早期扩大阶级基础、增加革命队伍人数起到了关键作用。抗日战争时期,为最大限度争取抗日民族统一战线的建立,在根据地实现了"三三制"原则,保证了极为艰苦岁月的根据地的存在。解放战争时期的分田到户政策,为争取解放战争的胜利做出了重要贡献。陈毅把这种保卫胜利果实,争取革命胜利的自发行为用"淮海战役的胜利是农民用小推车推出来的"著名论断来概括。后来继续深化和扩大的土地改革又为抗美援朝的胜利做出了积极贡献。土地改革运动胜利结束后,中国社会的主要矛盾已经由地主阶级同农民的矛盾转化为民族资产阶级同广大无产阶级的矛盾,在随即进行的社会主义革命中,为减小革命遇到的阻力,保护资产阶级的利益,争取社会主义革命的最终胜利,我们党在革命过程中采取了"四马分肥"的基本策略。建立了符合国情的工资分配体系,按劳分配为主体、多种分配方式并存的分配制度,保护了广大劳动者的劳动积极性,推动了我国粮食产量连年跨上新台阶的进步,保障了国家粮食安全的同时,也使中国广大农民成为当时国内收入增长最快的群体。

当前,我国的经济总量已经稳居世界第二,进出口总值高居世界第一,建立了门类齐全的工业体系,这为我国经济安全、政治安全、社会安全和军事安全的实现筑牢了坚实的基础,为民族复兴提供了丰厚的物质保障。改革开放初期,我们党制定了"三步走"的发展战略,指导中国经济发展取得了重大成就。党的十九大上,我们党根据新的历史时期的发展特点和不断变化的客观实际,站在新的历史方位制定了"两个发展阶段"的战略。发展成就是巨大的,每位中国人都在这一宏伟的历史进程中感受到快速的发展进步,享受着发展红利。作为这一历史进程的参与者,中国人民的感受是深刻的,对比是强烈的。中国人民在改革开放过程中迸发出强大的建设激情,他们既是建设者,也是建设成果的享有者,对马克思主义意识形态的认同度进一步提升。经济建设的成功和人民生活水平的改善更有理由让我们坚定道路自信、制度自信、理论自信和文化自信,保持对民族复兴伟大中国梦实现的坚定信念。在战略上保持自信,但在战术上我们更要看清同发达国家的差距。因此,必须坚持以经济建设为中心毫不动摇,用发展的方式解决社会主义前进中的问题。当前的一些社会问题和矛盾是在发展中产生的。随着经济的持续快速发展,人民生活水平快速提升,而人民群众对美好生活的要求和标准也在相应提高,人们需要更好的居住条件、更安全和谐的社会环境、更优质的教育和社会保障以及更清洁的空气和水源。在解决了温饱问题的基础上,我们正在向全面建成小康社会的目标坚实迈进,并将通过跨越党的十九大上制定的"两个阶段"实现社会主义现代化强国建设目标,而这一切都需要经济的高质量发展。

(二)不均衡不充分的发展弱化人民幸福感

经过改革开放 40 多年的高速发展,困扰了中国数千年的贫困问题已经被彻底解决,这是整个人类史上从来没有过的伟大成就。然而在对辉煌的成就进行热烈庆贺的时刻,我们更应该保持冷静的头脑。成就是伟大的,但也是阶段性的。成就越是辉煌,就越应该保持谦虚谨慎的务实态度,时刻牢记伟大征程中还有更多未完成、更艰难的任务等着我们去攻克、去实现。习近平强调:"不发展有不发展的问题,发展起来有发展起来的问题。"[①]新时代社会主要矛盾转换的重要论断是我们当前和今后很长一段时间开展工作、科学决策的出发点。也就是说,社会主义初级阶段中的基本矛盾并不是恒久不变、始终如一的,每到一个发展阶段都会产生总体量变过程中的阶段性质变,就在这种量变和质变相互转化、螺旋升高的历史进程中,我国社会主义现代化强国的实现目标被一步步推进、一步步实现。不平衡不充分的发展是客观现实,尽管建设成就是巨大的,但发展中的问题也在不断变化,新问题不断产生,每个阶段有每个阶段的问题。

---

① 《习近平谈治国理政》(第二卷),人民出版社,2017 年,第 82 页。

从实际情况来看,发展起来以后出现的问题并没有比发展之前少,反而都是一些难以解决的问题。中国发展到今天,体量已经足够巨大,对世界的影响也在显著增强。中国作为处在西方国家建立的国际秩序中的一极,已经显现出对世界格局变化的深刻影响。从人类社会发展的历史经验来看,一个经济体经过若干年快速发展之后,必然要进行经济结构的调整和发展模式的变化,增长速度不可能始终保持高速。当前中国已经进入经济发展的新常态,经济发展已经由高速增长转变到中等速度。经过多年的高速增长,人口、资源和环境之间的矛盾越来越尖锐,生态环境已经接近承载的极限。同时,经济社会发展中不平衡不充分的问题已经现实地摆在人们面前。放弃简单粗放型增长模式,转变发展方式,实现依托质量的提升引领经济发展的集约型模式,走可持续发展道路,这早已是人们的共识。坐而论道容易,解决问题却很难。但是问题总是客观存在的,很多深层次、结构性的问题必须妥善解决,才能给经济的进一步发展释放活力。正如毛泽东所说:“扫帚不到,灰尘照例不会自己跑掉。”[①]不去正视这些问题,问题自己也不会自动解决。

从总体来看,中国的经济总量巨大,这些年个别行业已经取得突破,但是经济的发展程度仍然不高,在世界产业格局中依然处于较低层次,产品附加值较低,在国际产业分工中的可替代性很强。国际竞争日趋激烈,给我国转变不充分不平衡的发展局面带来许多负面影响。如不能实现经济的充分、均衡发展,不能跨越“中等收入陷阱”将会使国家的未来前景陷入极为被动的局面,造成不可预知的严重后果,从而危及马克思主义意识形态的安全和人民政权的稳定。因此,必须把缩小地区间、城乡间和城市间发展差距作为实现全面小康社会的建设目标,实现国家的均衡发展。这种发展应该是

---

① 《毛泽东军事文集》(第三卷),军事科学出版社、中央文献出版社,1993年,第16页。

依靠科技创新所带来的,依靠教育提升劳动者素质所取得的。这就要求国家继续加大对教育和科研的投入,把国家的发展真正落实到对人的素质的全面提升上来,坚持以人为本,尊重人的价值,实现人的自由全面发展。特别是对农村地区、中西部贫困地区和边疆民族地区的教育投入,一定要做到习近平所说的"扶贫先扶智",通过教育的投入从根本上解决发展不均衡不充分的问题。

(三)"四个全面"的实现是人民幸福的前提

幸福不是抽象言谈,而是体现为实实在在的具体获得,而获得感则是幸福感的基础。物质决定意识是马克思主义的基本观点,人民幸福需要坚实的基础保障,"四个全面"战略布局是保障人民幸福的重要手段。全面建成小康社会是目标,在"四个全面"工作中居于统摄地位,其他三方面是为这一中心目标服务的。全面深化改革扫清了束缚全面建成小康社会道路上的梗阻和障碍;全面依法治国为全面建成小康社会提供法治保障;全面从严治党则为全面建成小康社会给予政治保障。其中最关键的是要坚持以经济建设为中心毫不动摇,通过共享经济发展成果让人民全面享受小康社会的生活保障和生活质量,从而增强人民群众对马克思主义意识形态的认同。

在"四个全面"战略布局协调推进过程中,需要紧紧抓住经济建设这一中心工作,通过发展来解决前进中的问题。面对当前国内外日益加重的经济下行压力,更需要通过改革破解发展难题,通过转变经济增长方式,调整产业结构来推动产业升级换代,实现经济的换挡提速。经济下行,看起来是有效需求不够,本质上是有效供给不足。从根本上说,我国产业结构层次偏低,部分产品的质量已经不能满足人民群众对高品质产品的实际需要,从而导致结构性失衡状态。这种失衡不是来自流通环节,而是来自部分产品的创新度较低,质量不高。这些年大量出境游客从国外采购各种商品,从电子产品到日用百货,从食品、药品到各种奢侈品,这充分说明,不是我们的有效需求不足,而是我们生产的产品品质已经满足不了人民群众对质量越来越高的要求。

全面建成小康社会,彻底摆脱困扰中国数千年的贫困问题,事关人民群众对中国特色社会主义道路的信心,对马克思主义意识形态的认可,也事关党的执政地位的稳固。抓好经济工作,全面建成小康社会需要补齐短板,防范和化解各种风险。发展的不平衡问题是全面建成小康社会的短板,特别是农村贫困人口的脱贫问题。2020年全面脱贫,彻底甩掉贫困的帽子是我们党做出的庄严承诺。党的十八大以来,精准扶贫工作就已被各级政府作为政治任务由专人来抓,扶贫队伍驻村驻点、深入一线。国家通过产业扶持、异地搬迁和政策兜底等基本方式,具体运用财政税收、医疗保障、教育帮扶和对口帮扶等手段实施精准扶贫、精准脱贫,确保全面建成小康社会历史目标的如期实现。同时,需要注重各种社会矛盾的化解。发展过程中总会遇到问题和矛盾,旧有矛盾和问题解决后,新的问题也会产生。人与人之间的矛盾的解决除了需要利益格局的调整之外,更需要思想认知上的疏导。在化解利益矛盾过程中,需要充分发挥意识形态的宣传和调节功能,以增进人民的福祉为工作重点,以促进人的全面发展为基本目标,坚持人民群众的主体地位,共享发展成果,充分调动人民群众在维护意识形态安全中的积极性与创造性。

二、完善的民生保障是意识形态安全的重要前提

经济发展成果要由人民共享才能最终转化为对马克思主义意识形态的认同,但在经济的发展与取得认同之间有时并不是直接对应的直线关系。民生保障包括社会保障、教育、医疗和住房等多方面,与人民群众生活息息相关、密不可分,可让人民群众现实感受经济的发展和社会的进步,充当着

将发展成果的共享转化为对马克思主义意识形态认同的桥梁作用。恩格斯的《在马克思墓前的讲话》中说:"人们首先必须吃、喝、住、穿,然后才能从事政治、科学、艺术、宗教等等。"①因此,先解决基本物质生活,进而在经济发展的基础上通过良好的教育提升人民群众自身素质,通过优良的医疗卫生条件解决生命疾苦,通过完善的社会保障解除生活的后顾之忧,这是完善的民生保障体系所遵循的基本逻辑,也是新时代党的意识形态安全理论的人民价值取向的具体体现。

(一)保障民生是实现可持续发展的重要基础

我国古代就有国计民生一说。"国计"是国家的发展,"民生"是人民的生计,而把国家发展转化为人民生计的改善,将两者协调统一起来是非常困难的。马克思主义认为,无论是国家的进步还是人民群众生活水平的提升,归根结底都要从生产力的发展角度考虑。对统治阶级来说,要维护国家的正常运转和政权统治的安全,就不得不拿出社会财富的一部分用于军队供养、官僚结构运转等国家政治上层建筑的需要。在生产力水平较低的时代,整个社会产出的物质财富有限,国家政权的维持要耗费相当大一部分物质产出,加之统治阶级的挥霍奢侈,在民生支出方面极为有限。因此,为维持封建政权的持续统治和封建社会的正常运转,就需要在物质财富的再生产和人口的再生产方面做出适合封建社会生产力水平的结构安排。社会保障的责任最终推给了家庭和宗族,而现代社会中国家承担社会保障主体责任的安排在古代社会是不可能实现的。为维持这种封建社会的社会保障制度,在封建社会意识形态中就表现为儒家思想中所倡导的孝道。尽孝就成为封建伦理道德的核心价值观,而这种价值观支配着人们日常生活中的行为,承担着现代社会中的社会保障责任。卧冰求鲤、割肝救母和埋儿奉母这

---

① 《马克思恩格斯选集》(第三卷),人民出版社,2012 年,第 1002 页。

些让今人无法理解的行为,古代社会却是被统治阶级倡导的至高无上的道德准则。违背封建伦理和意识形态的人将会受到从国家到社会再到家族的严厉制裁。所以,当孔融宣扬"父母无恩论"时,曹操冒着杀害知识分子的道德风险也要将孔融置于死地,从根本上说就是要维护封建社会运行的思想道德根基,也就是封建主义意识形态。由此可见,社会保障在中国古代封建统治中起着维系政权稳定和社会正常运转的基础性作用。

在传统封建农业社会中,人们的生活与土地紧密联系,除非遇到天灾等极端情况,否则不会出现大规模破产。地主与农民之间保持一种共生的共同体关系,社会分工不明显,经济结构相对简单。近代以来,人类进入近现代工商业社会,从而给城市化带来可能。大量人口进入城市从事工商业活动,激烈的市场竞争必定会造成大量市场参与者的破产,而随着社会分工的细化,等价交换原则的推行,使得人们一旦破产就会立即失去生活来源,马上陷于生活窘迫之中,此时,如果破产者得不到相应的基本生活保障,将会造成严重的社会隐患。对于资本主义国家来说,更严重的问题还在于,大量破产者的存在会明显减少人口出生率,从而减少未来投入市场中劳动力的数量,这会导致资本主义再生产无法持续进行,从而使资本主义经济循环无法完成,这会从根本上动摇资本主义经济的根基。因此为保证资本主义经济的顺利发展,几乎所有资本主义国家都不约而同地重视社会保障的兜底作用。除了给破产者及其子女提供必要的生活物资,还要提供基本的医疗、教育和居住等方面的社会保障。

对于我国来说,国家对民生的保障不仅是现代文明发展进步的标志,也是增强社会认同,体现社会主义优越性,凝聚主流意识形态共识的主要手段,进一步决定着全面建成小康社会总目标实现。习近平指出:"没有全民小康,就没有全面小康"①,而没有全面小康就不能体现社会主义制度的优越性和先进性,也就不能增强马克思主义意识形态的吸引力。社会主义市场经济在运行中不可避免地会造成部分竞争者的破产,这是价值规律的内在作用机理,迫切需要发挥社会保障"稳定器""安全网"的基础作用。特别是在提倡"大众创业、万众创新"的新时代,没有良好的社会保障机制兜底,人们的创新热情和积极性都会受到影响。而创新总是伴随着风险,有风险就要有保险,社会保障就是社会的保险。只有解除创业失败后民生保障方面的后顾之忧,人们才可能把全部精力和资源投入创新、创业中,也只有全力投入才能提升国家的经济竞争力,从而在实现个人价值中推动全面小康社会的实现。瞻前顾后、投鼠忌器不可能做出太多开创性成果,也一定会降低对我国的发展预期和产业竞争力的提升。

保障民生还有一个重要作用就是能够实现人的自由全面发展。马克思和恩格斯在《共产党宣言》中对共产主义社会做过这样描述:"在那里,每个人的自由发展是一切人的自由发展的条件。"②在生产力不发达,社会保障不健全的状态下,人们不得不把主要精力投入维持自身生存的活动中去,此时人的自由全面发展会受到极大限制。一方面,当人们在进行工作选择时,往往会把获取持续稳定的收入作为首要考虑因素,而个人的兴趣爱好则退居其次,但在多数情况下,人们的工作选择并不是自己最喜欢从事的职业,工作和兴趣爱好不能很好结合的情况下,人们潜能的发挥往往受到一定负面影响;另一方面,随着社会的发展,自由职业者越来越多,很多人完全从自身兴趣爱好出发选择一种新的生活方式,没有收入或收入很少是常态。但这些人并不是整天无所事事,只是喜欢不被人打扰地从事自己喜欢的工作。

① 《习近平总书记系列重要讲话读本》,学习出版社、人民出版社,2016 年,第 59~60 页。
② 《马克思恩格斯选集》(第一卷),人民出版社,2012 年,第 422 页。

如果社会保障较为健全,人们的潜能将会被无限释放,有些潜能的开发可能不会对当下社会发展起到立竿见影的作用,也许只会在未来社会中具有价值,但是从人的自由全面发展和整个人类发展过程的整体角度看,这些都是有价值的,不能因为没有产生直接的经济社会效益就全面否定人的全面发展。因此从这个角度来说,保障民生具有很大意义。

(二)宏观环境的巨大变化是民生工作面临的客观现实

作为世界第一人口大国,我国各地区发展不平衡,在民生保障方面呈现出差异化的特征,从而给民生工作的开展带来许多困难,这需要在民生保障工作中分析具体情况,采取针对性的民生保障举措,进而为科学政策的制定和精准扶贫工作的开展提供基础性条件。

贫富差距的问题是民生工作中首先要考虑的重要问题。多年来,贫富差距的问题一直是不容回避的客观现实,也是市场经济发展必然导致的结果。改革开放初期,邓小平指出:"沿海地区要加快对外开放……较快地先发展起来,从而带动内地更好地发展,这是一个事关大局的问题。内地要顾全这个大局。反过来,发展到一定的时候,又要求沿海拿出更多力量来帮助内地发展,这也是个大局。"①"两个大局"思想的提出是对改革开放初期基本国情的准确判断,是对世界发展脉搏的准确把握,充分抓住了发达国家产业升级的有利时机,也充分利用了东部沿海地区良好的地理位置和产业发展的基础优势。东部沿海地区在发展过程中接收和引进大量外资,学到了现代化的经营理念和管理模式,带动了人才队伍的迅速成长,在这一过程中,率先完成了发展积累,实现了经济增长的良性循环。广大中西部地区则在东部率先发展过程中提供源源不断的劳动力和各种资源型产品,保障了东部地区经济的持续增长。当前,很多沿海省份的生产总值已经超过许多发

---

① 《邓小平文选》(第三卷),人民出版社,1993年,第277~278页。

达国家,经济发展的成就显而易见。

但是东部率先崛起过程中形成的"飞轮效应"和广大中西部地区的"马太效应"已经明显显现。也就是说,东部地区的发展红利已经充分体现出来,良好的产业基础、规范的市场环境、完善的配套保障、优越的地理位置,以及接近发达国家消费水平的庞大购买力,使得东部地区像磁铁一样吸引着全国各种资源的流入,这种"飞轮效应"一旦启动就进入发展的良性循环模式,无须持续强力推动经济也会持续增长。东部地区的良性循环,就是广大中西部地区的恶性循环,这里除了少数大城市在发展中能保持同东部地区的竞争力之外,大多数地区都处于人才、资源的出超状态,特别是人才的流失更是给广大中西部地区的发展带来阴霾。在市场经济环境下,各种资源需要自由流动才能体现资源的价值,按照市场价值进行资源分配,这是市场经济的内在逻辑。这种逻辑客观上导致了东部地区对中西部地区的发展优势,造成了当前两地巨大的发展差距。按照国家统计局的统计结果,某些发达东部地区县级市的国内生产总值已经超过不少西部地区整个省份的生产总值,差距不言而喻。

应该说,造成这种局面有其客观必然性。东部地区历史上经济条件更优越,人们的思想观念也更加开放,特别是外向型经济的发展,使得东部沿海地区巨大的地理优势展露无遗,加之国家的政策鼓励和地方干部群众对摆脱贫困的迫切心情,东部地区迅速抓住机会实现了跨越式发展,特别是加入世界贸易组织之后,这种发展优势体现得更加明显。反观中西部地区,在改革开放过程中虽然发展速度也很快,但横向比较来看已远远落后于东部地区。各种资源要素在市场的作用下迅速流向东部发达地区,造成广大中西部地区发展后劲不足,与东部地区差距越拉越大。邓小平曾说:"如果导致两极分化,改革就算失败了。"①从国家整体维度考虑,这种东西部地区的发展差距显然不利于国家的长治久安,更违背社会主义共同富裕的本质要求。如果放任市场的逻辑恣意发挥,两地差距将会继续加大,特别是西部边疆地区同时也是少数民族聚居区、信教群众聚居区和自然生态涵养区,必须要有国家层面的总体调度,协调两地的发展定位,从国家产业发展的总体规划中缩小差距,否则将会给马克思主义意识形态安全带来严重威胁。

除了东西部的发展差距,城乡之间、地区之间、行业之间,甚至大小城市之间也存在不同程度的发展差距。作为社会保障体系核心的社会保险体系尚不完善,目前覆盖广大农村地区的医疗保险体系初步建立,但仍有提升空间,特别是对一些重大疾病和慢性病的保障不完善,不少农村家庭因病返贫、因病致贫情况时有发生。城乡社会化养老还处于起步阶段,保障标准较低,与城市企事业单位和公务员退休金差距较为明显。养老改革前,城市居民的养老金主要由单位负责,改革后企事业单位和个人都需缴纳一定比例费用,共同承担居民养老。而数亿农民在养老改革前只能按照传统的家庭养老方式自主养老,事实上数十年来国家对农民承担的养老责任较少,数亿农民的养老问题就成为国家迫切需要解决的重大问题,如果农民养老问题始终主要由个人承担的问题长期得不到解决,就无法从根本上解决农村贫困人口的脱贫问题,也就无法取得广大农民对社会主义道路的认同。然而现实的状况是社会化养老标准若想提升,资金缺口必须要由国家承担,而以目前农民和城市普通居民的实际收入去补足缺口,确实困难。与城乡间民生保障问题类似,地区间、行业间和城市间的收入差距也体现在民生保障水平上。在我国,民生方面的支出一般与地方或行业收入直接挂钩,不同地区的民生保障水平千差万别,具体体现在住房、医疗和教育等方面。没有统一

---

① 《邓小平文选》(第三卷),人民出版社,1993 年,第139 页。

的民生保障标准和协调机制,除了让各地群众感到保障标准失衡之外,也给人口的自然流动和迁徙带来实际困难,从根本上影响到人民群众获得感的实现。

此外,阶层固化也是不容回避的问题。贫困的代际传播不是新问题,却是亟待解决的问题。人才的自由流动是激发社会活力的主要方式,也是底层人民突破阶层藩篱实现自身发展的重要手段。我国古代通过科举考试的方式来实现这一目标,现代则通过高考来发挥作用。"扶贫先扶智。"①作为一个历来重视教育的民族,在教育改变命运这一点上中国人有着普遍共识。遗憾的是,这些年来,优质教育资源越来越向少数学校集中。如果说高等教育主要看质量,那么中小学阶段的教育的均等化则体现着公平。不平衡、不均等的教育资源首先就剥夺了教育落后地区的发展机会,造成了教育贫困的代际传递,从而给经济后发地区的赶超投下了阴影。教育的不平等是最大的不平等,因为它打破了贫困阶层向上流动的希望,也降低了落后地区人才振兴计划的可能性。在市场经济条件下,对经济后发地区来说,如果没有国家层面的干预,除了自身培养人才之外,没有其他更好的办法实现人才产出。而那些经济发达地区,凭借良好的经济条件,在资源自由配置的市场环境下正享受着人才的红利,教育的发达反过来又会提升人口素质,从而从根本上改变了地区间竞争格局。

民生保障的标准也随着经济的发展不断变化。正如习近平回忆知青岁月时所说:"我很期盼的一件事,就是让乡亲们饱餐一顿肉,并且经常吃上肉。但是,这个心愿在当时是很难实现的。"②没有解决温饱的情况下,人们的要求便是吃饱穿暖。当温饱问题解决之后,人们对民生自然会产生更高

---

① 《习近平谈治国理政》(第二卷),外文出版社,2017年,第85页。
② 《习近平在对美国进行国事访问时的讲话》,人民出版社,2015年,第10页。

的要求,需要更公平的社会权利、更优质的教育资源、更牢固的就业保障、更高层次的医疗条件、更便利的养老条件、更安全的食品以及更清洁的空气和水源。总之,这些都是人民群众美好生活向往中的具体体现,也是我们党以人民为中心的奋斗目标。

(三)发展是保障和改善民生的关键

经济发展是民生保障的前提和基础,经济发展水平低,民生保障的水平自然也就较低。因此,要从根本上解决民生问题,真正体现"以人民为中心"的社会主义本质,获得人民群众对马克思主义意识形态的认同就必须实现高质量的发展。"发展才是硬道理"①,这是人民群众耳熟能详的名言。唯有坚持发展执政兴国这个第一要务,才能为人民群众的共同富裕提供坚实的物质保障,也才能为民生问题的解决创造必要的物质条件。但是发展要与民生问题的解决相协调,说到底,这是国家层面的积累与消费的问题。民生保障属于消费层面,消费过多则会较少积累物质财富,没有一定的积累,经济发展就会受到影响,也会从根本上影响消费的持续。如果消费过少,确实会增加积累的数量。但是生产是产业循环中的一环,消费过少又反过来影响生产的正常进行,反而不一定有利于经济的持续稳定发展。况且,发展的目的就是为了提高人民群众的生活水平,为了实现更高层次的民生保障水平,一味积累而不顾消费显然有违社会主义生产的本质,也不利于人民群众生产积极性的提高。因此,必须协调好经济发展与民生消费之间的关系,在经济发展中稳步提升民生保障的水平。

从国外发展经验来看,经济发展与民生保障协调不好会严重影响生产的持续进行,甚至导致政局动荡、政权垮台和国家解体。冷战时期,没有处理好民生问题成为苏联解体悲剧发生的重要原因之一。在同美国的争霸过

---

① 《邓小平文选》(第三卷),人民出版社,1993 年,第 377 页。

程中,苏联基于国防安全的考虑优先选择了军事工业和重工业,在轻工业等与人民生活关系紧密的领域投入较少,人民生活质量长期得不到改善,很多轻工业品都需要进口,加之苏联农业生产领域的生产关系不利于农民生产积极性的提升,导致苏联农业产量长期偏低,这就造成与民生相关的产品,特别是食品的长期短缺。排队购买食品和生活日用品的场景长期停留在人们的记忆中挥之不去。与苏联截然相反,美国在加强国防建设和重工业发展的同时,在民生领域的保障方面明显强于苏联。一方面,美国在民生中的投入是为了资本主义再生产的需要,另一方面也是遵循了资本的逻辑,即哪里有利润,资本就流向哪里,显然民生领域也是获取利润的重要来源。然而即便美国资产阶级在民生领域的投入最初的目的不是真正为了普通民众的福祉,至少在客观上同苏联的竞争中占得了先机,也用物质生活的丰富增强了资本主义意识形态的竞争力。以至于20世纪80年代,叶利钦在访问美国的过程中,当看到超市琳琅满目的商品时就在心里种下了埋葬苏联想法的种子。

经济与民生相协调还需要把握好民生保障的尺度,量力而行。如果保障标准定得过低,就起不到应有的保障作用。如果标准过高,一方面有可能因为经济发展的波动性而兑现不了对人民的承诺,从而丧失群众的信任;另一方面也有可能拖累经济发展所必要的积累资金,减少对诸如国防、外交和科技创新等领域的资金投入。此外,过高的保障也容易"养懒汉",造成资源的浪费。必要的生活保障是不可或缺的,但是过高的保障标准已经给许多国家造成危害。造成"拉美陷阱"的一个因素就是保障水平已经远远超过经济发展,人民已经习惯于高水平的保障标准,而在多党竞争体制下,只有向民众不断进行更大、更高的政治许诺才能赢得政党选举,结果造成经济发展与社会保障的恶性循环,骑虎难下。同样,欧洲也普遍存在这种问题。自2008年金融危机以来,希腊、意大利等国都遇到社会保障和经济发展的矛盾,造成民众抗议不断,政府组阁多次受阻。我国还是发展中国家,国防建设、科技创新等领域都需要大量资金投入,在人民群众保障基本生活的前提下应该把资金更多地投向促进国家可持续发展的领域,用更长远的眼光看待民生问题。

从初次分配讲究效率,再次分配讲求公平,到初次分配和再次分配都要讲究效率和公平,再次分配更加注重公平,这反映出我们国家对公平与效率认识的逐步深化,以及对民生保障的日益重视,同时这也与我国经济发展水平的提升相适应。初次分配如果没有效率,就不能调动生产要素创造新价值的积极性。而从国家层面来看,就是要创造公平、法治的市场环境,让每个市场主体都能平等地参与竞争,把参与者的创造性都发挥出来,避免因为市场不完善、法治不健全导致市场竞争不公平情况的发生。再次分配更加注重公平,表明国家已经看到市场经济发展所引起的贫富差距过大的负面后果,强调通过民生保障、支付转移等手段逐步弥补这种差距,避免因财富的占有不均导致严重后果。初次分配如果只讲效率不讲公平,所造成的收入差距很难在再次分配中弥补,更会造成"赢者通吃"的恶性循环,从而导致行业垄断和不公平的市场竞争环境。应该说,国家早已看到两次分配过程中存在的问题,也提出了优化分配制度的合理原则,但在实践中操作起来难度大,造成的结果就是收入差距的不断加大。党的十八大之后,国家加大了对中西部农村地区的教育投入,认真落实各项扶贫举措,优先保障就业,深化医疗体制改革,以及提高保障房建设力度等措施逐渐弥补了初次分配中存在的问题。同时,也通过打击逃税、整治不规范收入等举措,进一步创造公平竞争的市场环境。

运用宏观调控的方式进行社会调节,这是保障市场经济持续稳定发展,维持收入差距合理区间的主要手段,但与此同时,也应该运用微观手段补齐社会保障的民生短板,特别是针对农村贫困人口的扶贫工作。为此,习近平强调了"精准扶贫"的思路,为贫困人口脱贫指明了正确的方向。首先就要解决帮扶谁的问题。哪些人、哪些家庭是真正需要扶贫的,这是扶贫的首要问题。为此,需要深入贫困家庭了解贫困数量、贫困程度和贫困原因,把这些基本情况搞清楚才能对症下药,因人施策,而"大水漫灌式"的扶贫方式不仅会造成扶贫资源的严重浪费,还不能从根本上解决真正贫困人口的脱贫问题。其次要解决谁来扶的问题。扶贫资金的解决需要从中央到地方的统筹协调,各省承担总体责任,市县具体落实,抽调专人专职从事扶贫工作,分工明确、责任清晰,任务层层压实,采取点对点的责任考核。最后要解决怎么扶的问题。通过发展生产、异地搬迁、生态补偿、发展教育和政策兜底五种方式将所有贫困人口全部纳入扶贫体系,在规定时间内,按照扶贫标准逐一比对,逐户销号,在 2020 年实现全部脱贫的总目标。全面建成小康社会的实现,是党和政府在补齐民生短板方面的政治承诺,事关人民群众对党和政府的信任,对中国特色社会主义道路的认可,是人民群众对马克思主义意识形态的认同。

三、人民当家作主是意识形态安全的制度优势

党的十九届四中全会是在中国特色社会主义发展的关键节点召开的重要会议,会议通过的《决定》明确回答了"坚持和巩固什么、完善和发展什么这个重大政治问题"[1],对巩固和完善中国特色社会主义制度,推进国家治理体系和治理能力现代化进行了顶层设计和战略部署,其中对我国人民当家作主制度体系的优势进行了详细论述,对如何坚持和完善这一重要制度进行了系统阐述。人民当家作主制度体系是在长期的革命、建设和改革过程

---

[1] 《习近平谈治国理政》(第三卷),外文出版社,2020 年,第 118 页。

中形成的具有中国特色的、能够充分保障人民群众根本利益的制度安排,具有充分调动人民群众参与中国特色社会主义建设的显著特点,对维护国家意识形态安全具备明显制度优势。

(一)人民当家作主制度体系能有效维护人民群众的根本利益,从而增强意识形态认同的基础

人民当家作主制度体系是近代以来中国政治发展的必然结果。新民主主义革命的胜利使人民当家作主真正具备了现实的政治条件,中国共产党领导人民进行革命的目的就是为了实现民族独立,建立人民当家作主的民主国家。中国共产党是工人阶级的先锋队,是在马克思主义指导下建立起来的代表无产阶级利益的先进政党,又是中华民族的先锋队,致力于实现民族独立和富强。

近代以来,中国共产党领导人民在长期的革命、建设和改革过程中探索出一套具有中国特色的、能够有效保障人民群众当家作主地位实现的国家治理体系,其中人民当家作主制度体系是关键部分。人民当家作主体系是由国家根本政治制度和基本政治制度组成的。人民代表大会按照民主集中制原则组织。全国人民代表大会是我国最高权力机关,它依照《宪法》规定,享有立法权,选举、罢免其他国家机关重要职位人员,以及其他关系国计民生重大事项的权力。人民当家作主制度体系有其内在协调与完整性,它们都是在马克思主义指导下建立起来的,都坚持民主集中制原则,是人民当家作主的具体实现形式。与此同时,四项基本政治制度都以人民代表大会制度这项根本政治形式为根基,都是围绕其组织和展开的,是对人民代表大会制度的补充和完善,是实现人民当家作主地位的重要手段。人民代表大会制度确保一切权力属于人民,从而在制度上保障了人民当家作主的地位,而在法律上受其制约和保障的基本政治制度则是在其基础上产生,同样按照民主集中制原则组织,充分体现和保障了人民群众的根本利益。

习近平指出:"衡量一个社会制度是否科学、是否先进,主要看是否符合国情、是否有效管用、是否得到人民拥护。"①新中国成立 70 多年来,具有中国特色的人民当家作主制度体系在实践中显示出明显的政治优势,为社会主义建设和改革提供了充分的政治保障。人民当家作主制度体系是在中国共产党的领导下,在马克思主义指导下建立的。我们党是中国特色社会主义事业的领导核心,没有党的领导就无法保障人民当家作主的地位。同时,我国是社会主义法治国家,依法治国是我国的基本方略,党对社会主义各项事业的领导不能超越法律框架,必须带头遵守和保障法律的顺利实施。人民当家作主正是有了完善的社会主义法律体系的保障,并在党的领导下,才具备实现和维护的现实基础和制度保障。因此,民主法制建设是人民当家作主地位实现的前提条件。

马克思主义认为,民主法治体系属于政治上层建筑的一部分,与其对应的经济基础之间有着相互影响的辩证统一关系。民主法治体系本质上是统治阶级维护阶级利益的手段,良好完善的民主法治体系能够推动经济的快速发展,从而有利于生产力的进步和人民生活水平的提高,反之,则会降低人民的政治认同度,从而阻碍生产力的发展。因此,加强社会主义民主法治建设就成为社会主义政治发展的题中之义,也是提升主流意识形态认同度的重要手段。法治是民主的内在要求,坚持民主原则,必须以人民为中心。民主与法治是现代民主政治的两个基本方面,两者相互联系、密不可分。

民主法治建设的基本目的是限制公权力的行使,防止公权力沦为少数人谋私的手段。民主能够推动法治的顺利进行,为法治建设提供必要的保障和基础。法治的良好运行又通过对公权力的限制维护了人民群众的根本

---

① 习近平:《坚持、完善和发展中国特色社会主义国家制度与法律制度》,《求是》,2019 年第 23 期。

利益。政治建设的有序进行能够增强主流意识形态的吸引力,从而维护政权的稳定,进而从根本上维护人民群众的利益。在公权力行使过程中,总会出现运行的偏差和个别人的徇私舞弊行为,从而导致公权力受损,也就不能保持人民群众根本利益持续稳定的实现,从长远看势必威胁国家的政治稳定。因此,民主与法治的实施作为解决此问题的有效手段将起到维护国家政治安全的重要作用,并在实践中日益凸显其在国家政治建设中的核心地位。

（二）人民当家作主制度体系能增强政治认同,而政治认同是意识形态认同的前提

增强政治认同,本质上是马克思主义意识形态赢得更多人的认可和支持。取得政治认同是公权力得以良性运转的基本要求,也是跨越"塔西佗陷阱"的重要手段。如果公权力没有合法性,不能代表人民群众的根本利益,势必会丧失政治认同的基本条件,终将导致政府垮台和政权丢失。正如习近平所指出:"当公权力失去公信力时,无论发表什么言论、无论做什么事,社会都会给以负面评价。"①这种负面评价就是执政党的意识形态丧失群众基础的开始,也是公权力丧失合法性的开始,而合法性的丧失又将会危及政治安全。中国特色社会主义民主法治建设的重要目的就是为了增强对无产阶级政权的政治认同,从而巩固政治权力。

增强政治认同是现代文明国家权力运行的基本要求。古代社会中的政治权力不需要政治认同,因为政权一般来自暴力或强权,对政权合法性产生怀疑的人一般都会被暴力惩治,不存在与强权政治讨价还价的余地。对内采取武力镇压、暴力惩戒,顺之者昌,逆之者亡;对外采取武力征服、军事吞并,弱肉强食,丛林法则,这是在进入现代文明社会之前人类社会常见的政

---

① 习近平:《做焦裕禄式的县委书记》,中央文献出版社,2015年,第35页。

权样态。也就是说,强权即政治,谁的实力强,谁就可以随意支配他人或他国,这似乎是不言而喻的公理,甚至在"二战"时,"轴心国"依然坚信对他国的武装侵略和肆意掠夺是先进文明对落后文明的拯救,是符合落后国家利益的"共荣"之事。但是随着人类文明程度的提高,现代民主法治观念已经深入人心,如果依然采用暴力压制手段取得政权合法性将越来越不得人心,越来越不符合人类历史发展潮流。国际上,欧洲人为避免自我毁灭而造就的《威斯特伐利亚和约》确立了现代民族国家的基本框架,初步建立的主权国家概念和国家间的基本关系架构又随着欧洲殖民者的殖民扩张传播到世界各地,对民族国家的觉醒影响深远,也直接影响到"二战"后各殖民地国家民族独立运动的广泛开展。

对于一个现代主权国家来说,要取得政权合法性,增强政治认同,就必须采取民主与法治的基本原则。民主与法治越完善,人民的权利保障的越充分,政权的合法性程度也就越高,主流意识形态和政权认同度也就越高,政权也就越稳固。继续采用暴力统治的方式已经不符合人类社会发展潮流。联合国和国际法的出现标志着国家间的利益冲突有了可以协商解决的可能和机制。尽管现在某些西方国家出于国内资产阶级利益的需要,动辄就对别国采取武装入侵,但国际社会已经不会像数百年前一样,认为这是稀疏平常、没有争议之事,而对一个主权国家的任何侵犯也一定会受到国际社会正义的谴责。从国家内部来看,取得政治认同除了要有完善的民主制度之外,还必须要建立完备的法律体系,提高行为的法律可预见性,让法律在社会生活中起到基础性调节作用。早在春秋战国时期,秦国就率先通过建立相对完善的封建法律制度,实现了国家的率先崛起,最终建立了深刻影响中华民族2000多年的"大一统"国家。近代以来,美国《宪法》、法国《民法典》和德国《民法典》的颁布有力促进了这些国家的资本主义法治化进程,加速了国家的崛起,英国更是尊重法治精神的典范。时至今日,这些国家依然通过完善的法律制度、优良的法治环境在世界上保持强大的竞争力,其基本经验是值得我们认真研究和借鉴的。

我国是人民民主专政的社会主义国家,人民享有《宪法》和法律所保障的各项民主权利,法律制度的不断完善对人民民主内涵的进一步丰富发挥了重要保障作用。在社会主义法治建设过程中,我们一方面需要借鉴发达国家成熟共享的法治经验,另一方面需要在坚持社会主义基本制度的基础上不断探索适合我国国情的法治系统。以习近平同志为核心的党中央高度重视社会主义法治建设,提出了全面依法治国的战略举措,为我国社会主义法治国家的建立和中华民族伟大复兴中国梦的实现提供了坚实法治保障。习近平强调:"法治是发展的可靠保障"①,需要"运用法治思维和法治方式推动发展"②。

(三)积极的政治参与是维护人民当家作主制度体系的必要手段

在党的十九大报告中,习近平针对民主政治建设特别强调了"扩大有序政治参与"③的重要原则,这表明我们党对政治参与在民主政治发展中,在加强主流意识形态建设中的积极作用有了更深的认识。"政治参与是公民在政治运行过程中表达自己的思想、意图和利益以影响国家政治决策和国家行为的活动。"④在良性互动的政治生态环境中,有序的政治参与是维护人民群众自身利益,同时也是促进国家民主法治建设,扩大马克思主义意识形态影响力,进而维护国家政治安全的重要手段。当前我国的政治参与已经实现了三种范式转换,分别是从革命型到建设型的转换;从动员型到自主型的

---

① 中共中央文献研究室:《十八大以来重要文献选编》(中),中央文献出版社,2016年,第790页。

② 同上,第819页。

③ 《中国共产党第十九次全国代表大会文件汇编》,人民出版社,2017年,第29页。

④ 王俊拴:《新时期政治理论新探索》,中国社会科学出版社,2018年,第181页。

转换;从激情型到理性型的转换。① 这表明我国的民主法治建设已经发展到一个新的历史阶段。

在现代国家政治生活中,政治参与作为一种公民维护自身利益的重要手段,在促进国家政治建设过程中扮演重要角色。近代以来,西方资本主义国家发展到帝国主义阶段后,对外则急需开辟新的世界市场,激烈的帝国主义矛盾导致了两次世界大战的爆发,引发了空前的人类灾难。对内则继续压榨无产阶级的剩余价值,导致整个无产阶级生活陷入贫困状态,生产无限扩大与有限购买力之间的基本矛盾导致资本主义社会每隔一段时间都会爆发或大或小的经济危机。为缓和激烈的阶级矛盾,避免自我毁灭式生产的严重后果,资产阶级在经济上给予无产阶级更多物质利益,在政治上也通过政治参与等形式适度扩大无产阶级民主权利,从而缓和阶级矛盾,实现社会稳定发展。特别是第二次世界大战以后,随着美苏为首的两大阵营之间的激烈较量,为扩大政治制度和意识形态吸引力,双方相互借鉴和学习对方的优势。社会主义阵营崩溃之后,西方民主政治制度也在不断完善和发展,而其中的政治参与逐步演化为西方民主制度文明发展程度的重要标志。

在一种成熟的政治体系中,政治参与通常作为开展政治博弈的基本手段,通过激烈的权力斗争和博弈双方的相互妥协,最终达到社会政治生活的均衡状态,从而实现社会的有序发展。在西方国家,这无论是对资产阶级还是对无产阶级都有重要的意义。在政治生活中,资产阶级不会轻易让渡自身的政治利益,在形势所迫的情况下难以拿捏好尺度和分寸,因此资产阶级对无产阶级的有序的政治参与持正面态度。而无产阶级要实现自身的政治利益,除了使用流血暴力手段之外,有序的政治参与也成为和平争取自身利益的有效手段。因此,阶级社会中的双方通过这种有序参与的形式实现了

---

① 参见王俊拴:《新时期政治理论新探索》,中国社会科学出版社,2018 年,第 181 ~ 186 页。

利益要求的相对均衡,在西方国家无产阶级尚不足以完成社会主义革命之前,通过有序的政治参与实现了两个阶级之间利益共同体的建立,避免了激烈的社会变革。我们之所以强调有序,是因为无序的政治参与无论是在西方还是在我国都曾造成过严重后果。1968 年法国的"五月风暴"以及我国"文化大革命"中都存在大量无序的政治参与情况。起源于法国,又席卷欧洲多国的"黄马甲"运动,包括我国香港地区的街头暴力活动都给社会稳定和经济发展带来了严重负面影响。

在有序的政治参与中,政治选举是一种重要方式,也是人民群众行使政治权利,体现人民中心地位的主要标志。马克思曾经也对选举权持正面看法,他指出:"对于英国工人阶级来说普选权等于政治权力。"①马克思主义主张通过暴力革命的方式夺取政权,从而实现无产阶级专政。但是在像我国这样的社会主义国家,无产阶级已经掌握政权,阶级矛盾已经转化为人民内部矛盾,这就需要进一步发挥社会主义民主,通过积极的政治参与,推动社会主义民主政治理念的落实。改革开放以后,随着以经济建设为中心基本路线的确立,人民群众政治参与的热情远不如前。究其原因,最重要的一点是因为通过政治参与的形式已经无法获得预期经济利益,不如直接进入经济要素市场中获取利益更为便捷。再加上一些事件的影响,在相当长一段时期内,人们处于政治冷漠状态。同时,有效的政治参与也需要相当程度的政治训练和政治技能,而这些是很多人并不具备的。此外,中国人传统的"随大流""搭便车"思维也限制了政治参与范围的扩大,因为通过其他人的政治参与已经能够为本阶层或团体获取足够利益,也就不再需要每个人亲力亲为地耗费时间和精力进行政治参与。

众所周知,政治需要宣传,民主需要动员。良好的政治生态建设需要人

---

① 《马克思恩格斯全集》(第 11 卷),人民出版社,1995 年,第 424 页。

民群众的广泛参与,而公民教育便在其中发挥对人民群众的宣传与基本政治训练作用。"公民"是"具有或取得某国国籍,并根据该国宪法和法律规定享有权利和承担相应义务的人"①。与之相对应的"人民"则是"以劳动群众为主体的社会基本成员"②。从定义中我们可以看出,公民是一个法律概念,而人民是一个政治概念。在我国"人民"一词一般与阶级和革命相联系,具有鲜明的政治色彩。而"公民"则是一个中性词,一般不具有意识形态属性。主流意识形态由革命型向建设型转换以后,"公民"一词在社会政治生活领域便被更多地使用,这也符合我国整体政治氛围的意识形态建设期待。社会主义核心价值观是公民教育的核心价值取向,也是马克思主义意识形态的核心内容,也就是说,只要是我国的合法公民,对其进行社会主义核心价值观的教育便是基本义务。思想政治教育具有意识形态灌输和道德教育的双重属性,与阶级意识紧密相关,而公民教育是从公民与国家的法律关系角度出发,研究作为个人的普通公民的义务和权利,两者之间有本质不同。国家政治生活中需要通过公民教育,让公民获得政治参与的基本能力和素养,在社会民主基础上推动国家的民主法治建设。

第三节　总体性是新时代党的意识形态安全理论的基本诉求

　　为应对日益复杂的国内外安全形势,习近平在中央国家安全委员会第一次会议上正式提出总体国家安全观这一重要思想。新修订的《国家安全

---

　　① 中国社会科学院语言研究所词典编辑室编:《现代汉语词典》(第7版),商务印书馆,2016年,第452页。
　　② 同上,第1097页。

法》指出："国家安全是指国家政权、主权、统一和领土完整、人民福祉、经济社会可持续发展和国家其他重大利益相对处于没有危险和不受内外威胁的状态,以及保障持续安全状态的能力。"①总体国家安全观是对我国传统安全观的继承与发展,是对国家安全形势的新变化和新趋势做出的有力回应,目的是走出一条具有中国特色的国家安全道路。意识形态安全是总体国家安全中的核心组成部分,要为民族复兴的伟大事业提供精神动力和思想保障,就必须在意识形态安全工作中树立总体国家安全思想,并以此指导意识形态安全工作。

一、坚持人民安全、政治安全、国家利益至上的有机统一

习近平指出,坚持总体国家安全观,要"以人民安全为宗旨,以政治安全为根本"②。总体安全观从根本上说要落实到个人的安全上来。人民是社会主义现代化建设和改革的主体力量,没有人民群众的参与和支持,总体国家安全便会失去存在的载体。因此,必须把实现好、维护好人民群众的安全利益作为总体国家安全观的核心价值取向。经过改革开放40多年的发展,我国的各项事业都已经进入新的发展阶段。利益关系不断调整,各种矛盾相互交织,一些深层次、结构性问题和矛盾逐渐浮现,改革进入关键期,阻力不断加大,同时世界格局也在深刻调整,国家间力量对比不断变化,加之旧有的矛盾和冲突,从而给我国发展和改革的国内外环境带来很多安全隐患。这些安全隐患相互交织、相互作用,已经严重威胁到我国的和平建设环境和国际安全需求。因此,党的十八大之后,中央国家安全委员会成立,专门负

①　《国家安全法》,《人民日报》,2015 年 12 月 24 日。
②　《中国共产党第十九次全国代表大会文件汇编》,人民出版社,2017 年,第 19 页。

责解决和协调有关国家安全的重大事宜,防止各部门、各地区在组织协调、统一保障等方面可能存在的问题,以消除国内外面临的威胁状态,借以维护社会主义现代化建设所需要的国家安全保障。

全心全意为人民服务是党的根本宗旨,党的各项事业,党领导和带领人民制定的各项方针政策,从根本上都是为了维护和实现人民群众的根本利益。坚持总体国家安全观的人民主体性是对我国革命和建设优良传统和基本经验的继承与发扬。毛泽东把党在抗日战争时期的政治路线总结为:"放手发动群众,壮大人民力量,在我党的领导下,打败日本侵略者,解放全国人民,建设一个新民主主义的中国。"①充分发动群众,调动人民群众的积极性,不仅保证了新民主主义革命和社会主义革命的胜利,也是社会主义建设和改革走向胜利的基本条件。相信群众,依靠群众,在国家安全的重大问题上,坚持人民群众的主体地位,调动人民群众在维护国家安全工作中的积极性,这是马克思主义群众史观的重要内容,也是我们党的光荣传统。坚持总体国家安全观,需要继承和发扬党的群众路线这一光荣传统,调动好、维护好人民群众在国家安全工作中的重要地位。

在人民群众的利益体系中,最根本、最基础的是安全利益。如果人民群众时刻处在危险和受到威胁的状态中,经济社会发展的任何成果也就不能被人民群众充分享有,所有的发展都将变得毫无意义。因此,必须把安全这一最根本、最基础的需求作为实现和维护好人民群众根本利益的先决条件,让人民群众始终处于不受威胁,没有危险的安全环境之中。政治安全是国家安全体系中的核心问题,指的是国家政权不受内外因素威胁,处于没有危险的状态。党的执政安全是实现和维护人民利益的根本和核心。以政治安全为根本,就是要把中国共产党的执政安全摆在总体国家安全的核心位置,

---

① 《毛泽东文集》(第三卷),人民出版社,1996 年,第 376 页。

其他安全都是为了实现和维护政治安全,也就是为稳固党的执政地位服务的。中国共产党领导中国人民浴血奋斗、砥砺前行的根本目的就是为了夺取和维护政治权力以建立人民共和国,并通过中国共产党这一无产阶级先锋队组织,实现和维护最广大人民群众的根本利益。没有党的执政地位的稳固,没有国家政治安全,人民群众的一切利益都无从实现。

"增强忧患意识,做到居安思危,是我们治党治国必须始终坚持的一个重大原则"①,也是我们树立总体国家安全观的内在逻辑。很多时候,表面上风平浪静,实则水面之下暗流涌动,等到安全问题爆发之时再来补救,往往悔之晚矣。唯物辩证法是我们共产党人看问题、做事情的基本方法,很多事情必须要用发展的、变化的视角观察,用矛盾的方法分析,从质变和量变的辩证关系出发。一些安全问题可能在改革发展过程中居于次要地位,属于次要矛盾,但如果处理不好,也会变成影响改革发展大局的主要矛盾。一些微小的安全问题往往被人忽视,但经过一个量变的积累过程,也可能发生质变,成为影响发展改革事业成败的关键变量。改革攻坚期也是矛盾凸显期和安全问题爆发期,各种阻碍改革的既得利益者都有可能变成导致安全问题产生的不确定因素,任何发展和改革过程中的失误或不完善之处都有可能成为爆发安全问题的导火线。视中国的发展为威胁的各种敌对势力时刻不忘给中国的发展"使绊子""埋雷子",这种出于敌视人民政权的资本主义本能使他们不愿意看到中国的崛起和发展。因此,必须增强忧患意识,对安全问题时刻保持清醒的头脑,不断提高风险应对的能力和水平,特别是在意识形态安全领域,一些利用文化产品输出、学术交流等方式夹带意识形态宣传内容的行为非常隐蔽,如果没有清醒的头脑和辨别能力,就有可能被境内外的敌对势力所利用。

---

① 《习近平谈治国理政》,外文出版社,2014年,第200页。

在总体国家安全观中，需要统筹协调发展与安全的辩证关系。习近平指出："发展是安全的基础，安全是发展的条件。"①邓小平强调："发展才是硬道理。"②这是总结我国社会主义建设正反两方面教训得出的结论。无论是国防建设、科技创新、教育发展、国企改革、医疗保障还是养老体系建设都需要坚实的物质基础，没有经济的发展，所有事业都将成为空中楼阁，国家安全更是无从谈起。以人民安全为宗旨，其内涵之一就是要让人民群众享受到发展的实际成果，感受到国家改革开放带来的生活环境的改善和物质保障水平的提高。人民群众既是维护总体安全的重要力量，更是总体安全所要保障和维护的目标。特别是在意识形态安全工作中，一定要让人民群众成为发展和改革的获利者，拥有实实在在的获得感，人们才会真心拥护中国特色社会主义道路，也才会认可和自觉维护马克思主义主流意识形态。但是我们所说的发展必须是科学发展，可持续发展。那种饮鸩止渴、杀鸡取卵式的发展不是我们追求的目标。改革开放 40 多年来，关于发展质量和发展方式的经验不可谓不多、教训不可谓不深，每一种发展战略的提出都不可避免地带有时代的意识形态印记，"时间就是金钱，效率就是生命"③更多反映的是那个年代对摆脱贫困的紧迫感；"用发展的办法解决前进中的问题"④，把发展作为解决改革过程中的问题的战略选择，认为中国的改革是个动态的历史过程，从而在改革中发展，在发展中改革，体现了发展与改革的辩证统一关系，这反映出我们党对发展认识的不断深化；"科学发展观"则体现出我们党对发展的认识进一步深化，表明我们党在发展问题上对经济效益和社会效益辩证统一关系的认识达到了新高度，不再单纯把追求粗放型、高速

---

① 《习近平谈治国理政》，外文出版社，2014 年，第 201 页。
② 《邓小平文选》（第三卷），人民出版社，1993 年，第 377 页。
③ 同上，第 51 页。
④ 《江泽民文选》（第三卷），人民出版社，2006 年，第 533 页。

度作为我们的价值目标;"绿水青山就是金山银山"①则说明我们党对发展的认识走向成熟,已将生态文明建设作为发展的战略目标。

　　发展与安全辩证关系的另一面则强调安全对发展的保障作用。没有安全稳定的社会环境,发展也就失去了持续进行的前提,而安全稳定的社会环境,首当其冲的是要保证政治的稳定。邓小平强调:"没有安定的政治环境,什么事情都干不成。"②无论是从我国的历史经验还是从国外的发展经验来看,如果没有稳定的政治局面和安定团结的社会结构,经济发展根本无从谈起。当今世界,很多地区动乱不断,政治纷争,民族矛盾、宗教矛盾和社会矛盾相互交织,混乱不堪的政治局面不可能给经济的发展提供任何保障,结果就是经济停滞,人民生活陷入贫困之中。反观中国改革开放40多年来的基本经验,其中一条极为关键,就是经济社会持续稳定发展必须建立在稳定的政治局面基础上,任何动乱或不稳定因素,都有可能干扰经济建设这一党和国家的中心工作,从而影响社会主义现代化建设事业的整个大局。因此,必须统筹发展与安全两个大局,用联系的、矛盾的和运动的观点看待两者之间的辩证关系,做到两者之间平衡、协调。从维护意识形态安全的角度来看,维护政治稳定,给经济社会发展提供政治保障,从而实现整个国家物质保障水平的持续提升,反过来又能为政治安全和意识形态安全奠定坚实的物质基础。因此,树立总体国家安全观是做好意识形态安全工作的思想保障,也是应对意识形态安全工作复杂局面的有力武器。

二、意识形态安全是总体国家安全的核心构成

　　意识形态的一项基本功能就是为本阶级的利益辩护,与国家权力的内

---

① 《习近平谈治国理政》(第二卷),外文出版社,2017年,第544页。
② 《邓小平文选》(第三卷),人民出版社,1993年,第244页。

在联系使其具有鲜明的政治色彩,从而成为政治权力的灵魂,在总体国家安全中居于核心位置,起到价值引导和思想保障的作用。如前所述,意识形态具有鲜明的阶级属性,总是为实现和维护本阶级的利益而服务。当某一阶级成为统治阶级之后,这一阶级的统治思想即成为整个社会的主流意识形态。意识形态为政权的合法性辩护,维护的是掌握政治权力阶级的根本利益。也就是说,政治安全在总体国家安全体系中的核心地位决定了意识形态安全也是总体国家安全的核心内容。当前,我国国家安全的内涵和外延,时空领域和内外因素较之以前发生了很大变化,针对这种情况,习近平提出了"既重视传统安全,又重视非传统安全"①的建设思想。意识形态安全是总体国家安全的核心内容,与非传统安全体系中的信息安全、生态安全和科技安全等方面一道成为守护国家安全的基础屏障。

意识形态安全的核心地位,首先就体现在它是辨别是否处于安全状态的基本标准。众所周知,马克思主义意识形态的基本功能是为了维护党的执政地位和人民群众的根本利益。那么我们对一件事物是否处于安全状态的辨别依据可以由此做出这样的推断:是否有利于维护党的执政安全,是否有利于实现和维护最广大人民群众的根本利益。如果某种事物的存在威胁到政权的稳定,损害了人民群众根本利益的实现,我们可以说这种事物的存在是危险的。反之,则处于安全状态。通过意识形态价值功能的发挥,我们可以对总体安全观中的其他因素做出是否安全的基本判断,从而为采取下一步行动提供条件。

意识形态安全的核心地位也体现在对总体国家安全观中其他安全方面的价值引领作用上。意识形态作为系统化、抽象化的思想观念上层建筑,其存在的根本目的是实现和维护好阶级利益,现阶段就表现为要为人民群众

---

① 《习近平谈治国理政》,外文出版社,2014 年,第 201 页。

根本利益的实现而服务。作为居于上层建筑中的核心指导思想,它对人们的价值导向和活动方式具有直接的影响,或者说就是在意识形态的直接控制下,人们才在实践活动中有各种表现。如在经济活动中,鉴别一种经济行为是否对国家安全存在潜在威胁,首先应该通过意识形态的辨别作用,将其基本的利益取向廓清。在此基础上,我们需要在复杂的经济活动中,发挥意识形态的价值引导作用,以是否有利于人民群众根本利益的实现,是否有利于党领导下的人民政权的巩固为根本宗旨,指引人们经济行为中的具体指向。

意识形态安全的核心地位还体现在它是维系国家存续和发展的精神纽带。马克思主义认为,国家是阶级的组织,是阶级统治的工具,统治阶级要实现阶级利益,便使用国家这个工具,随着生产力的发展和阶级的消失,国家最终也会消失。在国家存续期间,为便于统治阶级利益持续、长久的实现,就需要有一种精神力量把各阶级团结起来,组成一个利益共同体。为减少被统治阶级的反抗,统治阶级利益的实现一般不采用直接剥夺被统治阶级的方式,而多采取较为隐蔽和潜在的方式。在所有统治阶级利益的实现方式中,采用意识形态控制的方法对统治阶级最为有利,遇到的阻力最小。一是因为统治阶级意识形态把本阶级的利益和价值观说成是全社会所共有的,故意模糊和混淆阶级差别和阶级对立,这不但更有利于统治阶级的利益,而且对于被统治阶级来说,则缓解了抗争和对立的情绪,客观上有利于国家的稳定。二是因为统治阶级意识形态故意打击、压迫被统治阶级意识形态的形成,使其无法成为被统治阶级反抗的思想武器。我国是中国共产党领导的社会主义国家,工人阶级是领导阶级,维护的是人民群众的根本利益。用马克思主义意识形态团结和带领社会各个阶层和各族人民为了共同的民族复兴目标而奋斗,这是实现社会所有成员共同利益的精神动力和思想保障。

意识形态安全的核心地位也体现在抵御国外意识形态渗透和进攻中的防御作用上。国家间的交流和联系不可避免地造成价值观和生活方式的碰撞,这本身是文化多元和思想交流的客观条件,是促进各国文化和经济发展的有利因素,文明因交流而多彩,但西方资本主义国家的自由主义、个人主义依附于它们的各种文化产品之上,宣扬的是资产阶级的意识形态,而这种意识形态存在的唯一价值只是为了维护西方资产阶级的阶级利益。冷战结束后,国家间意识形态的斗争形式发生了根本性变化,但斗争的内容和激烈程度丝毫没有降低,反而随着苏联解体和东欧剧变越来越激烈,变换各种花样、运用各种手段达到其消灭异己意识形态的目的。西方媒体从来都标榜自己是客观公正和正义的化身,但稍有常识的人都知道,人与人的价值观和世界观不同,世界上没有绝对的公正,标榜客观公正和抽象中立本身就存在逻辑矛盾,是个伪命题。而只有站到绝大多数人的立场,即人民的立场上才是唯一正确的选项。西方国家的资产阶级意识形态始终维护的是少数资产阶级的利益,在剥削本国人民的基础上妄图扩张意识形态版图,借以剥削他国人民,这是我们坚决反对的。世界话语格局总体上西强我弱,在此背景下,我国意识形态建设的基本任务之一就是要教育和培养人民群众的意识形态安全意识,对西方意识形态渗透和入侵保持高度敏感性,掌握辨别西方意识形态传播的能力,以提高我国主流意识形态的防御力。

三、创新宣传手段是总体国家安全的内在要求

总体国家安全与思想宣传工作中的"大宣传"理念具有内在一致性,都强调建立立体综合性体制机制,充分调动一切积极因素,为实现同一目标而采取步调一致的行动。就意识形态安全来说,它是总体安全的核心内容,更是作为总体国家安全根本的政治安全的灵魂。因此,必须统筹内部与外部

安全,传统与非传统安全,构建集各种安全因素于一体的安全保障体系。从这个逻辑出发,"大宣传"理念属于总体安全中的一个方面,因此在意识形态宣传工作中,树立"大宣传"理念,用总体国家安全观引导新的意识形态宣传格局的建立将具有特殊意义。

创新宣传手段,首先就要求加强和改善党的领导。习近平强调:"坚持党对国家安全工作的领导,是做好国家安全工作的根本原则。"[①]而加强和改善党对意识形态的领导"首先是领导干部要强起来"[②]。他强调:"各级党委要负起政治责任和领导责任。"[③]党管意识形态一直是我们党的优良传统,也是我们党领导人民取得一个又一个伟大胜利的重要思想保障。但是一段时间以来,各级党委,尤其是一把手对意识形态安全的重视程度不够,不仅不能为社会主义现代化建设提供思想保障和价值指导,反而给非马克思主义,甚至反马克思主义意识形态提供了滋生环境。当然,造成这种局面的原因有很多,但党委主要领导主观上不重视是所有原因中最具危害性的。党是社会主义现代化建设的核心,各级党委在意识形态安全工作上不作为,抓不好,就可能危及政权安全和党的领导地位的稳定,从而导致整个社会主义事业的失败。在实际工作中,意识形态安全工作耗时耗力,是最不容易出效果、出成果的隐性工作,党委一把手不亲自抓,其他人更不可能抓出成绩、抓出效果。党的十八大之后,习近平高度重视这项工作,多次召开专项会议,做出具体指示,提出具体要求,明确了意识形态安全工作的主体责任,并颁布了多项重要规定,从根本上扭转了一段时间以来,意识形态安全领域工作中的被动局面。

创新宣传手段需要"加强战略思维,增强战略定力"[④],从国际政治秩序

① 《习近平谈治国理政》(第二卷),外文出版社,2017年,第383页。
②③ 《习近平谈治国理政》,外文出版社,2014年,第156页。
④ 同上,第247页。

的大变革,世界经济发展的大趋势的战略高度把握规律,协调做好意识形态安全风险防范,抓住国家发展战略机遇期这个关键,统筹谋划,掌握工作的主动权。要立足"世界多极化、经济全球化、国际关系民主化"①的时代背景,统筹意识形态安全工作。尽管当前西方国家出现了逆全球化势头,但全球化作为世界经济发展的必然结果,其趋势是不可抗拒的。当今时代,没有一个国家可以在推行闭关锁国政策的基础上获得经济社会的充分发展。近代以来我国的惨痛教训历历在目,在全球化背景下,我们更不能逆历史潮流而动。然而国际格局总体处于西强我弱的状态,在意识形态领域西方国家也一刻不曾放松对我国意识形态的颠覆和渗透。因此我们必须要用好全球化这柄"双刃剑",充分利用国际产业转移的战略机遇期,加速经济转型升级,提高产业国际竞争力,为人民群众实实在在的获得感提供坚实的物质保障。同时,要适应新时代外宣工作的新变化、新规律,讲好中国故事,传播好中国声音。要让世界了解中国的真实情况,积极树立和平友好的国家形象,通过展示历史悠久的东方文化、丰富多彩的人文景致、山川秀丽的壮美山河,提升中国的国际形象和文化软实力,特别是要注重展示改革开放以来,我国人民的崭新精神风貌和国家发展的巨大成就,从而减少战略误判,为我国和平发展的战略机遇争取更多时间。

创新宣传手段需要树立辩证思维和底线思维。习近平指出:"要树立大宣传的工作理念,动员各条战线各个部门一起来做。"②工作中需要将意识形态安全意识贯穿到总体国家安全体系中的各个环节。在经济建设、文化交流、社会保障和信息传播等方面都要树立维护意识形态安全的意识。意识形态安全形势复杂多变,牵一发而动全身,需要统筹国内、国外两个大局,网

---

① 《习近平谈治国理政》(第二卷),外文出版社,2017 年,第 382 页。
② 《习近平谈治国理政》,外文出版社,2014 年,第 156 页。

上、网下两个维度。内宣工作要有外宣意识,考虑到事情的国际影响;外宣工作也要有内宣思维,也必须照顾到国内群众的感受。传播手段的革命使得传统宣传方式已不能完全适应时代的发展需要,世界上任何地方发生的事件,瞬间就可通过现代传播手段以声情并茂的方式传到国内,而国内的任何新闻也同样可以瞬间传遍全球,国内外的界限已经非常模糊,必须改变内外宣传"两张皮",两套话语系统的落后思维方式,要融合内外宣传方式方法,推进一体化进程,树立全球思维和国际视野。网络社会的到来深刻改变社会治理单向传播的传统方式,双向互动、多点传播成为常态,这给意识形态安全工作带来全新的挑战,需要党员干部不断提升学习能力,树立互联网思维,把握网络社会的运行规律,做好线上线下融合治理,积极引导网络舆论的价值走向,学会用网络语言、网络思维传播、培育和践行社会主义核心价值观,实现线上线下的同频共振。

此外,意识形态安全工作需要坚守底线思维,决不能因为需要适应不断变化的时代而放弃维护意识形态安全的底线。正如习近平在纪念改革开放40周年大会上所指出的:"改什么、怎么改必须以是否符合完善和发展中国特色社会主义制度、推进国家治理体系和治理能力现代化的总目标为根本尺度。"①必须守好意识形态安全这一维护总体国家安全的底线,时刻保持警醒和危机意识,决不能为了暂时的经济发展和局部的利益放弃整体的、长远的国家利益。意识形态安全事关社会主义现代化建设全局,又不容易转化成看得见、摸得着的具体成果,往往被人所忽视。但是正因为容易被忽视,才更应该守好思维防线,决不妥协退让。

---

① 习近平:《在庆祝改革开放40周年大会上的讲话》,《人民日报》,2018年12月19日。

第四节　文化性是新时代党的意识形态安全理论的自信表征

　　党的十八大以来,以习近平同志为核心的党中央持续推动理论创新,创造性地提出了文化自信这一重要理论命题,成为继道路自信、理论自信和制度自信之后又一重要理论成果。表现在时代变革中既能保持对自身文化价值的坚守与传承,又有足够的信心应对外界的文化冲击。当前,随着经济全球化的深入推进,文化全球化的趋势日渐明显。在这一背景下,我国社会的主流意识形态面临资本主义意识形态和国内多元社会思潮的双重冲击,一定程度上影响到对马克思主义的信仰和追求,消解了民众对社会主义制度的认同。新时代党的意识形态安全理论体现鲜明的文化性,因此从文化自信的视域探讨意识形态安全问题,有助于人们更加深刻地理解这一重要思想。

一、文化自信与意识形态自信

　　"文化是依赖象征体系和个人的记忆而维护着的社会共同经验"[1],它产生于意识形态之前。在人类进入阶级社会之后,文化才逐渐具有意识形态功能。文化不是一个阶级范畴,阶级社会中的文化形态复杂多样,不一定都具有阶级属性。文化既包括法律、道德和哲学等意识形态部分,又包括语言、逻辑等不具有阶级属性的部分。意识形态与文化既有区别,也有联系,

---

[1]　费孝通:《乡土中国 生育制度》,北京大学出版社,1998 年,第 19 页。

辩证统一于社会实践之中。

文化自信与意识形态自信具有内在关联。文化是意识形态的重要载体和来源,意识形态凭借文化这一载体发挥作用,通过思想传播影响他者,其发展又需要汲取文化的思想能量。文化的发展和意识形态的演化体现出内在逻辑关系。文化源自社会实践,建基于一定的社会经济基础上,既不会凭空产生,也不会凭空消失,而是随着社会的进步和生产关系的调整不断的发展变化。意识形态作为观念上层建筑,也会随着这一变化发生改变。道德观作为意识形态的核心要素,根植于一定社会文化之中,潜移默化地影响和改变人们社会实践的具体方式。文化产生于当下社会生活的具体行为,是对人们实践活动的思考与凝练,为意识形态发展提供了必要的文化资源和素材。

一定的意识形态与一定的文化相联系,主流意识形态主导作用的发挥会通过各种文化信息、文化模式和文化交流来体现,这些文化活动会受到统治阶级文化价值观和对文化发展方向、性质与作用的具体态度的引导和制约。意识形态不仅需要通过政治权力的外化政治行为保障阶级利益的实现,更需要文化的渗透作用参与其中,潜移默化地影响社会价值体系,以维护统治阶级的根本利益。随着人们权利意识的增强和民主政治观念的广泛传播,统治者更多地采用这种更加隐蔽的手段,通过附着在文化上的价值判断和思想观念的导向作用,起到维护阶级统治实现阶级利益的最终目的。

意识形态决定文化的发展方向和发展道路。意识形态是指一个阶级基于维护自身利益需要所形成的有关思想上层建筑的一整套思想系统。统治阶级通过运用政治权力,把本阶级的意识形态提升为国家意识形态,从而主导社会意识形态的发展,由此获得了一种无形的精神力量。这种力量主导着社会主流文化的发展,潜移默化地形成了体现统治阶级利益的文化环境,从根本上守护着阶级利益的实现基础。一定社会关系中的文化创造和发展并不是漫无目的的无意识活动,总会受到某种价值观念的深刻影响。意识形态功能突出地表现为培育和涵养社会成员,使其世界观和价值观符合主流意识形态的需要。统治阶级需要某种共同的价值观凝聚社会共识,激发社会活力,通过各种包含意识形态因素的文化活动向社会成员传达这种价值观,左右其价值取向,从而规范和制约人们的行为。使社会成员为共同的社会理想和价值目标步调一致地前进。

从某种程度来说,全球化就是"西方化""美国化"的过程。西方国家经济、科技的强势地位决定了西方思想文化和意识形态在中国传播的强势地位。人类的现代文明起源于西方,成长于西方文化环境下的人类现代化天然地与西方文化有千丝万缕的联系。从表面看似乎存在这样一种逻辑,即西方文化催生了现代文明,现代文明必然要在西方文化的土壤中才能发育和成长。然而近代以来东亚地区的迅速崛起,尤其是根植于传统文化和社会主义先进文化的中国发展模式广受关注,从事实上给予"西方文明中心论"以彻底的否定。而西方资本主义意识形态的重要目标就是在思想上统治全球,让非西方国家从被动接受到主动接纳西方的价值观和生活方式。

社会主义先进文化面临"文化霸权主义"的冲击。每个国家都有自己的主导性文化,它反映出社会主流意识形态的根本价值取向。我国社会主义先进文化就是马克思主义指导下的继承了民族优秀传统文化和红色革命文化的中国特色社会主义文化的当代发展,是指导我国社会文化事业发展的主导性文化。以美国为首的西方资本主义国家,由于经济基础与社会主义国家完全不同,其所奉行的是维护资产阶级利益的意识形态和资本主义文化,在思想文化和意识形态领域对社会主义文化产生了阶级性恐慌心理,敌视、惧怕无产阶级的意识形态和社会主义文化是其普遍具有的社会意识,在文化交往领域表现为企图用西方资产阶级意识形态谋取全球文化霸权,用西方价值观和生活方式统一全球。

　　近年来,新保守主义、新自由主义和民主社会主义等西方社会思潮,伴随着经济、学术和文化方面的交流传播到我国思想领域。西方国家祭起"宗教信仰自由""普世价值"等旗号,借题发挥、蓄意炒作,与国内的代理人遥相呼应,内外勾结,通过互联网等新技术手段,散布谣言,诋毁马克思主义意识形态和中国共产党的领导,抹黑民族优秀文化和社会主义先进文化,严重威胁着我国的文化和意识形态安全。国内市场经济改革逐步深化,利益主体更加多元,加之封建残余思想并未从人们的思想中根除,各种思潮相互激荡,噪音、杂音时有出现。面对国内外的压力,即使顽固坚持"西方文化中心论"的人们现在也承认,西方文明并不是能够解决人类社会所有问题的唯一正确道路。

二、文化自信构筑起了意识形态安全的民族精神基础

　　文化自信是文化安全的基石,也是维护意识形态安全的必要前提和有效手段。要保障马克思主义意识形态安全,必须要有坚定的文化自信,只有坚持对本民族文化的自信,才能构筑起维护意识形态安全的民族精神基础。文化安全是国家安全的重要组成部分,它可以使一个民族形成强大凝聚力和认同感,极大提升国家的整体安全度,进而有效维护和推动国家的稳定发展。安全是人性的本能需要,当人们处于不安全的状态中时就会产生极度的安全渴望。对国家的发展来说,首要前提条件便是内外环境的安全,作为守护国家整体安全系统核心力量的文化安全,同其他方面的安全共同组成保障国家安全,维护社会稳定的防护网。文化安全的实现需要坚定对本民族文化的自信。文化自信来自国民对民族历史、传统和制度等方面的认同感和自豪感。这种情感越强烈,文化自信就越坚定。

　　文化安全的获得源自文化的竞争力和文化的内在活力,来自批判吸收

其他文化，反思自身文化内在问题的能力。文化竞争力包括文化吸引力、文化创新力和文化传播力三个方面，其中文化吸引力是核心要素，是文化创新和传播的前提条件。文化吸引力的大小与文化独特性密切相关，任何民族若要展现民族文化魅力和吸引力，实现民族文化的可持续发展，都需凭借自身文化的独特价值和鲜明的文化特色。文化自信保证了文化的主体性和多样性的实现，这是文化安全的前提。文化自信不等于文化自负，更不是文化自大，而是对本民族精神内核的坚守与传承。它赋予中华文明鲜明特色，以区别于其他文明的先决条件，也是维系中华文明数千年虽历经磨难而延绵不绝的精神纽带。

开放交流是保持文化活力的本质要求，封闭保守的文化策略只能使文化僵化没落，丧失竞争力和吸引力。不同文明间的交流和发展，都以自身文化特色为载体，以交流为动力。中华文明正是在不断交流和碰撞中发展和创新的，从而造就了一个又一个文明的高峰。春秋战国时期，诸子百家争鸣，各种思想、学说竞相诞生，相互激荡之中铸就了中华文明第一次思想高峰。汉唐以来，中华文明充分吸收西域文化和佛教文化，一次次把中华文明推向高峰。然而明朝后期开始的文化保守和闭关锁国政策，使中华文明错失宝贵历史机遇，在妄自尊大的傲慢中，逐渐落后于大航海时代的世界潮流，导致了近代以来被动挨打的惨痛局面。新中国成立后，尤其是改革开放以来，在党的文化方针正确指引下，对外文化交流频繁，国家文化事业展现良好发展局面。在坚持民族文化主体性与尊重差异性的基础上，我们坚持文化领域的双向交流，充分吸收各国文化的优秀成果，提升了中华文化的国际影响力。在新的历史时期，只有把中华民族文化的特性传承下去，把物质文化遗产和非物质文化遗产保护好，才能在多元共存的国际文化格局中占据一席之地。

没有文化的安全就没有意识形态的安全。冷战结束后，文化安全在整个国家安全体系中的重要性得到凸显。西方国家越来越多地以文化和价值观的差异作为国际间利益聚合和博弈的重要因素。而在经济全球化过程中,文化与价值观则异化为西方国家实现利益的重要手段。尽管西方国家掀起了逆全球化的浪潮,但以美国为首的西方国家仍是全球化的主要受益者。西方国家凭借政治、经济和科技优势不遗余力地向其他国家输出西方文化和价值观,推行文化霸权主义,企图构建一个由西方文化和价值观主导的全球价值体系,从根本上维护西方国家的利益。文化的全球化趋势是一个客观现象。在这一历史进程中,弱势国家的文化主权受到侵害,民族文化和价值观被西方强势文化所侵蚀。作为世界上最大的社会主义国家,我国长期面临各种敌对势力在文化领域的渗透和威胁,敌对势力一刻也没有放松过在意识形态领域与我们的激烈较量。我国意识形态领域总体稳定,但随着国际交往的扩大和经济的发展,也面临越来越大的压力。忽视意识形态安全就可能导致无可挽回的历史性错误。如何在全球化过程中既能汲取国外优秀文明成果,又能保持我国文化主权和意识形态安全不受侵害是一个重要课题。巩固马克思主义先进文化在我国文化体系中的核心地位是做好意识形态工作的重要方面。

三、以高度的文化自信维护意识形态安全

维护意识形态安全需要高度的文化自信,它所形成的民族凝聚力和国家认同感对维护意识形态安全和构建国家整体安全体系起着基础性作用,在实践中具体体现在对马克思主义先进文化、中华优秀传统文化和红色革命文化的自信。

民族文化深刻影响着中国人的思维方式和价值观,塑造了中国人的生活方式。习近平指出:"中华优秀传统文化是中华民族的突出优势,是我们

最深厚的文化软实力。"①每一种文化的存在都有其合理性和独特的魅力,正像生物圈中的物种多样化推动着生物的相互竞争和不断演化,文化的多元化使得人类社会幻想万千、精彩纷呈,在相互借鉴中推动人类的发展进步。任何有价值的文化思想,都具有时代性和超时代性。文化思想中的超时代性,来自全人类共同的生活境遇和生产、生活方式,具有普遍意义上的价值传承性。中华文明作为人类唯一一种从未中断过的古老文明,蕴含丰富哲理,自成体系,博大精深,包含大量超越时代的思想。这些思想均兼有时代性和超时代性双重特性,构成了中华民族的思想源泉和心理支撑。马克思主义重视人的主观能动性和人的内在价值发挥,在这一维度上同以儒家思想为代表的中国传统文化中强调人的价值,重视人与人的伦理关系高度契合。

在全球化背景下,各国文化交流日益频繁。西方社会的极端个人主义、实用功利主义、消费主义和享乐主义等价值观伴随着西方影视作品、书籍、饮食文化和流行音乐等大量渗透到中国,青少年群体尤其受其影响。不仅在生活领域,甚至在教育和学术研究领域也普遍存在这一趋势。受到西方培植和资助的国内代理人通过报纸、网络等各种载体为西方价值观和生活方式摇旗呐喊,某些受其蛊惑者也在有意无意间充当了西方意识形态渗透的工具。中国传统文化的根基在两种意识形态的交锋中被逐渐侵蚀,民族文化凝聚的价值观共识被不断消解,给国家意识形态安全带来了严重隐患。中华文明以文化的传承和价值观的认同为基石,维系了中华民族数千年的文化整体性,即使在多灾多难的近代,也从事实上保持了国家总体上的统一和完整。面对激烈的意识形态竞争,我们需要坚守传统文化中的优秀成分,并赋予其新的时代内涵,推动其创造性转化和创新性发展,以适应新时代意

---

① 《习近平谈治国理政》,外文出版社,2014 年,第 155 页。

识形态安全工作的需要。

坚定社会主义先进文化自信是维护意识形态安全的本然之义。我国社会主义先进文化的鲜明特征就是坚定不移地坚持马克思主义在社会主义文化发展中的指导地位。社会主义先进文化是对社会主义公有制经济基础的反映,体现的是无产阶级的世界观和价值观,维护的是人民群众的根本利益。马克思主义在我国意识形态领域的统摄地位来源于长期的革命、建设和改革实践,坚持其核心领导地位,是我国建设和改革事业能否沿着正确道路前进的根本思想保证。在中国这样一个历史悠久,人口众多,发展又不平衡的国家,进行如此深刻的经济转向和社会变革,人类历史上从未有过。人类交往空前扩大,这在为我们提供改革和建设必要价值指导的同时,也使我国意识形态安全面临复杂态势。社会中存在的思想领域一元化和多样性之间的矛盾问题就是这种复杂局面的主要体现。一元就是以马克思主义作为意识形态领域的主导思想,多样则是指社会转型时期,各种价值观和社会思潮的不断涌现。一元是根本,多样是内容,多样必须在一元的指导下才能有序发展。只有坚持马克思主义的指导地位,才能正确认识我国经济社会发展的现状,才能在纷繁复杂的各种社会思潮中固本清源,从而为社会主义现代化建设和改革事业提供强大精神动力。

一种理论的生命力来自其理论不断创新的活力和对现实问题的解释力。在中国革命、建设和改革的伟大进程中,马克思主义结合中国具体实践,在不断汲取中国优秀传统文化中的精华成分,总结革命、建设和改革的历史经验和教训的基础上,创造出了具有中国特色的思想理论体系,走出了一条具有中国特色的马克思主义中国化的理论创新之路。坚持马克思主义的指导,既要遵循马克思主义基本原则,更要在实践中发展马克思主义,坚定不移地贯彻执行"百花齐放、百家争鸣"的文化方针和"贴近实际、贴近生活、贴近群众"的原则。尤其是在当前西方意识形态领域的强大攻势下,更要紧紧抓住马克思主义这一理论武器,充分发挥社会主义核心价值观对思想的引领作用。

坚定"红色文化"自信是维护意识形态安全的重要抓手。在 100 多年的革命和建设伟大进程中,中国共产党人将马克思主义理论自觉应用于中国革命和建设实践,以革命的大无畏精神和超凡的进取勇气,领导中国人民取得了新民主主义革命、社会主义革命和社会主义建设的胜利,并在这一历史进程中凝练出宝贵的精神财富,创立了一系列可歌可泣、鼓舞人心,闪烁着鲜明时代光辉和人民智慧光芒的优秀红色文化,它继承了中国的优秀传统文化,又有新的内容和创新发展,无不体现中国共产党人领导中国人民在各个历史时期所凝练出的时代精神价值,凸显了中国革命的优良传统和伟大民族精神。它既是对中国优秀传统文化的继承与发展,更是我们不忘初心、砥砺前行的精神动力。

红色文化包括两个层面的内涵:一是物化形态层面,包括革命遗址、革命纪念馆、纪念碑、烈士陵园和重要历史文件、文物等,直观的物质载体能发挥良好的价值观引领作用。通过参观革命遗址、领导人故居,能够让人们身临其境地体验一些重要历史事件的发展过程,让人们在具体情境中感受革命先辈浴血奋斗、艰苦卓绝的革命精神,理解革命成果的来之不易,从而产生心灵的触动和潜移默化的价值认同。二是精神层面,包括各个历史时期所产生的革命道德、革命精神、革命歌曲和红色小说等。精神层面的红色文化以马克思主义为指导,代表着中国先进文化的发展方向。在实现民族复兴的新时代,各类红色题材影视作品依然受到广大人民群众的欢迎,不断发挥社会主义核心价值观引领作用。这些听着红色革命歌曲,看着红色革命电影长大的人民群众,会自然地产生对社会主义制度的认同感和对民族、国家的深切情感。

第五节　世界性是新时代党的意识形态安全理论的创新表达

进入 21 世纪,地缘政治力量对比加速调整,和平与发展的历史趋势不断受到挑战,一些历史问题也随着旧有世界格局的持续重组逐渐浮出水面,从而给人类文明进步的光明前景带来阴霾。传统的以西方为中心的世界格局受到新兴国家的不断挑战,而随着新兴势力的崛起,对国际话语份额的扩大有了更多期待,进而持续撬动既有世界话语格局,致使源自西方资本主义意识形态输出基础上的世界利益格局遇到重大挑战。战争、饥饿、疾病和生态恶化等一系列难解的课题摆在世界各国人民的面前,面对急速到来的世界变局,西方话语解释能力的苍白羸弱凸显其价值体系的脆弱性与虚伪性,也让以所谓西方"普世价值"为核心的价值体系再一次面临解体的尴尬局面。在这场人类危机中,中国以负责任大国的历史使命感提出打造人类命运共同体的中国解决方案,"构建以合作共赢为核心的新型国际关系"①,指明了一条和谐共生、合作共赢的人类发展新路,从而丰富了人类社会发展内涵,进而提升了我国意识形态话语的国际影响力。

一、全球治理危机凸显西方话语局限性

资本主义生产关系的建立彻底改变了世界面貌,其以摧枯拉朽之势把各种文明裹挟进资本主义生产关系主宰的世界体系中,"正像它使农村从属

---

① 《习近平谈治国理政》(第二卷),外文出版社,2017 年,第 522 页。

于城市一样,它使未开化和半开化的国家从属于文明的国家,使农民的民族从属于资产阶级的民族,使东方从属于西方"①。资本主义生产方式极大地促进了生产力的提高,带来了商品生产的空前繁荣。但是这种以资本增值为内在逻辑的生产方式的严重后果很快便显现出来,因为"它把人的尊严变成了交换价值,用一种没有良心的贸易自由代替了无数特许的和自力挣得的自由"②。从此,人和人之间除了赤裸裸的金钱关系再也没有什么其他关系,追求金钱和利润成为一切社会活动的动机。资本主义把世界拉进一个封闭的资本环境,遵从资本的逻辑,按照资本主义的游戏规则运转,在这种资本全球化的过程中,世界经济一体化也在被动展开。然而正像它刚来到这个世界,"每个毛孔都滴着血和肮脏的东西"③,它的自私、贪婪本性使它不计一切后果地疯狂扩张。但全球的资源是有限的,商品的倾销市场也不可能无限扩大,于是这种信奉资本逻辑所引发的资本主义国家内部的矛盾便不可避免地爆发。

两次世界大战给人类带来的惨痛教训仍然历历在目,毁灭式的生产方式使得资产阶级也在反思这种不计后果的资本冲动。如何避免资本主义的自我毁灭,实现资本的持续、可控式的增值就成为整个资本主义世界迫切需要解决的问题。第二次世界大战后,西方国家建立了以美元为核心的经济运行体系,辅之以世界银行、国际货币基金组织、"七国集团""北约"等政治经济组织,使得资本的内在矛盾大大缓解,并进一步释放了生产力,从而使人产生资本主义还处于青年时期的"幻觉",进而消解了马克思主义在世界的影响力。然而马克思主义毕竟是科学,其基于科学规律的预测始终没有被颠覆,它对资本的深入剖析也一直是我们了解和分析资本主义各种问题

---

① 《马克思恩格斯选集》(第一卷),人民出版社,2012 年,第 405 页。
② 同上,第 403 页。
③ 《马克思恩格斯文集》(第五卷),人民出版社,2009 年,第 871 页。

的利器。在资本主义社会遇到周期性危机时，正如《共产党宣言》中所描述的，"社会突然发现自己回到了一时的野蛮状态"①，这种疯狂与无助的表现让人很难与其一贯倡导的文明与教化产生丝毫联系。进入21世纪，国家间的贫富差距不仅没有缩小，反而愈拉愈大。西方发达资本主义国家经历数百年的积累，在经济、科技和教育等领域积累的存量优势始终不曾缩小，其先发优势像黑洞一样吞噬着所有发展中国家的一切资源，很少有国家能像中国一样没有掉入西方发展的陷阱，沦为西方的附庸。以中国为代表的少数新兴国家只能在这种被动的市场环境中与其展开增量竞争，充分发挥自身的后发优势。即便如此，西方国家仍然将中国定位为一个"搅局者"，一个已经无须任何掩饰的战略竞争对手。这种定位和预判已经充分暴露西方资本主义国家的固有思维，本质上就是当前的世界利益格局和维持这一格局的话语体系不容有任何挑战，谁挑战这一格局，谁就要受到西方国家的制裁。利益就是道理，强权就是正义，谁的实力强，谁就是世界的主宰者，人类文明仿佛一夜之间回到了弱肉强食的丛林时代。

霸权主义像个梦魇一样笼罩在发展中国家的头顶。发达国家只是把发展中国家作为其原料产地和商品的倾销市场，并固化这种附庸关系，落后国家的殖民地属性和几百年前一样，没有任何改变。以中国为代表的新兴国家挑战旧秩序的难度可想而知。然而传统现实主义认为，"国家本质上是利己的、自私的，国家间的争夺、暴力和战争是常态，国家是自主体系"②。冲破传统世界格局谈何容易，其必然会受到既得利益国家的严密封锁和强力回击。中国的强势崛起已经让西方国家感到一阵寒意。按照西方的政治逻辑，掉入国强必霸的"修昔底德陷阱"必然是中国崛起后的世界格局常态。

---

① 《马克思恩格斯选集》(第一卷)，人民出版社，2012年，第406页。
② 姚勤华：《冲破威斯特伐利亚围墙？——从欧洲联盟看现代国际关系的变化》，《社会科学》，2008年第10期。

这种"零和博弈"的固化思维在他们的头脑中已经根深蒂固,短期无法改变。因为从西方发展的整个历史来看,没有任何一个新兴大国通过和平方式实现崛起,世界市场是固定的,多一个竞争者就意味着既有利益的损失。这种形而上学的固化思维很难理解中国传统文化中的"和合"理念,只用机械的、静止的眼光看待这个不断变化的客观世界,难免掉入非此即彼的思维陷阱。

近代以来的资本扩张早已把世界连接成一个休戚与共的共同体。很多世界性难题并非某一国所能解决,必须要全人类共同努力。如果西方发达资本主义国家固守静止存量思维,认为中国的发展只是在挑战既有世界格局,那么这个世界永远不会有和谐共生的一天。那些全人类所共同面对的世界性难题也不会有完全解决的时候。面对人类共同的挑战和风险,中国给出了自己的解决方案:"构建人类命运共同体,实现共赢共享。"①人类命运共同体思想展现的是中国智慧和中国方案在国际上的声音与主张。正如很多现代医学解决不了的难题转而寻求中国传统医学的智慧一样,面对新冠肺炎疫情、恐怖主义、生态危机和气候变化等全球性难题,西方国家的解决方案有时也会陷入无能为力的尴尬境地。中国方案的出场是西方国家的无奈,但是发出中国声音,争取国家话语权的良机。

人类命运共同体思想用一种共享发展的增量新理念消除了传统零和博弈的极端思维,从而在全人类的和谐共处中找到了实现每个人价值和利益的合理方案。共同的利益意味着共同的责任,没有脱离利益的责任,也不存在只有责任而无利益的付出。当全人类共享发展成果,共同利益相互交织时,也必须共同面对人类共有的挑战和威胁。正如习近平在气候变化巴黎大会开幕式上所说:"巴黎大会应该摒弃零和博弈狭隘思维,推动各国尤其

---

① 《习近平谈治国理政》(第二卷),外文出版社,2017 年,第 539 页。

是发达国家多一点共享、多一点担当,实现互惠共赢。"①但是以美国为首的部分发达国家不愿承担与自身相匹配的减排责任,企图多占便宜、少担责任,思维狭隘,固守一己之私,不愿为全人类的共同利益做出让步,甚至以退出巴黎气候协议相威胁。在面对全球新冠肺炎疫情时,美国依旧不忘攻击中国的政治体制,将本国疫情暴发的责任推给中国,企图把疫情充当反华工具,在全世界面前展现了其自私、狭隘的国家形象,把资产阶级的贪婪本性展现得淋漓尽致。与此相对照,中国展现了人类命运共同体的责任共担的负责任的形象,除了承诺设立应对气候变化的专项合作基金,更是把生态文明建设作为我们的长期规划加以贯彻。在抗击新冠肺炎疫情取得初步胜利之时,我们国家不忘积极支援别国抗击疫情,展现了一个世界大国的使命和责任,用行动诠释了人类命运共同体的内涵,在同不合理的世界秩序斗争中赢得了话语主动。

二、"普世价值"与人类命运共同体基础上的"共同价值"

马克思主义认为意识形态本质上是一种实现和维护阶级利益的系统的观念学说,而"普世价值"本质上就是西方资本主义国家为维护资产阶级的阶级利益所创造和传播的意识形态。统治阶级为了维护统治和更顺利地实现阶级利益,会把本阶级的利益说成是全体人民所共有的利益,把本阶级的价值观说成是所有人共同遵守的价值观和道德准则。西方资产阶级在反对本国封建势力的资产阶级革命中高举自由、民主和人权的旗帜,为建立资产阶级共和国扫清了思想障碍,展现了积极的历史进步意义。但是资产阶级仍然以私有制为基础,它不是更先进生产力的代表,更不会代表着"历史的

---

① 《习近平谈治国理政》(第二卷),外文出版社,2017年,第529页。

终结"。资产阶级的意识形态只是起着维护和实现资产阶级利益的思想工具的作用,在资本主义世界体系建立之后,这种意识形态又从国内扩展至国外。因此,作为资产阶级意识形态的"普世价值"无论包装的如何豪华,本质上依旧扮演着维护资本主义国家阶级利益的工具角色。正如习近平所说:"有的人奉西方理论、西方话语为金科玉律,不知不觉成了西方资本主义意识形态的吹鼓手。"①

应该说,所谓"普世价值"并非没有任何价值,其中的尊重民主、自由和人权也是社会主义核心价值观应有之义。但是如果简单认同"普世价值"这种说法,显然掉入了西方资本主义国家的话语陷阱。首先,把资产阶级倡导的价值观描述为和宣传为全人类所"普世"的价值观显然抹杀了这种价值观的阶级属性。意识形态的鲜明阶级属性必然要体现在阶级的价值观上,若将资产阶级的价值观描述成"普世"性质,人们也就分不清这种价值观的阶级属性,而模糊了阶级属性也就不自觉地充当了资本主义意识形态的"吹鼓手"。其次,"普世价值"具有虚假性。所谓"普世",有一个基本前提,就是放之四海皆准,如果不能普遍适用也就谈不上"普世"。那么这种条件的满足只能以抽象的概念为条件,而抽象的价值具有虚假性,并不具有普遍适用的意义。在阶级社会里,只有统治阶级的价值观满足这种条件,在资本主义国家就具象为资产阶级的价值观。价值观的阶级属性决定了它的历史性和具体性,任何抽象的价值观都不具备普遍意义。因此,也就陷入了资产阶级的话语圈套。最后,"普世价值"把价值的形式当成价值的本质。正如西方国家结构多采用分权的联邦政体,地方权力较大;立法机构多采用议会民主制;而政党制度一般采用多党制,通过竞争性选举实现政党轮流执政的政权组织形式。我们知道,一个国家采取什么样的国体、政体是和这个国家的历

---

① 《习近平谈治国理政》(第二卷),外文出版社,2017年,第327页。

史传统、阶级力量对比和国家性质分不开的。同样是资本主义国家,英国实行议会民主制,而美国实行的是总统共和制。在政党制度方面,意大利和法国实行的都是多党制,而美国、英国实行的是两党制。因此,简单根据是否实行西方民主政治就判断是否民主,显然既不符合实际也不符合逻辑,即便是西方国家内部也并没有完全统一标准的民主政治制度,毋宁说用西方民主的形式代替西方民主的本质。正如亨廷顿所说:"各国之间最重要的政治分野,不在于它们政府的形式,而在于它们政府的有效程度。"①这就道出了政权实现形式的核心问题。

西方"普世价值"用民主的形式代替民主的本质显然有其特殊的政治目的。民主的实现形式不止一种,在西方资本主义国家内部尚有多种形式,更不用说让人们承认唯一的、"普世"的形式。每个国家只有根据自己的实际情况选择符合自身发展道路的民主形式才是最好的民主形式。我们国家实行的是中国共产党领导的人民民主专政的社会主义制度,人民代表大会是全国最高权力机关,中国共产党是执政党,民主党派是参政党。我们的政体、国体和政党制度是完全符合我国客观实际的正确选择,充分体现了历史性与人民性的统一。鼓吹西方"普世价值"不管是出于主观目的,还是被动无意,都需要引起人们的高度警觉。因为这样一种价值观已经被异化为人世间唯一正确的政治价值标准,按照这一逻辑继续推演,如果不实行西方资产阶级民主制度和组织形式,就是不合法的、反民主的,那么中国特色社会主义道路将从根本上被否定,随之一起被否定的还有中国共产党的领导和人民民主专政。这显然是荒谬的。"普世价值"俨然变成了人世间唯一的真理,这显然是逻辑与现实的双重矛盾。因此,必须对宣扬"普世价值"的危害性有深刻认识。

---

① [美]塞缪尔·亨廷顿:《变化社会中的政治秩序》,王冠华、刘为译,上海世纪出版集团,2008年,第1页。

应该用一种客观、理性的辩证思维看待西方的"普世价值"。一方面要坚决揭露和抵制西方提出"普世价值"的险恶用心和根本目的,筑起新时代维护意识形态安全的心理防线,提高防范西方意识形态渗透和话语陷阱的基本能力,从而为中国特色社会主义道路的顺利前行提供意识形态能力保障。应该说,自 2008 年西方金融危机以来,特别是美国特朗普政府上台以后,西方国家的话语骗局和"普世价值"的根本面目已经被世人看得越来越清楚。西方国家多年苦心经营、包装精美的"普世价值"在西方国家对外政策中自私唯利的本性大暴露中逐渐失去市场。一些被西方巧妙、精致的宣传手段所蒙蔽的普通群众,也逐渐从残酷现实和幼稚幻想中醒悟过来。这些都为我们继续开拓具有中国特色的社会主义道路的历史任务提供了良好的舆论环境。另一方面,我们应该承认,即使西方"普世价值"存在的根本目的是为了实现西方资产阶级的阶级利益,但是其所宣传的自由、民主和人权等现代价值观念对我国仍有一定借鉴意义,不能"一刀切"式的全盘否定,犯教条主义错误。马克思、恩格斯早已在《共产党宣言》中对资本主义诞生的历史意义给予了高度评价,连同其所倡导的资产阶级价值观,在反对封建专制的资产阶级革命中也具有划时代的积极意义。如同列宁发展了马克思主义意识形态理论,把意识形态分为资本主义意识形态和社会主义意识形态。如果从意识形态工具性本身出发,我们只能看到其中立性,关键是看谁掌握了这个工具。西方"普世价值"中的某些内容已经淡化其阶级属性,成为全人类所共享的价值观,关键看是哪个阶级在倡导这种价值观,目的是在维护谁的利益。单纯评价一种价值观概念,而不考虑它的使用范围、历史传承和倡导主体等因素,是毫无意义的。

我们反对西方的"普世价值",最核心的问题是为了避免掉入西方话语陷阱,防止被动成为西方意识形态的传声筒,从而沦为维护西方资产阶级利益的工具,对此我们始终需要保持高度敏感的意识形态警惕性。从来没有人说过"普世价值"没有任何价值,但我们必须要用我们的话语体系将人们共同认同的价值阐释和宣传出去,而不是在西方的话语体系中,用西方的话语方式发声。对于其中的积极因素,我们可采取开放包容的态度,主动吸收其中的合理成分,积极推动社会主义民主法治建设更加完善。同时,我们也应该看到,在全球化背景下,各国间交往频繁,各国交往过程中除了经济、政治等根本因素之外,共同的价值观也使得相互的交流更加顺畅,认同感也更强。客观上这也有利于我国国家利益的实现和国际影响的扩大。如果简单将西方所谓"普世价值"贬损的一无是处,反倒有可能令我国陷入价值孤立的不利境地,这反而有损我国长远发展的利益需要。因此,我们更需要借鉴和包容"普世价值"中的积极因素,用我们自己的话语体系发声,既避免掉入他者的话语圈套,又能实现自身的价值传播,营造更好的发展环境。习近平指出:"和平、发展、公平、正义、民主、自由,是全人类的共同价值。"[①]这种基于人类命运共同体思想凝练的人类共同价值,是新时代我国同其他国家交往的价值基础。不难看出,我们借鉴吸收了人类现代文明发展的积极成果,同时又在维护人类共同利益基础上持续做出了创新。

三、扩展我国意识形态话语空间的人类命运共同体新表达

构建人类命运共同体是我国为应对人类共同的挑战和发展困境给出的中国解决方案,体现了中国元素、中国风格和中国智慧,是基于人类共同利益做出的历史选择,也是中国文化自信的外化表达。人类命运共同体思想的出场为我国意识形态话语权的扩大提供了必要的思想前提,而意识形态话语权的提升则需要从以下五个方面努力。

---

① 《习近平谈治国理政》(第二卷),外文出版社,2017年,第522页。

第一,建立平等相待的伙伴关系。我们主张国际关系民主化,国家不分大小,在国际交往中都是平等的主体,每个国家都有平等参与国际事务的权利。每个国家不可能拥有完全相同的国力,而不同的国力在国际交往中往往体现了不同国家的国际地位和政治影响力。这造成国家间事实上的不平等,使得弱小国家沦为强国的附庸。这种不平等的国际关系对一些主权国家造成了严重损害,给国际冲突埋下了隐患。特别是在冷战时期,弱小国家在与以美苏为代表的强国交往时只能依附于强权政治的保护,民族国家不可能与超级大国之间存在平等的对话关系。冷战结束以来,世界朝着多极化方向发展,但这种不合理的国际格局并未从根本上得以改变。美国唯一的超级大国地位使其以国际警察自居,在与其他国家交往时往往处于绝对的优势地位,即便是在同其盟友的关系上,也是以"中心—边缘"的权力关系存在,这些盟友往往都成为美国的附属国,敢怒不敢言。正像我们所倡导的公平、正义等现代文明价值观,人类文明程度的提高使得这种弱肉强食的丛林法则的改变成为可能,国家间也需要以公平、正义等现代文明进行规范和调节。这是人类文明发展进步的标志,也是维护国家间持久和平的必然路径。

第二,树立共建共享的安全观。全球化把世界各国捆绑成一个命运共同体,没有哪个国家能够独自面对人类社会发展过程中的共同难题,把自身安全和共同安全对立起来显然解决不了自身安全问题。习近平明确阐发了我们的主张,"既重视自身安全,又重视共同安全,打造命运共同体,推动各方朝着互利互惠、共同安全的目标相向而行"[①],这是我们应对国际社会安全关切所提出的共享安全观。传统安全问题与非传统安全问题相互交织,连环叠加,稍有不慎便会引发连锁反应。即便如美国这样的超级大国,在面对诸如全球气候变化、核扩散、疾病传播和国际恐怖主义等安全威胁时也需要

---

① 《习近平谈治国理政》,外文出版社,2014年,第201页。

别国的信息共享,毋宁论其他国家。因此,我们倡导共建共享的共同安全观,超越了各自为战的落后安全观念,将大家的安全关切和资源形成合力,构筑起维护集体安全的大网。

第三,坚持合作共赢的发展观。合则两利,分则两害,中国自古以来就习惯运用辩证思维看待发展问题。国家间的交往如同个人交往,不能只占便宜而不愿承担义务,如果一国的利益是建立在另一国利益受损的基础上,交往必然不可持续。只有双方共同受益,达成双赢的结果,才会有整体的持续发展。所以我们提出"一带一路"倡议,积极参与各种形式的自由贸易区谈判,就是想通过合作共赢的共同发展理念实现大家共有的发展权益。应该说,这些年中国的快速发展受益于全球经济一体化进程,特别是加入世界贸易组织以后,中国的发展速度更是逐步加快,深度参与国际分工合作。以经济交往为先导,广泛发展同世界各国的友好关系是这些年来我国对外政策的主色调。我们不仅是全球经济合作的受益者,更是合作共赢发展模式的积极倡导者。就是想通过这种双赢、多赢的发展将大家打造成人类命运共同体,共同享有一切发展成果,同时也一起承担和面对人类的挑战。与个别发达国家日益保守的发展理念不同,我们"欢迎各国搭乘中国发展的'顺风车'"①,期盼在这种开放合作的环境中,实现全人类的普遍繁荣。

第四,倡导交流互鉴的文明观。"文明没有高下、优劣之分,只有特色、地域之别。"②历史上,中国就是一个积极倡导文明间相互交流的民族。2000多年前张骞出使西域完成了开辟丝绸之路这一影响至今的伟大创举。东西方交流通道开辟之后,使得东西方文明成果的共享成为可能,时至今日我们仍然享受着2000多年前东西方文明交流的成果。中国古代的"四大发明"

---

① 《习近平谈治国理政》(第二卷),外文出版社,2017年,第546页。
② 同上,第544页。

也同时促进着西方文明的进步,马克思也专门谈到过四大发明的历史贡献。法显取经、玄奘西游和鉴真东渡,这些宗教文明的交流深刻影响了中国和东亚古代文化基因。可以说,中国历史上但凡持开放包容文化政策的朝代几乎都强盛繁荣。开放互鉴使文明更加强大,封闭保守则会造成落后的局面。中国是文明交流的受益者,也是文明的传播者。因此,中国积极倡导文明间的相互学习、取长补短,不仅重视"引进来",也日益重视"走出去",把悠久灿烂的中华文化发扬光大,主动寻求与其他文明间的价值契合,形成文明间的同频共振,从而形成更深层次的共同体,因为"只有共同利益而没有共同价值的共同体是不可持续的"①。

第五,积极建设生态文明。文明的发展离不开良好生态环境的孕育,人类只有一个地球,"人类对大自然的伤害最终会伤及人类自身"②,保护全人类共有的家园是所有国家共同的责任。应当说,在从工业文明迈向生态文明的进程中,西方发达国家最有可能成为引领者,而事实并非如此。资本的内在逻辑带来的破坏是造成全球生态灾难的罪魁祸首,用自我异化的方式实现对一种文明的超越,无论是逻辑上还是实践中,资本主义都做不到。资本的逻辑就是用尽一切手段追逐利润,为此不惜创造出自身所容纳不了的生产力,引发了消费主义、享乐主义的严重后果,在享受远超自身需要的物质需求时也在透支环境的承载能力。生产的全球化进一步将这种破坏力推向全球,从而造成全球性的生态灾难。应该说,正是资本主义所固有的矛盾导致了这种局面。因此,中国必须肩负起全球生态文明建设的历史重任,这正是作为负责任大国的责任担当。党的十九大报告中指出了我们所追求的正确发展之路,即"坚定走生产发展、生活富裕、生态良好的文明发展道路,

---

① 刘建飞:《全球治理背景下的中国政治意识形态安全》,《科学社会主义》,2016年第6期。
② 《中国共产党第十九次全国代表大会文件汇编》,人民出版社,2017年,第40页。

建设美丽中国,为人民创造良好生产生活环境,为全球生态安全作出贡献"。中国本身是个人口众多的发展中国家,人口与资源环境之间的矛盾十分突出,人们在追求经济发展的同时给环境造成了触目惊心的破坏。因此,中国提出了"绿色、低碳、循环、可持续发展"的新理念,把"清洁美丽"写入十九大报告中所倡导的人类命运共同体所追求的价值目标中,通过艰辛的探索和实践,中国已经"成为全球生态文明建设的重要参与者、贡献者、引领者",正在用自己的实际行动践行着人类文明可持续的发展探索。

　　一言蔽之,人类命运共同体思想的出场标志着我国在探索人类社会新的发展道路上所达到的战略高度,其中所蕴含的人类共同利益价值超越了西方国家所鼓吹的所谓"普世价值",在这场两种价值观、两种发展道路的激烈竞争中,我们国家正以更加自信的态度不断强化马克思主义意识形态话语力量,使中国特色社会主义道路走的更加坚实和宽广。

第五章 新时代党的意识形态安全理论的当代价值

新时代党的意识形态安全理论是一种新型安全理论,是对马克思主义意识形态理论的重大创新和时代发展。它是在中国特色社会主义进入新时代,针对意识形态领域出现的新情况、新变化做出的时代回应,是指导新时代意识形态安全工作的行动指南。它坚持以维护国家政治安全为根本追求,为中国特色社会主义道路提供了坚实的政治保障,为国家治理体系与治理能力现代化提供了思想保障。新时代党的意识形态安全理论明确提出了党的意识形态安全的具体方针,指引了新时代社会舆论的正确走向。这种新的意识形态安全理论扩大了中国道路的国际影响,改变了不合理的国际意识形态话语格局。同时,随着中国日益走向世界舞台中央,中国智慧和中国经验也日益显现出广泛的世界意义。

第一节　马克思主义意识形态理论的重大创新

马克思主义理论是科学,不是封闭僵化的教条,需要在实践中不断发展。新时代党的意识形态安全理论强调维护国家政治安全和党的执政地位稳固这一关切中国特色社会主义事业能否顺利进行的关键问题,科学把握经济建设与意识形态安全建设的关系,在顶层设计上进行了总体布局和规划,将具有中国特色的马克思主义意识形态的发展提升到了新的理论高度。

一、推动马克思主义意识形态安全理论的时代发展

真理的发展是个过程,真理是绝对的,同时又是相对的,是绝对性与相对性的统一。由于人们认识世界受到主客观因素的制约,对真理的探寻和认识需要持续推进和发展。马克思主义意识形态理论是真理,但同样需要将其在实践中持续完善,以适应环境的不断变化,从而增强理论的解释力和说服力。新时代党的意识形态安全理论是民族复兴道路上的思想保障和精神动力。习近平新时代中国特色社会主义思想是全国各族人民团结奋斗的共同思想基础,是新时代马克思主义意识形态理论的核心内容。有了共同的思想基础,也就有了共同的奋斗动力和价值认同根基。因此,随着中国特色社会主义事业的蓬勃发展,马克思主义意识形态也得到人民群众的高度认同,其在意识形态领域的指导地位也愈加巩固,而党作为中国特色社会主义事业的领导核心地位也就更加稳固。

新的安全理论继承了党在意识形态安全建设中的基本经验和优良传统,并在此基础上根据内外环境、主客观条件的新变化和新特点形成了具有

鲜明时代特色的马克思主义意识形态理论。在发展、改革过程中如何正确处理经济增长与意识形态工作的关系事关社会主义事业的顺利前行。新中国成立之后,在处理两者之间关系的过程中,我们有过成功经验,也有过失败的教训,总的来说,我们既不能走脱离客观实际,只抓意识形态斗争的封闭僵化老路,也不能走只抓经济建设,不抓意识形态安全建设,甚至改旗易帜的邪路,而是需要在坚持以经济建设为中心任务的基础上将两者统一起来,在两者的统一协调中保障中国特色社会主义道路平稳健康前行。新时代党的意识形态安全理论科学论证了经济建设与意识形态安全建设之间的关系,同时指出,马克思主义意识形态与西方资产阶级意识形态之间的斗争已经不仅仅是文化习惯、思想认识等方面的矛盾,而是两种制度、两条道路之间的根本性斗争。他提醒广大党员干部,西方到处宣扬的那套所谓"普世价值"代表的只能是资产阶级的利益,而他们在掌控国际话语格局的优势下,故意用西方的价值标准剪裁中国的社会主义实践,企图迷惑、欺骗包括中国人民在内的一切善良的普通民众。

党的十九届四中全会通过的《决定》强调,要"全面贯彻落实习近平新时代中国特色社会主义思想,健全用党的创新理论武装全党、教育人民工作体系"。习近平新时代中国特色社会主义思想是理解当代中国的金钥匙,它是中国特色社会主义实践的经验总结和理论升华,也是指导中华民族伟大复兴中国梦实现的行动指南。新时代党的意识形态安全理论注重用党的最新理论成果武装党员群众。理解这一思想,可以让我们更加深刻地认识我们所处的时代方位,理解党在社会主义初级阶段的各项措施和方针政策,而理解是认同的前提,只有通过认真学习这一重要思想的核心内容,不断增强运用其武装头脑的能力,才能为巩固马克思主义意识形态的基础创造更好的条件。

与此同时,党的新时代意识形态安全理论是一个逻辑严密、科学系统的理论体系,涉及意识形态安全建设的方方面面。首先确立了建设强大凝聚力和引领力的社会主义意识形态的战略目标,并在这一目标指引下分步实施战略任务,坚持马克思主义的意识形态指导地位和党对意识形态工作的绝对领导,同时抓好马克思主义信仰教育。在建设实践中必须坚持党的中心工作与意识形态工作、党性与人民性、建设性与批判性、守正与创新几对关系的辩证统一。在宣传思想工作中需要将政治建设摆在首位,树立"大宣传"的创新理念。需要指出的是,新时代党的意识形态安全理论高度重视网络社会的到来对意识形态安全产生的深刻影响,注重网络社会中的工作创新。新时代党的意识形态安全理论的产生是时代发展的需要,其科学的体系、丰富的内容来自建设和改革实践,需要在实践中推动其进一步充实和完善。

二、提供党的执政安全思想理论保障

习近平指出:"发展是安全的基础,安全是发展的条件。"①中国特色社会主义建设需要可靠稳定的内外环境,追求执政安全,维护和平建设所需要的政治环境是意识形态安全的价值核心。党的执政安全实现离不开意识形态安全的保障,新时代党的意识形态安全理论从思想上为国家建设创造了必要的内外安全环境。

坚持总体安全新理念,以意识形态安全保障党的执政安全。新时代党的意识形态安全理论不是把意识形态安全看成是孤立的、局部的安全领域,而是运用整体思维统筹设计规划,从总体上把握其全部架构。西方国家出于资产阶级本能,对中国共产党领导的社会主义中国无时无刻不处于敌视

---

① 《习近平谈治国理政》,外文出版社,2014 年,第 201 页。

和偏见状态,总想利用一切机会颠覆中国的政治体制和党的执政地位。新中国成立70多年来,特别是改革开放40多年来取得的成就是世界所公认的,这些成就则被敌视社会主义制度的西方国家视为对其资本主义体制和道路的巨大威胁。每隔若干年总也逃避不了的资本主义经济危机像巨大的梦魇始终盘旋在西方国家上空,世界各国已经从中西方制度比较中看出两种制度孰优孰劣,这更加重了西方资本主义国家的焦虑和不安。在中国的经济实力、军事实力等硬实力越来越强的前提下,直接颠覆中国特色社会主义制度显然不太现实,而意识形态安全是政治安全的先导,从这里打开突破口对西方来说不失为优先选项。新时代党的意识形态安全理论深刻洞察政治安全、执政安全与意识形态安全的逻辑关系,以综合安全体系为依托,追求政治安全这一核心指向,统筹内外安全、传统安全与非传统安全、网络安全与实体安全,并合理协调发展与安全之间的内在关系。

坚持以人民为中心的意识形态安全理念,筑牢党的执政安全的群众基础。习近平指出:"坚持以民为本、以人为本,坚持国家安全一切为了人民、一切依靠人民,真正夯实国家安全的群众基础。"①以人民为中心是新时代党的意识形态安全理论的鲜明价值追求,这不仅传承自党在无产阶级革命过程中的历史经验,更是维护意识形态安全,巩固国家政治安全基础的必要手段。人民群众既是推动历史变革的决定力量,又是国家发展、生产力进步的直接受益者。能否始终代表人民群众的根本利益,体现改革与发展的人民主体地位,决定了一项改革、一个政策的执行效果。意识形态安全建设高度依赖人民群众的积极参与,在某种程度上,人民群众的参与成效是决定意识形态安全建设成败的关键。意识形态安全指的是马克思主义意识形态在人民群众中的一元接受和认同程度,认同度高,其一元指导地位不受其他意识

---

① 《习近平谈治国理政》,外文出版社,2014年,第201页。

形态的威胁和挑战,它就处于安全状态,反之,认同度低,受到其他意识形态的威胁和挑战,则是不安全的。在意识形态安全建设过程中,时刻牢记以人民为中心的价值理念,自然能够赢得人民群众的广泛支持和认同。政治安全稳定,国家发展就有保障,人民群众将会从发展与改革的成果中获益。因此,新时代党的意识形态安全理论抓住了巩固意识形态安全的阶级基础这个关键要素,为真正实现意识形态安全创造了重要的条件。

统筹内外安全建设,维护党的执政安全的外部环境。马克思在《共产党宣言》中就已经深刻指出,资本主义的发展已将全世界纳入统一的市场之中,而这一客观现实又随着新科技革命的到来更加深化,没有哪个国家能在封闭条件下实现快速发展。然而全球化的影响既有积极的一面,同时也伴随着巨大的风险和挑战。最初的世界市场是在资本逻辑的推动下展开的,而今天的世界早已形成产业分工协作、比较优势充分发挥的以经济为基础,以政治、文化、科技和信息等方面为纽带的命运共同体。新时代党的意识形态安全理论基于这一客观现实,将我国的意识形态安全建设纳入全球治理格局的总体框架内加以考量,准确把握了时代发展脉搏。今天的全球治理体系由西方发达国家主导,是在维护西方国家利益基础上构建的,是西方国家侵占广大发展中国家利益的政治工具。以中国为代表的广大发展中国家的实力增长和对维护自身利益话语权的强烈渴望,使我们迫切需要改变当前不合理的国际政治经济格局,实现广大发展中国家的基本发展权。尽管这种格局已经在历次全球经济危机和治理体系失灵的窘境中被多数人所诟病,但西方发达国家绝不会轻易让渡全球政治经济特权,主动改变对其他国家利益侵犯的既成国际秩序。党的十八大以来,我国积极参与国际事务,针对不合理的全球治理格局主动发声,表达广大发展中国家的利益诉求,通过多变、双边体系积极维护我国的发展权益,扩大了我国的话语权。同时,我们积极倡导建立公平正义的,能够体现我国发展利益和广大发展中国家要求的新机制和新机构,有力维护了国家发展利益。

三、充实中国特色社会主义理论体系

中国特色社会主义理论体系根植于中国特色社会主义伟大实践中,是对其基本经验的理论总结和抽象概括,是对马克思主义理论的重大创新,丰富了中国特色社会主义理论体系。新的意识形态安全理论是习近平新时代中国特色社会主义理论体系的重要构成。首先,其构成了政治建设的重要部分。新时代党的意识形态安全理论的根本追求就是为了维护国家政治安全,是政治建设理论的重要内容。其次,构成了文化建设理论的组成部分。从宏观角度看,意识形态建设本身就属于文化建设的一部分。文化是个复杂的概念,如同意识形态概念一样,迄今没有学术界相对统一的、得到普遍认可的定义。马克思主义理解的文化具有阶级属性,是服务于特定阶级的利益。社会主义有社会主义文化,资本主义有资本主义文化,分别代表和维护各自阶级的根本利益,但其中起着关键作用的是意识形态,是意识形态的阶级属性决定了文化的阶级性质。最后,构成了社会建设理论的组成部分。意识形态是观念上层建筑,受经济基础决定。意识形态的表现形式和发挥作用的方式在很多场合下是通过社会日常生活的形式所体现的。吴学琴教授曾提出,意识形态根植于人们的日常生活中,需要从社会生活本身加以考察,而媒体文化则是日常生活维度意识形态的重要载体。① 事实上,一些重要政治观点和理论学说,通过更具生活化的表现形式,运用更具生活气息的话语方式,渗透在人们日常生活中更能得到理解与认可。因此,意识形态安全建设与社会建设之间存在很多共通之处,意识形态安全建设也成为维护

---

① 参见吴学琴:《日常生活的意识形态分析及其认同》,《马克思主义研究》,2009 年第 3 期。

社会安全的重要手段和重要内容。

新时代党的意识形态安全理论明确了宣传思想理论的着力点。"理论创新对实践创新具有重大先导作用。"①理论源自实践,解决的都是时代之需,理论的意义就在于对实践的指导作用,使人们少走弯路,顺利实现实践目标。理论指导作用的发挥离不开人们对理论的认真学习和深刻领会,并能将其熟练应用于实践。习近平新时代中国特色社会主义思想的指导意义体现在学习贯彻宣传和落实这一重要理论上,"理论一经掌握群众,也会变成物质力量"②,而掌握的前提需要对理论进行积极的宣传和研究,让更多人了解并掌握。在哲学社会科学座谈会上,习近平强调要"加强马克思主义学科建设"③,特别对教材体系建设做了要求,并提醒"要注意加强话语体系建设"④。中国特色社会主义实践是人类历史上开天辟地的创新之举,简单套用西方理论剪裁中国实践是不科学的,也是不可能的。一些人深受西方思想影响,对自身科学、文化缺乏自信,习惯于"拿来主义",这既简单,又显得有理论深度,结果在不知不觉中掉入西方国家精心设计的意识形态话语陷阱之中。新时代党的意识形态安全理论明确指出这种行为的严重危害,并提出我国哲学社会科学发展的关键之举。

新时代党的意识形态安全理论汇聚了实现民族复兴的精神力量。中华民族受到的种种磨难让我们希望民族早日复兴、人民生活更加幸福和国家更加强盛的愿望尤为迫切。从根本上说,今天的世界格局与100多年前的世界格局没有什么本质区别,依然是西方世界掌控着国际话语权,依然要靠实力赢得话语权,唯一的不同就是古老的中国在中国共产党的领导下,日益显

---

① 《习近平谈治国理政》,外文出版社,2014 年,第 75 页。
② 《马克思恩格斯选集》(第一卷),人民出版社,2012 年,第 9 页。
③ 《习近平谈治国理政》(第二卷),人民出版社,2017 年,第 345 页。
④ 同上,第 346 页。

现出复兴的强大势头,日渐改变着不合理的国际话语格局。中华民族的伟大复兴,绝不是轻轻松松、敲锣打鼓就能实现的。中国特色社会主义制度需要更加完善,国家治理体系现代化的任务依然繁重,特别需要关注在抗击新冠肺炎疫情的传播过程中暴露出的某些制度建设和治理方式上存在的短板。此外,西方国家也绝不会不给中国的崛起之路上设置路障、深挖陷阱。越是在改革发展的关键时刻,越是要发挥意识形态工作在增进共识、汇聚力量方面的特殊作用,确保思想领域的团结稳定,为"伟大斗争"的最终胜利提供精神动力和价值指导。

第二节　新时代意识形态安全的实践指引

新时代党的意识形态安全理论对新的历史条件下如何做好意识形态安全工作做出了总体谋划和详尽部署,所提出的战略目标、战略任务、根本遵循、基本方略、新闻方针和实践路径极为详尽,具有很强的可操作性,能够增强中国价值认同,统一全党思想、凝聚精神力量,不断推动国家治理体系和治理能力现代化。

一、增强中国价值认同的文化软实力

软实力是一国通过价值体系、生活方式和民族文化散播出的潜在影响力。这种无形的资源在国家兴衰中的作用日益凸显,并且成为一种趋势。意识形态是决定文化软实力的主要因素,新时代党的意识形态安全理论坚持马克思主义意识形态指导地位,以马克思主义引领当代中国价值体系建设和发展,以科学的理论和更具实践说服力的实践成果不断提升文化软实力。

新的意识形态安全理论夯实了党的执政基础。任何执政党若要取得稳定的执政地位,一靠政治上层建筑的"硬实力"支撑,二靠政党意识形态的"软实力"保障,两者缺一不可。政治上层建筑维护执政党执政地位的重要作用不言而喻,但仅靠政治上的权威与刚性难以获得持久、稳定的执政效果,还必须发挥执政党意识形态在争取民众认同与支持方面的隐性作用。政治上层建筑与观念上层建筑不能同步发展是导致世界很多国家执政失序、政局动荡和政党垮台的主要原因,加之外部势力的干涉,国内政治发展极易导致严重混乱,进而引起经济与社会发展的全面停滞,甚至倒退。近年来,一些国家爆发的所谓"颜色革命"虽有美国等西方势力的直接干涉与人为制造政治混乱的原因,但这些国家没有发展出得到人民普遍认同与广泛接受的政党意识形态也是原因之一。西方民主制度的发展导致政治发展碎片化,政党林立的政治局面又使得国家意识形态极度分散化,结果政党没有能力构建出具有广泛吸引力的政党意识形态,就会给外部势力插手和干涉带来潜在机会。新时代党的意识形态安全理论坚持以人民为中心的思想,不断夯实群众基础。党领导人民开创了伟大事业,取得了举世公认的执政业绩,人民群众获得实实在在的生活水平提升,党的执政方针、执政路线得到人民群众的肯定与认可,党所坚持的马克思主义意识形态也因其利益取向上的人民性获得了更加稳固的群众基础。党的执政地位也因人民群众对执政党意识形态的认同构筑得更加坚实。

新的意识形态安全理论凝聚了社会价值共识。形成价值共识需要找到赢得普遍认同、符合普遍利益的价值最大公约数。共同利益是共同价值的基础,没有共同的利益要求和利益一致性,则很难形成共同的价值取向。我国是无产阶级领导的社会主义国家,广大人民群众的根本利益是一致的,相同的价值追求为价值共识的凝聚奠定了基础。但是社会价值共识需要系统化、理论化，否则将处于弥散、碎片状态，不能形成有效要求，也就不能真正实现和维护群体的根本利益。新时代党的意识形态安全理论体现的是中国最广大人民群众的根本利益，找到了实现民族复兴的利益最大公约数，它继承了马克思主义无产阶级意识形态的价值取向，将最广大人民群众的利益汇聚起来，在全面复兴的共同目标旗帜指引下，将维护利益与实现利益统一起来，在调动人民群众积极参与中国特色社会主义建设的过程中实现其利益。社会主义核心价值观是我国意识形态发展的价值标准和价值规范，而意识形态的发展需要人们意识到自身价值之所在，需要用共识性价值让群体价值观体现在意识形态形成和完善的全过程，而这种共识性价值就体现为社会主义核心价值观。新时代党的意识形态安全理论注重社会主义核心价值观在社会生活中的价值引领作用，用共同价值取得社会主义建设和改革的广泛共识，通过社会价值共识的方向引领将马克思主义意识形态的认同基础构筑得更加牢固。

新的意识形态安全理论保持了政治秩序的价值基础。稳定的政治秩序是政治发展的前提，也是党执政安全的前提条件。新的意识形态安全理论蕴含新时代中国政治发展的内在逻辑，立足中国社会主义建设和改革的伟大实践，是应对西方政治发展道路竞争的思想武器。近年来，西方鼓吹的所谓"普世价值""新自由主义"等政治思想乘着互联网的便车频频输入我国，在一些人的头脑中着实占据了一定空间，一些人甚至沦为这套资本主义理论的吹鼓手。习近平时刻提醒大家，特别是广大党员干部要坚定对马克思主义的信仰，不能简单套用源自西方土壤的理论剪裁我们的实践。否则，我们就会丢失马克思主义意识形态领导权和话语权，掉入西方话语陷阱。宣传思想工作最基本的就是将中国特色社会主义政治发展道路讲清楚，讲清楚它的历史传承、实践选择与发展前景，讲清楚它与每个人的切身利益息息相关的内在逻辑，讲清楚为什么我们不能搞西方"普世价值""新自由主义"

等西方资本主义那一套,为什么必须坚持独立自主的政治发展道路。只有把这些根本问题说清楚,人民群众才能更加深刻地理解和认同党在社会主义初级阶段的基本路线,以及在改革和建设过程中的各项方针、政策,也才能自觉排除西方错误政治思想对我国社会主义建设的干扰,从而坚定正确的政治立场和政治方向,在有序的政治发展中实现民族复兴的宏大目标。

二、促进全党全社会思想上团结统一的战略支撑

集中力量办大事是中国特色社会主义制度的显著政治优势,优势制度的发挥有赖于人们思想的统一和认识的一致。新时代党的意识形态安全理论通过增强马克思主义意识形态的凝聚力与吸引力,汇聚实现"两个一百年"奋斗目标的精神力量,通过彰显中国特色社会主义制度的巨大优势促进全党全社会思想上的统一。

新的意识形态安全理论增强了主流意识形态的吸引力与凝聚力。马克思主义是中国共产党的意识形态,随着党的执政地位确立随即成为国家意识形态,在社会意识形态体系中起着引领和导向作用。主流意识形态作用的发挥,除了运用宣传、"灌输"等保障措施之外,最为重要的便是增强其本身的吸引力与凝聚力。一种意识形态如果其内容符合受众的实际需要,能够满足自身利益的要求和表达,并且其话语方式更容易为受众所接受和理解,这种意识形态更容易产生广泛吸引力和凝聚力。马克思主义意识形态已经确立其在意识形态领域的指导地位,就必须认真分析新形势下如何增强其吸引力,更好地维护其意识形态指导地位。新时代党的意识形态安全理论顺应时代发展的需要,将新形势下马克思主义意识形态的吸引力和凝聚力更好地发挥出来。党的十八大以来,实现中华民族伟大复兴的中国梦被提出,用共同的梦想将国家的崛起、民族的复兴和个人价值的实现统一起

来,将所有力量凝聚到中华民族伟大复兴的行动中去,用中国梦充实马克思主义意识形态中国化的基本内涵。用社会主义核心价值观将马克思主义意识形态体现在与人民群众日常生活息息相关的各种领域,以提升主流意识形态的感染力,并使之内化为人们的日常行为方式。进入新时代,我们党十分注重意识形态的话语表达和转换,高度关注网络社会对主流意识形态的潜在影响,通过内容创新、形式创新等手段,不断探索意识形态安全的实现形式。

新的意识形态安全理论为"两个一百年"奋斗目标的实现奠定了思想基础和舆论氛围。新时代党的意识形态安全理论回应了当前意识形态安全领域存在的突出问题,提出了加强和改进此项工作的战略任务、基本方略和实践路径,凝聚了"两个一百年"奋斗目标所需要的精神动力,营造了良好的舆论氛围。2020年要全面建成小康社会是党的十九大确定的奋斗目标,是我们党向全国人民和全世界做出的庄严政治承诺。近几年,我国经济发展面临极为困难的内外局面。以美国为首的西方国家寻找种种借口对我国经济、科技全面打压,企图遏制中国快速崛起的脚步。贸易保护主义在全世界兴风作浪,给我国对外贸易带来严峻挑战。在国内,人们对更充分、更均衡的发展充满期待。经济增速已由高速前进转向相对平稳的发展阶段,更加注重增长的质量和效益,对环境保护提出了更高的要求。中国产业升级和科技创新受到自身技术、人才储备匮乏和发达国家联合施压的双重打击,创新之路十分艰辛。2020年初武汉爆发的新冠肺炎疫情迅速席卷全国,使我国处于内外重压之下的经济雪上加霜。越是在这种困难的环境下,越要充分发挥马克思主义意识形态在鼓动团结奋进的民族精神、营造不畏艰险的舆论氛围的特殊作用。以习近平同志为核心的党中央面对困难冷静应对,准确分析,提出了综合性应对之策,对于来自国外的政治压力给予及时、有力的回击,对来自网络的意识形态进攻坚决反击,并采取多种手段及时疏导和排解人们的困惑和疑虑。在一些大是大非的关键问题的认识上站稳立场,统一思想。"两个一百年"奋斗目标越是处于攻坚阶段,越要发挥新时代党的意识形态安全理论的凝聚精神力量,团结人民群众的思想保障作用。

新的意识形态安全理论所展现的制度自信更好地凝聚了人心。新时代党的意识形态安全理论体现了高度的制度自信,我们所拥有的制度优势在一次次面临危机挑战之时展现得淋漓尽致,更加坚定了人们对中国特色社会主义制度的信心。我们的制度是在长期的建设和改革中逐步完善和成熟起来的,除了具有社会主义制度的基本优势之外,还具有根植于中国传统文化和革命文化土壤之中所生发出的显著特点。党的十九届四中全会的《决定》将其概括为 13 个方面,其中最重要的就是坚持党的领导、人民当家作主和依法治国的统一,这也是中国特色社会主义制度的根本优势,彻底改变了以追逐剩余价值为根本驱动力的资本主义发展逻辑,改变了经济发展过程中的无序状态和资本毫无节制地生长情况。我们秉持的"各民族一律平等""社会主义市场经济制度"等具有鲜明中国特色的制度,在保障了国家经济快速稳定发展的同时,也维护了政治稳定与社会稳定。在遇到重大灾害和国家发展面临严重困难的时刻,我们的制度优势体现得尤为明显。在抗击新冠肺炎疫情的紧急时刻,党中央科学谋划、合理调配各种资源,从救灾资金的拨付到急需物资的全球采购,从集中救治医院的快速建造到隔离期间的物资保障,处处展现以人民为中心的制度理念,国有企业和公立医院不畏凶险、勇于担当,其他各省市除了需要处理本省市的疫情之外,及时向湖北地区派援助医疗队、援助大量医疗物资,为了保障援助效果,在党中央、国务院的协调下,许多省份以对口援助的形式保障了救治效果。可以说,在抗击新冠肺炎疫情过程中,全国上下一盘棋,各省市齐上阵,党员干部坚守一线,其高效的组织纪律性、忘我的牺牲精神是中国特色社会主义制度优势的集中展现。通过一次次重大历史事件的洗礼,通过中国特色社会主义制度在

实践中展现出的巨大政治优势,人民群众更加坚定对中国特色社会主义的
信心,以及对马克思主义意识形态的认同。

三、提供国家治理体系和治理能力现代化的思想保障

国家治理体系与治理能力现代化需要坚定的思想理论指导,在这一过
程中,新时代党的意识形态安全理论起到了思想保障作用。它指引了建设
道路的正确方向,汇聚了建设所需的思想共识,同时能够减少改革阻力,促
使建设目标的顺利达成。国家治理体系和治理能力现代化的发展方向需要
新时代党的意识形态安全理论的保障。意识形态作为具有宏观理论视野和
顶层设计属性的价值体系,对社会的发展有着总体建构的特殊作用。马克
思主义无产阶级属性和以人民为中心的价值选择决定了我国社会主义现代
化建设和改革的基本方向,决定了我国国家治理体系和治理能力现代化只
能在马克思主义意识形态指导下,根据实际情况,走有中国特色的国家治理
体系和治理能力现代化之路。任何偏离马克思主义意识形态的指导,偏离
以人民为中心的建设方向,都会导致国家治理体系和治理能力现代化建设
误入歧途,以及影响改革的社会主义方向。中国的任何改革都必须坚持党
的领导,坚持人民利益至上的改革方向,坚持马克思主义的宏观指导。

汇聚建设共识需要新的意识形态安全理论的价值整合。国家治理体系
与治理能力是个浩大的整体工程,需要充分调动人民群众广泛参与的积极
性和主动性。我国以公有制为主体的基本经济制度决定了人民群众根本利
益的一致性,但社会主义初级阶段依然存在的多种所有制形式和分配方式
的社会现实又表明社会成员之间的利益有时并不完全一致。由于人们的利
益关系、价值倾向,甚至思想认识等方面存在偏差,在对一些符合人们根本
利益的重大改革措施的态度上存在差异化的可能性,在国家治理体系与治

理能力现代化这种国家大政方针的实施上有些人也存在认识不到位的情况。因此，越是利益主体和思想认识多元化，就越需要汇聚建设和改革共识，而这种共识需要由马克思主义意识形态来承担。价值导向与政治整合是意识形态的基本功能，国家治理体系与治理能力现代化涉及的利益主体广泛，不同阶层和群体有着各自不同的要求，这就需要人们增进对现实国情的了解，增进对新的安全理论的了解。只有通过意识形态的广泛宣传和动员，人们才能更深刻地理解中国所处的发展阶段，以及中国改革和建设所采取的战略方向、战略步骤和战略路径等事关每个人切身利益的重大事项。也只有在了解现实国情的基础上，人们才能将对中国特色社会主义的理解转化为对国家治理体系和治理能力的支持与参与上。

　　减少改革阻力，完善国家治理体系构建需要新时代党的意识形态安全理论的舆论引导。意识形态通过将本阶级的特殊利益说成是全社会普遍共有的利益，从而将阶级利益的实现转化为全社会的价值准则和共同行动，马克思主义意识形态本质上是无产阶级根本利益的体现，但国家治理体系和治理能力现代化不仅是某一阶级或某一阶层的职责，更需要最广大人民群众的广泛参与。为此，意识形态需要发挥舆论引导和政治宣传功能，要造就人民群众广泛参与的舆论氛围，通过讲清楚此项改革的重大意义以及与普通民众根本利益之间存在的内在逻辑关系，提高人们参与国家治理体系和治理能力现代化改革的积极性与创造性。习近平指出，查找问题很重要，解决问题更重要。当前，意识形态安全领域存在的问题、面临的压力都超过以往，新情况、新环境又使安全形势更加复杂，来自国内外的各种杂音和喧嚣时刻干扰我国各项改革的顺利进行，给中国特色社会主义建设和改革事业带来各种不确定因素。中国特色社会主义建设与改革到了攻坚阶段，"好吃的肉都吃掉了,剩下的都是难啃的硬骨头"①,在改革关键时刻,阻力也是最大的,就更需要用意识形态统一人们的思想,用共同的行动和思想抵消各种干扰,屏蔽各种杂音,借以推动国家治理体系和治理能力现代化。新时代党的意识形态安全理论的诞生契合了时代发展的需要,在减少改革阻力,统一思想认识方面发挥着重要的基础保障作用。

第三节　中国意识形态安全的世界意义

中国的意识形态安全建设立足构建中国特色社会主义改革和建设所需要的稳定政治安全环境,推动走出一条完全有别于西方模式的全新道路,也为广大发展中国家提供了重要发展参考。同时,中国需要在国际舞台上发出更多声音,以维护自身发展权益,而中国特色社会主义道路的成功又扩大了中国智慧和中国经验的世界影响。

一、定位中国道路国际认同的时代坐标

新时代党的意识形态安全理论致力于构建综合性意识形态安全体系,其理论根植于中国特色社会主义实践。通过其对中国道路成功经验的总结与概括,更多国家对中国道路日渐关注,中国的发展模式不是传统苏联式社会主义模式,本质上是一条有别于西方国家的全新现代化路径。在中国发展经验得到更多国家关注的同时,中国智慧和中国方案所具有的时代价值也被更多人所认可和接受。

---

① 《习近平谈治国理政》,外文出版社,2014 年,第 101 页。

新的意识形态安全理论体现了对中国道路的高度自信,拓宽了发展中国家走向现代化的路径。习近平强调:"每个国家和民族的历史传统、文化积淀、基本国情不同,其发展道路必然有着自己的特色。"新时代党的意识形态安全理论十分重视对中国道路历史选择必然性的解释与说明,因为只有讲清楚为什么必须走中国特色社会主义道路,人们才能真正理解和拥护马克思主义。而从中国道路的伟大实践结果证明中国道路的正确性,则符合人们的认知逻辑和价值共识,在这一过程中,新时代党的意识形态安全理论对中国道路的理论阐释和经验总结揭示出中国现代化转型的奥秘之所在。中国模式是一条不同于西方发展道路的后发国家现代化的成功之路,给那些既希望实现国家现代化,又希望保持本民族独立和历史传统的发展中国家提供了全新选择。新中国成立 70 多年,特别是改革开放 40 多年以来,我国始终坚持党对中国特色社会主义事业的绝对领导,坚决维护国家政治稳定与社会稳定,坚持以经济建设为中心,消除贫困和贫富差距,走和平发展之路,以开放包容的态度积极借鉴包括西方国家在内的一切人类文明的有益成果,在尊重本民族历史文化传统和根本政治制度的基础上积极推动国家全面改革。我们国家用几十年时间走完了西方国家几百年的发展历程,在发展过程中完全避免了西方掠夺式发展模式,在求同存异、合作共赢思维下,积极发展同世界各国的友好关系,用共同的发展利益化解彼此的分歧和误解,倡导构建人类命运共同体。因此,从根本上说,中国道路的成功能够赢得世界更多国家和民族对中国价值的认同,而外部认同也会通过各种渠道传导至国内,从而为马克思主义意识形态创造更多认同条件。

新的意识形态安全理论凸显中国智慧的时代价值。在中华文明 5000 多年的历史传承中,一些超越时代的智慧结晶随着人类文明的交流不断焕发出勃勃生机。以习近平同志为核心的党中央坚持文化自信,其中就包括对中华优秀传统文化的自信。中华文明独特的文化标识也随着中华民族伟大复兴的时代进程日益被世界各国所关注,其中的智慧闪光可以为当今人类面临的共同难题的解决提供参考和借鉴。费孝通先生提出的"各美其美,美人之美,美美与共,天下大同"的思想很好地概括出中华文明和谐共生、和而不同的基本价值观,超越了西方零和博弈的狭隘思维。中华文明讲究民惟邦本、本固邦宁,人民生活幸福安康是国家兴旺发达的基本保障。党的十八大以来,党中央坚持以人民为中心的发展理念,将消除贫困,实现全面小康作为党和国家的基本任务,正如习近平所说:"人民对美好生活的向往,就是我们的奋斗目标。"[1]真正将人民的利益实现好、维护好,必然能巩固执政党的群众基础,巩固执政党所秉持的意识形态。这里的人民包含两个方面,其一是国内的人民;其二是世界各国人民。习近平指出:"这个世界,各国相互联系、相互依存的程度空前加深,人类生活在同一个地球村里。"[2]也就是说,全球化使世界各国深度融合,在面对诸如新冠肺炎疫情这样的全人类共同威胁之时,没有哪一个国家能够独善其身,全世界早已形成一荣俱荣、一损俱损的利益格局。因此,新时代党的意识形态安全理论倡导人类命运共同体思想,从全人类共同利益视角宏观考察中国的意识形态安全问题,在更广阔的视野上找寻马克思主义意识形态价值认同的国际支点。

新的意识形态安全理论展现了中国方案在全球治理体系重构中的使命担当。资本逻辑主导的全球现有治理体系的局限性已经充分暴露在世人面前。西方发达国家已经习惯经济上的超额利润带来的优越生活,政治上的话语垄断带来的全球支配地位,文化上的孤芳自赏带来的自我陶醉,选择性忽视全球治理体系中存在的严重问题和以中国为代表的发展中国家的迅速崛起。2008 年源自西方,又迅速席卷全球的金融危机给全世界造成的严重

---

① 《习近平谈治国理政》,外文出版社,2014 年,第 4 页。
② 同上,第 272 页。

危害至今让人心有余悸。以新自由主义为核心的西方意识形态体系已经在实践中面临失灵的尴尬境地,一些根本性、深层次的结构性问题恰恰是由于西方所坚持的资本主义意识形态驱使下的产物。近年来,一贯倡导自由贸易和全球化的西方国家掀起一股贸易保护主义的逆全球化浪潮,给本已十分脆弱的全球经济带来更多不确定因素。反观中国,在中国共产党的坚强领导下,秉持以人民为中心的发展思路,在国际舞台中坚持和平对话解决争端的基本原则,以推动构建人类命运共同体为己任,坚持全面对外开放,与世界人民共享中国发展成果。诚如习近平向世界庄严宣布的,"中国人民张开双臂欢迎各国人民搭乘中国发展的'快车'、'便车'"[①]。党的十八大以来,"奋发有为"成为我国对外战略的核心特征,在此思想指引下,我国积极参与国际事务,倡导通过双边和多边机制解决争端。作为联合国安理会常任理事国,我国也是联合国成员中向热点冲突地区派驻维和士兵最多的国家,积极承担和履行了大国的职责和义务。我们提出"一带一路"国际合作倡议,推动建立亚洲基础设施投资银行,广泛参与非洲等发展中国家的经济开发与援助。中国所倡导的全球治理方案在西方全球治理模式逐渐失灵的时代背景下正日益赢得更多人的理解与支持。

二、推动国际意识形态话语格局变革

尽管中国智慧和中国方案在解决全人类面对的共同问题时显现出日益重要的时代价值,但西强我弱的世界意识形态话语格局依然没有根本性改变。以中国为代表的广大发展中国家在国际舞台无法挑战西方发达国家牢

---

① 《习近平主席在出席世界经济论坛2017年年会和访问联合国日内瓦总部时的演讲》,人民出版社,2017年,第14页。

牢把持的国际话语权。如果西强我弱的国际话语格局始终无法改变,将会给我国意识形态安全带来极大隐患,对此,新时代党的意识形态安全理论将提升我国意识形态话语权,谋求国际意识形态话语格局变革作为维护我国意识形态安全的基础工作。

讲好中国故事,传播中国声音。取得认同的前提是增进了解,而保持畅通的信息传播渠道是增进了解的前提。增强中国意识形态话语权,就必须将中国的声音有效传播出去,用人们易于接受和理解的话语言说方式取得对方的信任和认同。意识形态话语权是软实力的核心组成部分。在中国经济建设取得重大进展的背景下,我国意识形态话语权的扩大面临内外双重压力和考验,软实力建设并未随硬实力的增长同步前行。中国的国际形象更多来自"他塑"而非"自塑",也就是说,我们在国际舞台的自我形象塑造能力有待提升。

以习近平同志为核心的党中央高度重视话语表达的形式创新、内容创新,以提升国家软实力为战略重点,统筹内宣与外宣两个大局,在对外宣传过程中注重区分不同国家、不同地域的特点,分别采取相应话语策略,在实践中不断扩大中国意识形态话语的国际影响力。世界各国的历史文化传统、经济发展水平各有不同,对一些国际议题的理解也存在差异,需要在外宣中加入分众思维,区分不同国家和地区的特点,精准施策。在一些关涉国家政治制度和发展道路的核心问题上,党中央始终秉持坚定的政治立场不动摇,坚决捍卫国家的发展权益和安全利益。在一些具体事务性话语争夺中,我们又采取灵活的政策,在求同存异的基础上尽量与更多国家取得共识。在对外话语表达上,我们更加注重语言的共通性,把准中国故事与外国故事之间的共鸣点,在传播中国声音的过程中,争取世界各国对中国更多的理解。

积极主动发声,争取国际社会认同。有理说不出,说了传不开是长期困扰我国意识形态话语构建的凸出问题。党的十八大以来，党中央积极参与国际多边场合，在国际舞台主动阐述中国原则立场，表明我国的基本态度，坚决维护国际法和国际关系准则，捍卫联合国在解决国际争端中的基础平台地位，积极作为的鲜明态度展现出我国新时代意识形态话语建构的崭新形象。以经济建设为中心是我国长期坚持的基本国策，国家的一切工作都围绕经济工作这个中心展开，在整个社会主义初级阶段我们都必须牢牢抓住这个中心工作不放松，丝毫动摇不得。国与国的关系如同人与人的关系，需要将自己的关切和利益表达出来，不回避敏感问题，才能取得别人的理解与信任，也才能增进彼此的价值认同。近年来，我国派出高规格代表团出席西方主流话语平台，"达沃斯世界经济论坛""香格里拉对话会""慕尼黑安全会议"等重要多边场合已经发出越来越多的中国声音，一改过去我国代表团缺席会议而造成西方反华势力肆意诽谤、污蔑中国形象的被动局面。对于别人的指责，我们据理力争，义正词严表达自己的明确立场，以事实为依据，反驳对我国的无端指责，这是新时代意识形态话语构建的鲜明特点。

谋求共同利益，引领舆论话题。议题设置能力、国际舆论引领能力、面对指责的回应能力和对于质疑的解释能力都是考察意识形态话语能力的重要方面。进入新时代，我国的对外意识形态话语构建力度不断加大，在寻求与西方发达国家更多共识的同时，也更加积极主动地加强同"一带一路"沿线国家以及广大发展中国家的经济、文化和政治交往，从而为中国特色社会主义建设争取更为有利的国际政治环境。一方面，西方国家内部并非铁板一块，大兴贸易保护主义的美国和其传统西方盟友之间的裂痕清晰可见，这为我们争取更多西方国家的认同提供了难得的契机。同时，在与西方国家的意识形态话语交锋中，我们清晰表达自身立场，积极回应西方国家在意识形态领域的指责，直面敏感问题。在诸如民主、人权等问题上，我们明确表达不同的价值立场。对民主与人权的理解各国有所不同，并非只有西方一种模式,更不存在西方所谓的"普世价值"这一人类唯一价值观。如果不能积极反驳西方谬论,加强自身解释能力,我们就有掉入西方意识形态话语陷阱的潜在危险。另一方面,广大发展中国家深受不合理的国际话语格局的压迫,与中国有着同样的诉求,同样需要重构国际话语体系,增强在国际场合的话语力量,以维护自身正当权益。近年来,我国与广大发展中国家的传统友好关系持续加强,中国倡导的"一带一路"国际合作、推动建立的亚洲基础设施投资银行以及举办的中国国际进口博览会等重大国际合作事项已经在发展中国家中产生了广泛影响。敢破敢立、破立并举,中国秉持人类命运共同体的价值理念积极发展与世界各国的友好关系,同时也必须争取合理的发展权益,重新构建长期由西方国家把持的不合理的国际意识形态话语格局。

三、扩大中国智慧与中国经验的国际影响

新时代党的意识形态安全理论保障了中国特色社会主义道路的正确方向,为中华民族伟大复兴中国梦的实现提供了精神动力和价值指导。维护意识形态安全就要扩大争取更多人对中国智慧和中国经验的了解和认同。了解中国必须要了解中国的根本指导思想,了解中国的近代史和当代史,中国智慧和中国经验是将马克思主义同中国具体实践相结合的思想产物,中华民族伟大复兴会让中国智慧和中国经验得到更多人的关注和认同。

第一,马克思主义是我们的根本指导思想,必须牢牢坚持并不断完善。东欧剧变之后,世界社会主义运动一度陷入消沉,导致马克思主义的世界影响力大幅降低。"二战"之后世界按意识形态分为资本主义阵营和社会主义阵营,东欧剧变标志着两大意识形态阵营之间几十年斗争的终结,也是马克思主义意识形态世界影响力下降的开始。资产阶级学者福山以对此时代剧

变提出"历史的终结"而闻名于世,尽管今天看来这个结论更像是学术炒作,但在当时的历史情形下,原社会主义国家的人民对社会主义运动的时代走向充满悲观情绪,一些资本主义国家的"左"派也感到困惑和迷茫。但是苏联模式的失败并不代表世界社会主义运动的落败,更不会是历史的终结。资本主义私有制与生产社会化之间的矛盾必将贯穿整个资本社会的始终,每隔若干年必然爆发的经济危机在严重毁坏生产力的同时也必将催生出更能适应社会化大生产的模式。与此同时,资产阶级民主制度及其实现形式在实践中已经逐渐沦为少数资本家玩弄选票的政治工具,资本家腐化堕落的优渥生活与底层人民在经济危机中的艰难处境形成了鲜明对比。一人一票已经异化为"一美元一票",表面上的人人平等在金钱政治的围剿下只能是事实上的不平等,但依然披覆"民主、自由、人权"的外衣。资本主义国家的底层民众逐渐厌倦这种资本主义虚假政治,他们正通过一次次街头抗争表达自己的不满与愤怒。社会主义并非只有苏联一种模式,中国特色社会主义事业在中国的蓬勃发展已经从实践和理论上否定了人们的偏见。东欧剧变是世界社会主义运动中暂时的挫败,但并不是整个社会主义运动的彻底失败。邓小平深刻指出:"我坚信,世界上赞成马克思主义的人会多起来的,因为马克思主义是科学。"[①]马克思科学指出人类社会的发展规律,阐明了社会主义必然胜利,资本主义必然灭亡的基本逻辑。"百年未有之大变局"对世界格局的影响可能比一些人原先预想的来得更快、更剧烈。此时,我们更应牢牢掌握意识形态领导权和话语权,建设具有强大凝聚力和引领力的社会主义意识形态。

第二,新时代党的意识形态安全理论维护的是人民群众的根本利益,保障的是国家发展的平稳有序,而中国政局稳定、经济发展才能为世界和平、

---

① 《邓小平文选》(第三卷),人民出版社,1993年,第382页。

人类进步贡献力量。2008 年席卷全球的金融危机可以视为社会主义与资本主义发展中的分水岭。中国虽因对外经济依存度较高不可避免地受到经济危机的波及,但在中国共产党的坚强领导下,全国上下齐心协力、精准应对,使中国经济经受住了狂风暴雨的洗礼,最终走向高质量发展的快车道。反观资本主义国家,包括一些老牌的西方发达资本主义国家,在经济危机面前将其制度中的基本矛盾暴露无遗,失业率高、社会矛盾激化,街头游行甚至暴力骚乱时有发生。在这种背景下,西方发达国家收起了积极鼓吹的经济全球化、贸易自由化的虚伪面孔,代之以贸易保护主义、单边主义,甚至霸权主义行径,将资产阶级意识形态宣扬的民主、自由扔到一边,即便已如此窘迫,仍然不忘以所谓自由、民主和人权为名对别国实施长臂管辖。反观中国,坚持以人民为中心的发展理念,坚定走中国特色社会主义道路不动摇,大力实施精准扶贫战略,不断提升人民群众的生活水平,深化中国特色社会主义民主政治建设,人民群众拥有了实实在在的获得感。这些成绩的取得离不开党的坚强领导,离不开稳定的政治环境和社会环境。新时代党的意识形态安全理论提供了国家发展所必需的稳定政治安全环境,将建设具有强大凝聚力和引领力的马克思主义意识形态作为牢牢掌握意识形态工作领导权的战略任务,从思想上维护了国家积极向好的发展局面,也为世界发展贡献了更多智慧与力量。

第三,新时代党的意识形态安全理论就是对人类和平发展的最大贡献。中国特色社会主义的成功有其必然的历史逻辑、理论逻辑与实践逻辑。中国共产党领导中国人民,坚持解放思想、实事求是的实践哲学,尊重历史、尊重现实,准确把握时代发展方向和中华民族所处的历史方位,无论遇到多大的风浪,始终坚持马克思主义这个意识形态领域的根本思想不动摇,并依据时代变化将其不断完善和发展。而在马克思主义中国化过程中,又不断吸收中国传统文化和古老智慧,让这一诞生于西方资本主义世界的理论体系闪耀出古老东方的智慧光辉。东欧剧变之后,中国发展面临极为困难的国内外环境,但始终坚持马克思主义在意识形态领域的指导地位,坚持党的领导,坚持走中国特色社会主义发展和改革之路,以壮士断腕的勇气持续推动党的自我革命,适应不断变化的国内外环境。随着中国日益走入世界舞台中央,中国也以更加自信的心态参与国际事务。中国已经成为世界经济发展的重要推动力,中国的发展给世界各国的发展带来了重要发展机遇,而能否搭上中国的"便车"也已经成为决定很多国家和跨国公司能否快速发展的决定因素。中国智慧和中国经验所展现的理论价值与实践价值为世界所关注,特别是对那些与中国发展经历类似的广大发展中国家,中国道路的世界意义更加凸显。历史并没有终结,中国正在新时代党的意识形态安全理论的思想保障下,在保证国内政治安全和社会安全的基础上实现对西方资本主义国家的赶超,并以中国特色社会主义的形式实现人类和平与发展的良好愿望。

结　语

　　意识形态安全工作是党的一项极端重要的工作,这项工作搞不好会严重危及国家政治安全和党的执政地位稳固。中国特色社会主义进入新时代,这是我们开展意识形态安全建设的现实基础。新时代党的意识形态安全理论紧紧抓住政治安全这个根本问题,从战略高度审视意识形态安全理论的价值要义是发挥中国特色社会主义的制度优势,这三方面是新时代党的意识形态安全理论的基本问题。

　　新时代党的意识形态安全理论继承了马克思主义经典作家的意识形态理论,深刻总结了苏联意识形态工作的经验教训,在传承我们党意识形态工作的优良传统的基础上,针对改革开放以来,特别是党的十八大之后在意识形态安全领域出现的新情况,提出了具有针对性的系统治理方案。新时代党的意识形态安全理论是一种新型安全理论,是总体国家安全观的重要组成部分,在整个安全体系中起着精神指引与思想保障的重要作用。新时代党的意识形态安全理论以维护党的执政地位、维护好人民群众的根本利益作为做好此项工作的基础条件,以创新意识形态工作理念为重点,将马克思主义意识形态上升到信仰的高度。一方面抓好党的中心工作,让人民群众充分享有改革开放的发展成果;另一方面开展加强党内信仰教育,坚持双管齐下的意识形态安全建设方针。党的十八大以来,在这一重要思想体系的引领下,党的意识形态安全工作取得了历史性的变革,成功扭转了一段时间以来意识形态安全工作中存在的消极被动局面,从而为保障党的执政安全奠定了基础。

对新时代党的意识形态安全理论的研究是进一步做好意识形态安全工作的基础,是进一步挖掘其学术价值,推动其理论价值和实践价值延展的必由之路。然而意识形态安全环境处于不断变化发展之中,人们的思想也并未停留在静止不动的状态。因此,新时代党的意识形态安全理论也会随着主客观环境的变化不断发展。而本书只是在现有的研究条件下所做的初步工作的成果。随着国内外环境的不断变化,新时代党的意识形态安全理论也在持续深入地发展,对这一重要思想的研究也应该随之深化。意识形态安全工作永远在路上,决定了研究工作必须要持续不断地进行下去,唯此,才能为国家政治安全和党的执政安全,为中华民族伟大复兴中国梦的实现提供持续不断的思想动力。正如习近平所说:"我们中国共产党人能不能在日益复杂的国际国内环境下坚持住党的领导、坚持和发展中国特色社会主义,这个还需要我们一代一代共产党人继续作出回答。"①

---

① 《习近平关于社会主义政治建设论述摘编》,中央文献出版社,2017 年,第25 页。

参考文献

一、马克思主义经典著作

1.《马克思恩格斯选集》(第一——四卷),人民出版社,2012 年。

2.《马克思恩格斯文集》(第一——十卷),人民出版社,2009 年。

3.《马克思恩格斯全集》(第 2 卷),人民出版社,1957 年。

4.《马克思恩格斯全集》(第 3 卷),人民出版社,2002 年。

5.《马克思恩格斯全集》(第 11 卷),人民出版社,1995 年。

6.《马克思恩格斯全集》(第 26 卷),人民出版社,2014 年。

7.《马克思恩格斯全集》(第 28 卷),人民出版社,2018 年。

8.《马克思恩格斯全集》(第 31 卷),人民出版社,1998 年。

9.《马克思恩格斯全集》(第 44 卷),人民出版社,2001 年。

10.《列宁选集》(第一——四卷),人民出版社,2012 年。

11.《列宁专题文集 论无产阶级政党》,人民出版社,2009 年。

12.《列宁专题文集 论马克思主义》,人民出版社,2009 年。

13.《列宁专题文集 论辩证唯物主义和历史唯物主义》,人民出版社,2009 年。

14.《列宁专题文集 论资本主义》,人民出版社,2009 年。

15.《列宁专题文集 论社会主义》,人民出版社,2009 年。

16.《列宁全集》(第 1 卷),人民出版社,1984 年。

17.《列宁全集》(第 4 卷),人民出版社,1984 年。

18.《列宁全集》(第 6 卷),人民出版社,1986 年。

19.《列宁全集》(第 19 卷),人民出版社,1989 年。

20.《列宁全集》(第 27 卷),人民出版社,1990 年。

21.《列宁全集》(第 29 卷),人民出版社,2017 年。

22.《列宁全集》(第 31 卷),人民出版社,2017 年。

23.《列宁全集》(第 39 卷),人民出版社,1986 年。

24.《列宁全集》(第 43 卷),人民出版社,2017 年。

25.《毛泽东选集》(第一——四卷),人民出版社,1991 年。

26.《毛泽东文集》(第一卷),人民出版社,1993 年。

27.《毛泽东文集》(第二卷),人民出版社,1993 年。

28.《毛泽东文集》(第三卷),人民出版社,1996 年。

29.《毛泽东文集》(第七卷),人民出版社,1999 年。

30.《邓小平文选》(第一——二卷),人民出版社,1994 年。

31.《邓小平文选》(第三卷),人民出版社,1993 年。

32.《邓小平年谱(1975—1997)》(下),中央文献出版社,2004 年。

33.《江泽民文选》(第一——三卷),人民出版社,2006 年。

34.《胡锦涛文选》(第一——三卷),人民出版社,2016 年。

35. 习近平:《做焦裕禄式的县委书记》,中央文献出版社,2015 年。

36. 习近平:《干在实处走在前列——推进浙江新发展的思考与实践》,

中共中央党校出版社,2006 年。

37.习近平:《在网络安全和信息化工作座谈会上的讲话》,人民出版社,2016 年。

38.习近平:《论坚持党对一切工作的领导》,中央文献出版社,2019 年。

39.习近平:《在全国党校工作会议上的讲话》,人民出版社,2016 年。

40.习近平:《关于社会主义市场经济的理论思考》,福建人民出版社,2003 年。

41.习近平:《在庆祝改革开放 40 周年大会上的讲话》,人民出版社,2018 年。

42.习近平:《在纪念孔子诞辰 2565 周年国际学术研讨会暨国际儒学联合会第五届会员大会开幕会上的讲话》,人民出版社,2014 年。

43.习近平:《在哲学社会科学工作座谈会上的讲话》,人民出版社,2016 年。

44.习近平:《在深入推动长江经济带发展座谈会上的讲话》,人民出版社,2018 年。

45.习近平:《在纪念朱德同志诞辰 130 周年座谈会上的讲话》,人民出版社,2016 年。

46.习近平:《在纪念马克思诞辰 200 周年大会上的讲话》,人民出版社,2018 年。

47.《习近平主席新年贺词(2014—2018)》,人民出版社,2018 年。

48.《习近平在对美国进行国事访问时的讲话》,人民出版社,2015 年。

49.《习近平关于社会主义文化建设论述摘编》,中央文献出版社,2017 年。

50.《习近平关于社会主义政治建设论述摘编》,中央文献出版社,2017 年。

51.《习近平关于党的群众路线教育活动论述摘编》,党建读物出版社、中央文献出版社,2014年。

52.《习近平关于全面深化改革论述摘编》,中央文献出版社,2014年。

53.《习近平关于全面建成小康社会论述摘编》,中央文献出版社,2016年。

54.《习近平关于总体国家安全观论述摘编》,人民出版社,2018年。

55.《习近平新时代中国特色社会主义思想三十讲》,学习出版社,2018年。

56.《习近平新闻舆论思想要论》,新华出版社,2017年。

57.《习近平谈治国理政》,外文出版社,2014年。

58.《习近平谈治国理政》(第二卷),外文出版社,2017年。

59.《习近平谈治国理政》(第三卷),外文出版社,2020年。

60.《习近平总书记系列重要讲话读本》(2016年版),学习出版社、人民出版社,2016年。

61.《三中全会以来重要文献选编》(上),人民出版社,1982年。

62.《三中全会以来重要文献选编》(下),人民出版社,1982年。

63.《三中全会以来重要文献选编》,中央文献出版社,1982年。

64.《十二大以来重要文献选编》(下),人民出版社,1988年。

65.《建国以来重要文献选编》(第四册),中央文献出版社,1993年。

66.《建国以来重要文献选编》(第十册),中央文献出版社,1994年。

67.《改革开放三十年重要文献选编》(下),人民出版社,2008年。

68.《建国以来重要文献汇编》(第一册),中央文献出版社,1993年。

69.《建国以来重要文献汇编》(第五册),中央文献出版社,1993年。

70.《建国以来重要文献汇编》(第九册),中央文献出版社,1994年。

71.《建国以来重要文献汇编》(第十册),中央文献出版社,1994年。

72.《十八大以来重要文献选编》(上),中央文献出版社,2014 年。

73.《十八大以来重要文献选编》(中),中央文献出版社,2016 年。

74.《十八大以来重要文献选编》(下),中央文献出版社,2018 年。

75.《中国共产党第十九次全国代表大会文件汇编》,人民出版社,2017 年。

76.《中国共产党第十九届中央委员会第四次全体会议公报》,人民出版社,2019 年。

二、中文专著

1. 艾四林:《社会主义主流意识形态与当今中国社会思潮》,人民出版社,2014 年。

2. 敖带芽:《改革开放以来中国共产党执政话语体系创新研究》,人民出版社,2017 年。

3. 陈锡喜:《马克思主义:意识形态和话语体系》,华东师范大学出版社,2011 年。

4. 陈锡喜:《平易近人——习近平的语言力量》,上海交通大学出版社,2014 年。

5. 陈锡喜:《意识形态——当代中国的理论和实践》,中国人民大学出版社,2018 年。

6. 陈先达:《文化自信中的传统与当代》,北京师范大学出版社,2017 年。

7. 陈正良:《软实力发展战略视阈下的中国国际话语权研究》,人民出版社,2016 年。

8. 杜维明:《东亚价值与多元现代性》,中国社会科学出版社,2001 年。

9. 房正宏:《网络政治参与与意识形态安全》,中国社会科学出版社,

2017 年。

10. 费孝通：《乡土中国 生育制度》，北京大学出版社，1998 年。

11. 关海宽：《改革开放以来我国社会主义意识形态建设研究：经验（问题与路径选择》，中国社会科学出版社，2012 年。

12. 关世杰：《中华文化国际影响力调查研究》，北京大学出版社，2016 年。

13. 韩庆祥、黄相怀：《历史不会终结》，中国人民大学出版社，2018 年。

14. 韩源：《中国文化安全评论》，金城出版社，2016 年。

15. 郝保权：《多元开放条件下中国社会主义意识形态安全研究》，人民出版社，2018 年。

16. 侯惠勤：《马克思的意识形态批判与当代中国》，中国社会科学出版社，2010 年。

17. 侯惠勤：《马克思主义意识形态论》，南京大学出版社，2011 年。

18. 胡伯项：《我国现代化进程中意识形态安全问题研究》，人民出版社，2017 年。

19. 胡惠林：《国家文化安全研究导论》，上海人民出版社，2013 年。

20. 胡惠林：《中国国家文化安全论》，上海人民出版社，2011 年。

21. 黄相怀：《做一个思想清醒的人——提升党员干部意识形态能力》，人民出版社，2018 年。

22. 季广茂：《意识形态》，广西师范大学出版社，2005 年。

23. 兰久富：《全球化过程的价值多样化》，北京师范大学出版社，2010 年。

24. 李慎明：《国际交往与文化软实力：兼论中国特色社会主义新文化战略》，湖南大学出版社，2016 年。

25. 李慎明：《苏联亡党亡国 20 年祭》，社会科学文献出版社，2013 年。

26. 李忠军：《意识形态安全与大学生政治价值观研究》，东北师范大学出版社，2015 年。

27. 刘少杰：《当代中国意识形态变迁》，中央编译出版社，2012 年。

28. 刘同舫：《理想与现实之间的人类解放境界》，人民出版社，2013 年。

29. 陆忠伟：《非传统安全论》，时事出版社，2003 年。

30. 马龙闪：《苏联剧变的文化透视》，中国社会科学出版社，2005 年。

31. 梅荣政：《用马克思主义引领社会思潮》，武汉大学出版社，2008 年。

32. 潘一禾：《文化安全》，浙江大学出版社，2007 年。

33. 沈壮海：《文化软实力及其价值之轴》，中华书局，2013 年。

34. 宋惠昌：《当代意识形态研究》，中共中央党校出版社，1993 年。

35. 童世骏：《意识形态新论》，上海人民出版社，2006 年。

36. 汪兴福、俞吾金、张秀琴：《意识形态星丛——西方马克思主义的意识形态理论及其最新发展态势》，人民出版社，2017 年。

37. 王俊拴：《新时期政治理论新探索》，中国社会科学出版社，2018 年。

38. 王庆五：《马克思主义意识形态指导地位研究》，中国社会科学出版社，2012 年。

39. 王秀艳：《当代社会生活及其意识形态变迁》，人民出版社，2017 年。

40. 王永贵等：《经济全球化与我国社会主流意识形态建设研究》，人民出版社，2010 年。

41. 王长江：《政党论》，人民出版社，2009 年。

42. 温兆标：《大学生主流意识形态教育创新研究》，中国文史出版社，2013 年。

43. 吴学琴：《当代中国日常生活维度的意识形态研究》，人民出版社，2014 年。

44. 武东生：《社会主义意识形态研究：关于中国特色社会主义核心价值

体系建设的一种理解和说明》,中国社会科学出版社,2014 年。

45. 肖贵清:《中国特色社会主义文化论》,中共党史出版社,2006 年。

46. 徐成芳:《坚持马克思主义在我国意识形态领域指导地位研究》,人民出版社,2017 年。

47. 徐海波:《意识形态与大众文化》,人民出版社,2009 年。

48. 杨河:《当代中国意识形态研究》,北京大学出版社,2015 年。

49. 杨立英:《全球化、网络化境遇与社会主义意识形态建设研究》,人民出版社,2007 年。

50. 杨昕:《中国共产党意识形态话语权研究》,社会科学文献出版社,2015 年。

51. 俞吾金:《意识形态论》,人民出版社,1993 年。

52. 袁铎:《非意识形态化思潮研究》,中国社会科学出版社,2008 年。

53. 张岱年:《文化与价值》,新华出版社,2004 年。

54. 张国祚:《理论思维与文化软实力》,湖南大学出版社,2016 年。

55. 张骥:《马克思主义意识形态引领多样化社会思潮若干问题研究》,人民出版社,2013 年。

56. 张秀琴:《马克思意识形态概念理解史》,人民出版社,2018 年。

57. 张秀琴:《马克思意识形态理论的当代阐释》,中国社会科学出版社,2005 年。

58. 张志丹:《意识形态功能提升新论》,人民出版社,2017 年。

59. 赵波:《西方文化渗透对我国文化安全的影响》,中国传媒大学出版社,2012 年。

60. 赵德江:《当代中国意识形态转型研究》,经济科学出版社,2009 年。

61. 郑永年:《大格局:中国崛起应该超越情感和意识形态》,东方出版社,2014 年。

62.郑永年:《再塑意识形态》,东方出版社,2016 年。

63.郑永廷:《社会主义意识形态发展研究》,人民出版社,2002 年。

64.周民锋:《当代中国意识形态观研究》,人民出版社,2012 年。

65.周琪:《意识形态与美国外交》,上海人民出版社,2005 年。

66.朱继东:《新时代党的意识形态思想研究》,人民出版社,2018 年。

三、外文译著

1.[澳]安德鲁·文特森:《现代政治意识形态》,袁久红译,凤凰出版传媒、江苏人民出版社,2008 年。

2.[德]马克斯·韦伯:《经济与社会》,商务印书馆,1998 年。

3.[俄]雷日科夫:《大国悲剧:苏联解体的前因后果》,新华出版社,2008 年。

4.[美]安东尼·奥勒姆:《政治社会学导论》,董云虎、李云龙译,浙江人民出版社,1989 年。

5.[美]戴维·科兹、弗雷德·威尔著:《来自上层的革命——苏联体制的终结》,曹荣湘、孟鸣岐等译,中国人民大学出版社,2008 年。

6.[美]利昂·P.巴拉达特:《意识形态起源和影响(第 10 版)》,张慧芝、张露璐译,世界图书出版公司北京公司,2010 年。

7.[美]罗伯特·A.达尔:《现代政治分析》,王沪宁、陈峰译,上海译文出版社,1987 年。

8.[美]罗伯特·L.海尔布隆纳:《马克思主义:赞成与反对》,马林梅译,人民东方出版传媒、东方出版社,2016 年。

9.[美]塞缪尔·亨廷顿、劳伦斯·哈里森:《文化的重要作用——价值观如何影响人类进步》,程克雄译,新华出版社,2010 年。

10. [美]塞缪尔·亨廷顿:《变化社会中的政治秩序》,上海世纪出版集团,2008 年。

11. [美]塞缪尔·亨廷顿:《文明的冲突与世界秩序的重建(修订版)》,周琪等译,新华出版社,2010 年。

12. [美]塞缪尔·亨廷顿:《我们是谁? 美国国家特性面临的挑战》,程克雄译,新华出版社,2005 年。

13. [美]约翰·罗尔斯:《正义论(修订版)》,何怀宏、何包钢、廖申白译,中国社会科学出版社,2009 年。

14. [美]兹·布热津斯基:《大失败——二十世纪共产主义的兴亡》,军事科学院外国军事研究部译,军事科学出版社,1989 年。

15. [美]兹·布热津斯基:《大失控与大混乱》,潘嘉玢、刘瑞祥译,中国社会科学出版社,1994 年。

16. [美]兹比格纽·布热津斯基:《大棋局——美国的首要地位及其地缘战略》,中国国际问题研究所译,上海人民出版社,2015 年。

17. [苏]米·谢·戈尔巴乔夫:《改革与新思维》,新华出版社,1987 年。

18. [匈]卢卡奇:《历史与阶级意识》,杜章智等译,商务印书馆,2014 年。

19. [意]安东尼奥·葛兰西:《狱中札记》,曹雷雨等译,中国社会科学出版社,2000 年。

20. [英]戴维·麦克里兰:《意识形态(第二版)》,孔兆政、蒋龙翔译,吉林人民出版社,2005 年。

21. [英]杰弗里·托马斯:《政治哲学导论》,顾肃、刘雪梅译,中国人民大学出版社,2006 年。

22. [英]伊格尔顿:《马克思为什么是对的》,李扬译,新星出版社,2011 年。

四、报刊杂志

1. 习近平:《在文艺工作座谈会上的讲话》,《人民日报》,2015 年 10 月 15 日。

2.《习近平在全国宣传思想工作会议上强调,举旗帜聚民心育新人兴文化展形象,更好完成新形势下宣传思想工作使命任务》,《人民日报》,2018 年 8 月 23 日。

3.《习近平主持召开中央国家安全委员会第一次会议强调:坚持总体国家安全观 走中国特色国家安全道路》,《人民日报》,2014 年 4 月 16 日。

4.《习近平在中共中央政治局第十二次集体学习时强调 推动媒体融合向纵深发展巩固全党全国人民共同思想基础》,《人民日报》,2019 年 1 月 25 日。

5.《习近平在省部级主要领导干部坚持底线思维着力防范化解重大风险专题研讨班上发表重要讲话》,《人民日报》,2019 年 1 月 22 日。

6.《习近平在中共中央政治局第十二次集体学习时强调推动媒体融合向纵深发展巩固全党全国人民共同思想基础》,《人民日报》,2019 年 1 月 26 日。

7. 曹建文:《意识形态安全的文化审视与建构》,《马克思主义研究》,2017 年第 4 期。

8. 陈建兵、梅长青、胡姣姣:《论习近平关于意识形态建设的重要论述及其意义》,《北京工业大学学报(社会科学版)》,2018 年第 2 期。

9. 陈锡喜:《意识形态的本质、功能、总体性及领域》,《上海交通大学学报(哲学社会科学版)》,2014 年第 1 期。

10. 陈延斌、李冰:《论习近平新时代意识形态建设的战略思想》,《马克思主义与现实》,2019 年第 4 期。

11. 邓纯东:《充分认识意识形态工作的极端重要性》,《广西社会科学》,2014 年第 10 期。

12. 邓纯东:《努力构建以马克思主义为指导的哲学社会科学话语体系》,《马克思主义研究》,2014 年第 6 期。

13. 冯虞章:《坚守马克思主义意识形态阵地》,《马克思主义研究》,2014 年第 1 期。

14. 葛彦东:《掌握意识形态话语权初探》,《思想理论教育导刊》,2015 年第 1 期。

15. 韩庆祥:《新时代牢牢掌握意识形态工作领导权——做好意识形态"内功"》,《中国特色社会主义研究》,2019 年第 1 期。

16. 何显明:《意识形态的合法性诠释功能及其限制》,《现代哲学》,2006 年第 1 期。

17. 洪光东、王永贵:《当前习近平意识形态建设新思想研究的进展与思考》,《广西社会科学》,2014 年第 9 期。

18. 侯惠勤:《马克思关于意识形态虚假性之判断与当代意识形态之争论》,《河南大学学报(哲学社会科学版)》,2002 年第 2 期。

19. 侯惠勤:《意识形态话语权初探》,《马克思主义研究》,2014 年第 12 期。

20. 姜迎春:《论习近平意识形态建设理论的整体性》,《江海学刊》,2015 年第 4 期。

21. 姜志强:《中国共产党意识形态建构的三重逻辑》,《马克思主义研究》,2019 年第 5 期。

22. 蒋德海:《试析法治国家的民主内涵》,《学术界》,2017 年第 10 期。

23. 竟辉:《习近平总书记关于国家意识形态安全重要论述探析》,《毛泽东邓小平理论研究》,2019 年第 9 期。

24. 寇清杰、江家城:《习近平关于意识形态工作的基本原则探析》,《科学社会主义》,2019 年第 1 期。

25. 李合亮、高庆涛:《十八大以来共产党对意识形态认识的创新与深化》,《马克思主义研究》,2016 年第 7 期。

26. 李合亮:《意识形态建设:政党的一项极端重要的工作》,《理论与改革》,2017 年第 2 期。

27. 李文阁:《准确把握意识形态工作的基本要求》,《中国特色社会主义研究》,2014 年第 2 期。

28. 李珍:《牢牢掌握意识形态工作主动权——学习习近平总书记关于意识形态工作的重要论述》,《马克思主义研究》,2017 年第 9 期。

29. 李宗建:《党的十八大以来习近平意识形态工作新思想》,《社会主义研究》,2016 年第 2 期。

30. 李宗建:《党的十八大以来习近平意识形态工作新思想》,《社会主义研究》,2016 年第 4 期。

31. 林建华:《我国意识形态安全的新时代意蕴和旨归》,《当代世界与社会主义》,2018 年第 6 期。

32. 刘建飞:《全球治理背景下的中国政治意识形态安全》,《科学社会主义》,2016 年第 6 期。

33. 刘秀华:《社会意识形态的本质及其对新时代价值秩序重塑的意义》,《中国社会科学院研究生院学报》,2018 年第 3 期。

34. 路媛、王永贵:《习近平关于新时代意识形态论述的战略底蕴和实践深意》,《思想理论教育导刊》,2019 年第 1 期。

35. 罗晶、傅汴玲、李乐刚:《论反腐倡廉与领导干部的生活作风建设》,《社会主义研究》,2007 年第 5 期。

36. 马绍孟：《高度重视意识形态工作》，《思想理论教育导刊》，2013 年第 9 期。

37. 孟宪平：《习近平关于主流意识形态建设的思想论析》，《探索》，2014 年第 5 期。

38. 庞虎、莫东林：《意识形态视阈下中国特色的哲学社会科学话语权建构》，《马克思主义研究》，2017 年第 3 期。

39. 秦强：《构筑治国理政的意识形态安全屏障》，《前线》，2017 年第 9 期。

40. 佘双好：《习近平关于思想政治工作思想形成过程探析》，《思想政治教育研究》，2016 年第 5 期。

41. 石云霞：《党的十八大以来我国社会主义意识形态理论的新发展研究》，《南京政治学院学报》，2015 年第 2 期。

42. 唐爱军：《意识形态领导权建设的三重阐释》，《南京师大学报（社会科学版）》，2019 年第 6 期。

43. 田改伟：《试论我国意识形态安全》，《政治学研究》，2005 年第 1 期。

44. 田心铭：《略论意识形态工作的几个问题——学习习近平总书记在全国宣传思想工作会议上的讲话精神》，《马克思主义研究》，2013 年第 11 期。

45. 王承哲：《意识形态与同一舆论场》，《中州学刊》，2017 年第 10 期。

46. 王嘉、隋林宁：《新中国成立以来中国共产党掌握意识形态领导权的基本经验与时代价值》，《马克思主义理论学科研究》，2019 年第 2 期。

47. 王文慧、秦书生：《习近平的意识形态战略思想探析》，《理论与改革》，2016 年第 1 期。

48. 王永贵：《不断提升主流意识形态引领力的新理念》，《江苏社会科学》，2013 年第 6 期。

49. 王永贵：《文化自信与新时代中国特色社会主义意识形态创新》，《学海》，2017 年第 6 期。

50. 吴倩：《论新时代宣传思想工作正面宣传与舆论斗争的统一》，《思想教育研究》，2019 年第 8 期。

51. 武晟：《意识形态与文化的关系》，《山东社会科学》，2009 年第 7 期。

52. 肖贵清、车宗凯：《坚持马克思主义在意识形态领域指导地位的根本制度》，《思想教育研究》，2020 年第 1 期。

53. 肖唤元、秦龙：《习近平意识形态思想的四重特征》，《马克思主义研究》，2018 年第 7 期。

54. 谢孝东：《媒介融合视域下高校大宣传格局的构建探析》，《思想教育研究》，2017 年第 6 期。

55. 熊小健、董杨华、张华敏：《媒介融合背景下高校大宣传格局的构建：理论创新与路径选择》，《思想理论教育》，2015 年第 6 期。

56. 徐国民：《全面从严治党视域下加强意识形态建设探析》，《思想理论教育》，2017 年第 12 期。

57. 徐稳：《论习近平关于新时代意识形态重要论述的三重逻辑》，《山东师范大学学报(人文社会科学版)》，2019 年第 5 期。

58. 徐元宫：《习近平总书记关于苏共亡党苏联解体原因的重要论述及其现实意义》，《毛泽东邓小平理论研究》，2019 年第 9 期。

59. 严书翰：《工作的纲领性文献——深入学习和全面把握习近平总书记"8.19 重要讲话"的要点》，《中共中央党校学报》，2013 年第 5 期。

60. 杨静、寇清杰：《论习近平新时代意识形态建设思想的鲜明特点》，《青海社会科学》，2018 年第 4 期。

61. 姚勤华：《冲破威斯特伐利亚围墙？——从欧洲联盟看现代国际关系的变化》，《社会科学》，2008 年第 10 期。

62. 岳鹏:《习近平网络意识形态建设系列论述的核心要义及时代价值》,《学校党建与思想教育》,2019 年第 22 期。

63. 张传鹤:《论牢牢掌握意识形态工作领导权的重要性及路径》,《东岳论丛》,2019 年第 12 期。

64. 张国启:《论意识形态安全视阈中社会主义核心价值观的培育和践行》,《湖北社会科学》,2017 年第 10 期。

65. 张国祚:《怎样看待意识形态问题》,《红旗文稿》,2015 年第 8 期。

66. 张晋升:《习近平论意识形态工作:新定位、新战略、新格局》,《暨南学报(哲学社会科学版)》,2017 年第 7 期。

67. 张林、刘海辉:《习近平意识形态思想的五大理论特色》,《思想政治教育研究》,2017 年第 5 期。

68. 张全景:《弘扬红色文化,掌握意识形态工作主动权》,《红旗文稿》,2014 年第 22 期。

69. 张文显:《国家制度建设和国家治理现代化的五个核心命题》,《法制与社会发展》,2020 年第 1 期。

70. 张艳斌:《习近平意识形态观及其时代价值》,《学术论坛》,2015 年第 7 期。

71. 张勇锋:《舆论引导"时、度、效"方法论研究论纲》,《现代传播》,2015 年第 10 期。

72. 张志丹:《十八大以来意识形态工作的创新研究》,《人民论坛(学术前沿》,2017 年第 11 期(上)。

73. 赵剑英:《论十八大以来中国共产党意识形态理论创新》,《马克思主义研究》,2016 年第 7 期。

74. 郑洁:《大数据时代我国意识形态安全面临的机遇、挑战与对策》,《教学与研究》,2017 年第 11 期。

75. 周宏:《论意识形态的文化意义》,《江海学刊》,2002 年第 6 期。

76. 朱继东:《意识形态工作要凝民心聚共识》,《红旗文稿》,2017 年第 11 期。

77. 朱文婷、陈锡喜:《理论抽象——空间意象——实践具象:习近平建设主流意识形态话语权的三维辨识》,《湖北社会科学》,2017 年第 11 期。

78. 祝念峰:《学习贯彻习近平总书记关于意识形态工作的重要论述》,《中国高校社会科学》,2017 年第 5 期。

79. 邹绍清:《论意识形态的党性和人民性统一及其实践路径——兼论思想政治教育创新的实践导向》,《马克思主义研究》,2014 年第 7 期。

后　记

　　本书是在笔者的博士学位论文基础上修改而成的。在本书撰写的过程中,我的导师陕西师范大学王俊拴教授给予了耐心、细致的指导。从拟定选题到结构搭建,从初稿撰写到最终定稿,整个过程花费了导师大量的心血与精力。也正是在这一过程中,我从导师身上真正感受到一位大家的学术风范,也让我的科研写作能力得以锻炼和提升。感谢王老师几年来的谆谆教诲和耳提面命,师恩永难忘! 同时也感谢研究开展过程中袁祖社教授、范建刚教授、杨平教授、王涛教授、任晓伟教授、马启民教授、康中乾教授、王晓蓉教授,以及西安交通大学王永胜教授和西安电子科技大学李刚教授等老师给予的悉心指导和宝贵意见。

　　本书是笔者这几年对此问题的初步思考和总结,在撰写过程中也参考了学术界前辈的大量论著,在此一并表示感谢!

　　意识形态安全是中华民族伟大复兴历程中的重大问题,笔者不揣浅陋,对这一具有时代价值的问题进行了一定思考,在研究中不可避免地会出现种种问题,欢迎各位学术界前辈批评指正。

罗　晶

2022 年 7 月